Perseus

佩耳修斯

Daniel Ogden

[英] 丹尼尔·奥格登 著 甘霞 译

西北大学出版社
·西安·

项目支持

中央高校基本科研业务费项目
（No. 2023CDJSKJC05）

重庆大学"双一流"学科重点建设项目
"外国语言文学一级学科水平提升计划"

丛书中文版序

> "去梦想不可能的梦想……"

什么是神?传说,出生于古希腊凯奥斯岛(Ceos)的诗人西摩尼德斯(Simonides),曾在公元前6世纪受命回答过这个问题。据说,一开始,他认为这个问题很好回答,可思考越久,他越觉得难以回答。若当初果真有人问过他这个问题,我也不相信他曾经给出了令人满意的答案。当然,这个传说很可能是后人杜撰的。但是,关于西摩尼德斯及其探求规定神性构成要素的传说,可追溯至古代,表明关于定义"神-性"有多难甚或不可能,古人早就心知肚明。

本丛书试图处理的正是西摩尼德斯面对的问题。丛书采取的视角不是作为宽泛概念的"神"或"神性",而是专注于作为个体的神圣形象:对于这些神祇和其他存在者,丛书将其置于"诸神"和"英雄"的总体名目之下。

丛书始于一个梦——这个梦符合一位对难以捉摸的超自然

存在者感兴趣的人。做这个梦的人，就是劳特里奇出版社前编辑凯瑟琳（Catherine Bousfield），她在2000年前后的一个夜里做了这个梦。凯瑟琳梦见她正在看一套丛书，每本书的研究主题是一位"奥林波斯"神，作者是研究这位神祇的专家。醒来后她确信，世上一定已经有了这样一套丛书——她肯定在哪里见过这些书，或在某家书店的橱窗里，或在某家出版社的书单上。但在查询书单和询问同事后，她才逐渐意识到，这套丛书并不存在，而只存在于她的梦中。

当凯瑟琳与其他人，包括主编理查德（Richard Stoneman）分享她的梦时，得到的回应都一样：这套书应该已经有了。理查德和凯瑟琳朝着实现这个梦前进了一步，他们问我是否有兴趣主编这样一套丛书。我"毫不迟疑"地接受了邀请，因为当时我正在研究一位特殊的古代神祇雅典娜，以其作为探索古代文化、社会、宗教和历史的工具。我欣然承担了此项任务，并开始为拟定的书目联络资深作者。我的邀请得到的回复都是满满的热情和"我愿意"（yesses），他们都表示有兴趣撰写某一本书，然而——尽管所有人都确信这套丛书是"好事"，可将诸神和英雄作为独特对象来研究的做法，在学术界到底已经过时了。

当时学者的兴趣，大多在于古人在宗教事务上的作为——譬如，他们举行仪式时，以及在献祭活动中的做法——对这种崇拜的接受者，他们都没有多大兴趣。在为更"普通的"读者撰写的文学作品中，情况则全然不同，有些极好的"畅销书"和"咖啡桌边书"，展现了个别神祇与众不同的特点。我主编这套书的目的，就是要将处在学术边缘的诸神引入中心。

诸神在学者中失宠有一个原因，就是认为独特实体不是学术研究的可行主题，因为——尽管"畅销的"文学作品可以传达此主题——毕竟世上没有一样事物就是某一位神或英雄的某种"曾经之所是"。无本质要素，无连贯文献，无一致性格。相反，在艺术家和著作家笔下，任何一位神都呈现出千姿百态。每个群体都以截然不同的方式构想诸神，连每个家庭也是如此。的确，每个人都能与一位特殊的神建立属己的联系，并按照其特殊生活经验来塑造他。

在更早期阶段，学术界以一个假设作为出发点：每个神都具有其自己的本质和历史——对他们的宗教崇拜，的确千变万化、捉摸不定，尽管古代的多神教并不就是真正的多神教，在任何意义上也不存在多不胜数的神祇。古代宗教好像是由一组一神教构成的——这些一神教平行而不以任何有意义的方式相互重叠，就像对于古希腊人而言，有一个"宙斯宗教"，有一个"雅典娜宗教"，有一个"阿芙洛狄忒宗教"，如此等等；地中海和古代近东的其他文明中的宗教也是如此。譬如，对于罗马人而言，可以有一个"朱诺宗教"，也有一个"马尔斯宗教"，如此等等;在苏美尔人(Sumerians)当中,有一个"伊南娜宗教"(Inanna religion),有一个"恩基宗教"(Enki religion),有一个"马耳杜克宗教"(Marduk religion),如此等等。

这套丛书并不试图回到这种过于单一地理解古代诸神的方式。这种观点出自一种一神教,这是犹太-基督教看待古代宗教的方式。相反,这套丛书试图迎接挑战,探究一种宗教观念模式,其中的诸神内在于世界,诸神可以无处不在处处在,而且往往不可见,有时候也会现出真容。

丛书传达了如何描述诸神才对人类有益的方式,他们描述诸神的典型方式就是将其描述得像人类一样——拟人化,具有人类的形象和行为方式。或者,如丛书所记录的那样,人们也会以非人类的动物形象或自然现象来设想诸神。譬如,阿芙洛狄忒,她常被描绘为伪装成一个女人,有理想的体形,带有一种特别令人渴望的女性美,但也以石头的形象受到崇拜;或如雅典娜,她能够显现为一个披甲的女人,或显现为一只猫头鹰,或显现在橄榄树闪烁的微光中,或显现出一道犀利的凝视,作为 glaukopis[格劳考皮斯]:意为"眼神犀利的",或"眼神闪耀的",或"灰眼的",或"蓝绿眼的",或"猫头鹰眼的",或就是"橄榄色眼的"。可能的译法之广泛本身就表明,有不同方式来传达古代表现任何神圣事物的某种特点。

总之,诸神能够无处不在,也被认为变化多端,但也仍然能够清晰地被描述。丛书的另一个目标,就是要把他们当成截然不同的实体来把握,而且任何对显而易见的连贯性的观察,都需要以违背分类一致原则的宗教实体为背景。这也正是他们何以是诸神的原因:这些存在者能够具有表象,也能够活动在人类的世界中,但他们却是具有力量和魔力的实体,他们能显现,也能消失不见。

尽管现代西方人将诸神——或上帝——理解为超验全知和道德正直,他们也常常为诸神故事中所记述的行为震惊:他们会背叛其他神,会虐待其他神,也会表现出妒忌,甚或有杀婴和弑亲这样的恐怖行为。

古代诸神只是看似为现代西方人所熟悉。由于基督教扎根之后所发生的事情,古代诸神不再受到崇拜。在全然不同的宗教观念模式下,那些形象能够安插进基督教化了的德行观念之中,继续发挥重要作用。

与此同时,他们不再被视为真实的存在者,这些形象中很多变成了文化作品的主流——譬如,在艺术中,在"高级"和"低级"文学作品中,还有在音乐中,从古典音乐伟大时代的歌剧,到摇滚乐队"安提戈涅放飞"(Antigone Rising),再到流行艺术家嘎嘎小姐(Lady Gaga)以维纳斯的形象出场;几年前,还有一位流行歌星米诺(Kylie Minogue),扮作维纳斯的希腊对应者阿芙洛狄忒。或者,从美国(嘎嘎)或澳大利亚(米诺）的西方流行音乐，到韩国流行音乐（K-pop），也都是如此：2019年，韩国"防弹少年团"（Korean boy band BTS）成员，各自戴着某个古代神祇的面具（金硕珍扮成了雅典娜，闵玧其扮成了赫菲斯托斯，郑号锡扮成了宙斯。接下来，金南俊是狄奥尼索斯，金泰亨是阿波罗，朴智旻是阿耳忒弥斯——最后——田柾国扮成了波塞冬）。

与此同时，对于一代年轻人来说，赖尔登（Rick Riordan）的佩西·杰克逊小说系列（Percy Jackson novels），创造了一个希腊诸神曾经存在过的世界，他们以伪装和被遗忘的方式活过了数世纪。

诸神和英雄仍然是现代的组成部分，西方文化受益于数世纪的古典传统，现代人能够感觉到与他们熟稔。丛书的另一目标是记录这些世纪的复制和挪用——正是这个过程，使古代的阿芙洛狄忒们、维纳斯们等，被误认为堪比曾生活在凡人中间的存在者——甚至连佩西·杰克逊小说系列，也依赖于一种理解：每个神都是一个连贯的实体。

丛书中文版的新读者，也许恰恰能以从前的读者所不具备的方式来理解丛书中的诸神和英雄。新读者也许更能理解一个诸神内在于其中的世界——在这个世界中，对于古希腊哲人泰勒斯（Thales）而言，诸神"内在于万物"。古代诸神——尽管对于现代西方人如此不寻常——能够进入每个人的梦。可以认为他们寓居于自然之境，或寓居于他们自己的雕像中，或居住在他们自己的神殿中。可以视其为人类的祖先，甚或视其为获得了神性的人类。

古代地中海和近东的诸神与中国诸神的亲缘关系，更甚于其与当代西方人的关系，当代西方人虽然继续在刻画他们，却不认为他们是这个世界所固有的诸神。

中国诸神，与希腊、罗马、巴比伦等文明中的诸神一样，数量众多；他们的确可谓不计其数。中国诸神与古典古代的众神相像，却与后来犹太－基督教西方的一神教体系不同，中国诸神可以是男神或女神。每个神，都像古代西方人的诸神那样，活动在很多领域之中。譬如，丛书中文版的读者所理解的赫耳墨斯，可能就像中国的牛头（Ox-head）和马面（Horse-Face），他是护送刚死的人到哈得斯神领地的神；作为下界的统治者，哈得斯——丛书未来规划中一本书的主题——堪比中国神话中的阎王（Yanwang）；赫拉作为天界至高无上的女性统治者，其地位可以联系天后斗姆（Doumu）来理解。万神殿中的诸神，也是人类的祖宗。希腊神宙斯，尤其可以当"诸神和人类的父亲"来设想。其他诸神——如赫拉克勒斯（Herakles / Ἡρακλῆς），这位声名卓著的神——也可能从前就是人类。

我很荣幸能给大家介绍一系列古代形象——女性的、男性的、跨性别的、善良的、恐怖的——这些形象无一例外耐人寻味，扎根于崇拜他们、讲述他们故事的人民的文化中。

丛书中的每一本书，开篇都首先提出值得以一本书的篇幅来研究这个对象的原因。这个"为什么"章节之后的部分是全书的核心，探究古代刻画和崇拜这个对象的"关键主题"。丛书最后一章总结每个研究对象在后古典时代的"效应"（afterlife），有时候篇幅相对较短，如在《伊诗塔》（*Ishtar*）中；有时候则篇幅较长，尤其在《赫拉克勒斯》中，这是因为古代以降对研究对象的描述十分宽广。每本书带有注解的"参考文献"，为读者指引深入研究的学术领域。

一言以蔽之，欢迎中国读者阅读"古代世界的诸神与英雄"丛书——欢迎你们来到一个由著作构成的万神殿。这些著作的主题是非凡而又多面的存在者，每位作者所要表现的就是他们的独特之处。此外，每位作者又都是其主题研究领域的专家，正如凯瑟琳所梦想的那样。

苏珊·迪西（Susan Deacy）
于伦敦
2023 年 1 月
（黄瑞成 译）

献给爱妻江里子

有人说，和赫拉克勒斯（Heracles）相比，佩耳修斯有更多英雄事迹，却没获得应有的荣光，原因是佩耳修斯杀了狄奥尼索斯（Dionysus），并将其尸体抛入莱尔纳湖（Lernaean Lake）中。

——荷马《伊利亚特》注疏

(Scholiast to Homer *Iliad*, 14.319)

佩耳修斯的故事为学生们开启了万千风光。

——哈特兰

(Hartland, 1894—1896: iii, 184)

目　录

丛书前言：为什么要研究古代世界的诸神与英雄　　001
致谢　　008
插图目录　　009
缩略词　　011
古代作家及残本　　014

为什么是佩耳修斯？　　001

　　一、介绍佩耳修斯　　003

关键主题　　017

　　二、家族传奇　　019
　　　　家族传奇开场　　019
　　　　达那厄受孕　　027
　　　　箱子及同类型神话故事　　028

阿克里休斯的动机、他与普罗托斯的宿怨	*034*
佩耳修斯的童年	*038*
波吕德克忒斯的诡计	*041*
与酒神狄奥尼索斯之战	*044*
佩耳修斯之死	*052*
小结	*054*

三、美杜莎及戈耳工三姐妹 — *055*

戈耳工头颅及美杜莎故事溯源	*055*
探险叙事的发展：埃斯库罗斯和费雷西底	*065*
佩耳修斯的法宝	*070*
戈耳工姐妹住在哪里？	*078*
戈耳工的武器	*083*
美杜莎之死及惩罚	*091*
女性团体：戈耳工、格赖埃、纽墨菲、赫斯帕里得斯和涅瑞伊得斯	*093*
雅典娜、佩耳修斯、柏勒洛丰和龙	*099*
佩耳修斯和伊阿宋：探险叙事和成长故事	*104*
小结	*109*

四、安德洛墨达和海怪 — *111*

安德洛墨达故事的溯源	*111*
安德洛墨达的悲剧	*114*
罗马帝国时期的安德洛墨达	*120*

星座神话	*123*
爱神爱若斯和情色文学	*127*
从阿卡迪亚到印度：黑肤色的安德洛墨达？	*136*
海怪：自然历史	*143*
安德洛墨达故事的背景：赫西俄涅和龙	*152*
同类型民间传说	*159*
小结	*162*

五、佩耳修斯故事的流传及演义 — *164*

佩耳修斯在阿戈里德	*164*
佩耳修斯在塞里福斯岛和拉里萨	*174*
佩耳修斯在雅典和斯巴达	*176*
佩耳修斯在波斯	*180*
佩耳修斯在埃及	*187*
佩耳修斯在马其顿和希腊化时期	*188*
佩耳修斯在罗马和意大利	*196*
佩耳修斯在罗马时期的小亚细亚	*199*
佩耳修斯合理化演义	*202*
小结	*211*

佩耳修斯效应 — *213*

六、古代之后的佩耳修斯 — *215*

从傅箴修到弗洛伊德：美杜莎故事寓言化的三个时期	*215*

　　　　基督教时期的佩耳修斯：圣·乔治和萨
　　　　　布拉公主、罗杰和安吉莉卡　　　　　*223*
　　　伯恩-琼斯的《佩耳修斯系列画作》　　　*227*
　　　小结　　　　　　　　　　　　　　　　*235*

结语：佩耳修斯的个性　　　　　　　　　　*236*

附录　　　　　　　　　　　　　　　　　　*239*

　　　佩耳修斯故事的文学渊源　　　　　　　*241*
　　　族谱　　　　　　　　　　　　　　　　*252*

拓展阅读　　　　　　　　　　　　　　　　*254*
参考文献　　　　　　　　　　　　　　　　*257*
索引　　　　　　　　　　　　　　　　　　*286*

附录一：古代世界的诸神与英雄译名表　　　*328*
附录二：去梦想不可能的梦想……　　　　　*343*
跋"古代世界的诸神与英雄"　　　　　　　*351*

丛书前言：为什么要研究古代世界的诸神与英雄*

正当的做法，

对于开启任何严肃谈话和任务的人而言，

就是以诸神为起点。

——德摩斯泰尼《书简》（Demosthenes, *Epistula*, 1.1）

古代世界的诸神和英雄是很多现代文化形态的构成部分，例如，成为诗人、小说家、艺术家、作曲家和设计师创作的灵感源泉。与此同时，古希腊悲剧的持久感染力保证了人们对其主人公的熟稔。甚至连管理"界"也用古代诸神作为不同管理风格的代表：譬如，宙斯（Zeus）与"俱乐部"（club）文化，阿波罗（Apollo）与"角色"（role）文化：参见汉迪（C.

---

* 2005年6月，英文版主编苏珊教授撰写了《丛书前言：为何要研究诸神与英雄？》，2017年1月，她修订了"丛书前言"，并保留原题名，2021年11月，她再次修订"丛书前言"，并删去题名。中文版采用最新修订的"丛书前言"并保留题名，酌加定语"古代世界的"，以示醒目。——中文版编者按

Handy)《管理之神:他们是谁,他们如何发挥作用,他们为什么失败》(*The Gods of Management: Who they are, how they work and why they fail*, London, 1978)。

这套丛书的关注点在于:这些古代世界的诸神和英雄如何又为何能够具有持久感染力。但还有另一个目的,那就是探究他们的奇特之处:相对于今人的奇特之处,以及古人感知和经验神圣事物的奇特之处。对主题的熟稔也有风险,会模糊其现代与古代意义和目的之重大区分。除某些例外,今人不再崇拜他们,但对于古人而言,他们是作为一个万神殿的构成部分而受到崇拜的,这简直是一个由成百上千种神力构成的万神殿:从主神到英雄,再到尽管具有重叠形象的(总是希望重叠!)精灵和仙女——每位主神都按照其专有装束受到崇拜,英雄有时会被当成与本地社群有关的已故个体。景观中布满了圣所,山川树木也被认为有神明居于其间。研究这些事物、力量、实体或角色——为其找到正确术语本身就是学术挑战的一部分——这涉及找到策略来理解一个世界,其中的任何事物都有可能是神,用古希腊哲人泰勒斯(Thales)的话说,亦如亚里士多德所引述的那样,这个世界"充满了诸神"(《论灵魂》[*On the Soul*, 411 a8])。

为了把握这个世界,有帮助的做法可能就是试着抛开关于神圣之物的现代偏见,后者主要是由基督教关于一位超验、全能、道德正直的上帝的观念所塑造的。古人的崇拜对象数不胜数,他们的外貌、行为和遭遇与人类无异,只是不会受人类处境束缚,也不局限于人类的形象。他们远非全能,各自能力有限:连宙斯,这位古希腊众神中的至高无上的主权者,也可能要与他的两兄弟波塞冬(Poseidon)和哈得斯(Hades)分治世界。此外,古代多神教向不断重新解释保持开放,所以,要寻求具有统一本质的形象,很可能会徒劳无功,尽管这也是人们惯常的做法。通常着手解说众神的做法是列举主神及其突出职能:赫菲斯托斯/福尔肯[Hephaistos/Vulcan]:手工艺,阿芙洛狄忒/维纳斯[Aphrodite/Venus]:爱,阿耳忒弥斯/狄安娜[Artemis/Diana]:狩猎,如此等等。但很少有神的职能如此单一。譬如,阿芙洛狄忒,她远不止是爱神,尽管此项功能至为关键。譬如,这位神也是 hetaira("交际花")和 porne("娼妓"),但还有其他绰号和别名表明,她还伪装成共同体的保护神(pandemos:"保护全体公民"),也是航海业的保护神(euploia[欧普劳娅],pontia[庞提娅],limenia[丽美尼娅]①)。

正是有见于这种多样性,本丛书各卷书不包括每位神或英

---

① 在希腊语中,euploia 意为"安全航海女神",pontia 意为"海中女神",limenia 意为"海港女神"。——译注

雄的生平传记——虽然曾有此打算，而是探究其在古代多神教复杂综合体中的多重面相。如此规划进路，部分是为了回应下述关于古代神圣实体的学术研究的种种进展。

在韦尔南（Jean-Pierre Vernant）和其他学者建立的"巴黎学派"（Paris School）影响下，20世纪下半期，出现了由专门研究诸神和英雄，向探究其作为部分的神圣体制的转变。这种转变受一种信念推动：若单独研究诸神，就不可能公正对待古代宗教的机制，与此相反，众神开始被设想为一个合乎逻辑的关联网络，各种神力在其中以系统方式彼此对立。譬如，在韦尔南（J.-P. Vernant）的一项经典研究中，希腊的空间概念通过赫斯提亚（Hestia，灶神——固定空间）与赫耳墨斯（Hermes，信使和旅者之神——移动空间）的对立而神圣化：韦尔南《希腊人的神话与思想》（*Myth and Thought Among the Greeks*, London, 1983, 127—175）。但诸神作为分离的实体也并未遭忽视，韦尔南的研究堪为典范，还有他经常合作的伙伴德蒂安（Marcel Detienne），后者专研阿耳忒弥斯、狄奥尼索斯和阿波罗：譬如，德蒂安的《阿波罗，手中的刀：研究希腊多神教的实验进路》（*Apollon, le couteau en main: une approche expérimentale du polythéisme grec*, Paris, 1998）。"古代世界的诸神与英雄"丛书首批书目于2005年出版以来，在上文概括的研究立场之间开辟出了一个中间地带。虽然研究进路是以唯一又有所变化的个体为主题，作者们对诸神和英雄的关注，却是将其作为内在于一个宗教网络中的力量来看待的。

本丛书起初各卷中的"世界"，主要倾向于"古典"世界，尤其是古希腊的"古典"世界。然而，"古代世界"，更确切地说"古代诸世界"，已然扩展了，这是随着以伊诗塔（Ishtar）和吉尔伽美什（Gilgamesh）为主题的各卷出版，还有期待中以摩西（Moses）和耶稣（Jesus）为主题——以及古希腊的安提戈涅（Antigone）和赫斯提亚（Hestia）主题、古罗马狄安娜（Diana）主题的书目。

丛书每卷书都有三大部分，对其研究的主题对象作出了具权威性、易于理解和令人耳目一新的解说。"导言"部分提出关于这个神或英雄要研究什么，值得特别关注。接着是本卷书的核心部分，介绍"关键主题"和观念，在不同程度上包括神话、崇拜、可能起源和在文学与艺术中的表现。本丛书启动以来，后古典时代的接受日益进入古典研究和教育的主流。这一接受上的"革命"让我确信，每卷书包括一个放在最后的第三部分，用来探究每个主题的"效应"（afterlives），极为重要。这样的"效应"部分有可能相对较短——譬如，《伊诗塔》一卷中的"后续效应"（Afterwards）一节——或较长，譬如，在《赫拉克勒斯》

（Herakles）中。各卷书都包括关于某个神或英雄的插图，并在合适的位置插入时序图、家谱和地图。还有一个带有注释的"参考文献"，指引读者作更进一步的学术研究。

关于术语需要进一步作出说明。"诸神与英雄"（gods and heroes）：丛书题名采用了这些阳性术语——尽管如希腊词theos（"god"）也能用于女神，如此选择一定程度上也反映了古代的用法。至于"英雄"（hero），随着 MeToo 运动兴起，如今已成为一个性别中立的术语。关于纪元：我总是建议作者最好选择 BC/AD 而非 BCE/CE，但并不强求如此。关于拼写：本丛书古希腊专名采用古希腊语拼写法，广为接受的拉丁语拼写法除外。

如我在 2017 年第二次修订这个"前言"时说过的那样，我要再次感谢凯瑟琳（Catherine Bousfield），她担任编辑助理直到 2004 年，正是她梦（取其字面意思……）到了一套关于主要的古代诸神和英雄的丛书，时间 21 世纪初期的一个夜晚。她的积极主动和远见卓识，助力丛书直至接近发行。劳特里奇出版社的前古典学出版人斯通曼（Richard Stoneman），在丛书委托和与作者合作的早期阶段，自始至终提供支持和专家意见。我很荣幸能与继任编辑吉朋斯（Matthew Gibbons）在丛书早期阶段共事。艾米（Amy Davis-Poynter）和利奇（Lizzi Risch）是我近年极好的同事。当我为2022年以后的丛书修订"前言"时，我要感谢利奇的继任者玛西亚（Marcia Adams）。我也要感谢丛书诸位作者，正是他们每个人帮助建构了如何能够理解每个神或英雄的方式，同时为促进关于古代宗教、文化和世界的学术研究作出了贡献。

苏珊·迪西

伦敦罗汉普顿大学（Roehampton University，London）

2021年11月

（黄瑞成 译）

致　谢

感谢苏珊·迪西、马修·吉本斯（Matthew Gibbons）、理查德·斯通曼（Richard Stoneman）对本册书的支持。感谢汉森（W.F. Hansen）教授，长期以来我一直很仰慕他的作品，他给我提出的评论大有裨益。感谢埃克塞特（Exeter）、惠灵顿（Wellington）、基督城（Christchurch）的读者朋友。感谢海泽尔·哈维（Hazel Harvey）女士为我提供了一本关键参考书。

插图目录

(页码指原书页码)

图1:达那厄受孕。红彩陶铃状大碗,约公元前410—前400年。巴黎,卢浮宫CA 925. *LIMC* 达那厄9号。埃里克·奥格登重画(页14)

图2:阿克里休斯命人为达那厄和婴儿佩耳修斯准备箱子。约公元前490年,阿提卡时期提水罐。波士顿美术馆,13200。1912年弗朗西斯·巴特利特捐赠。©波士顿美术博物馆。*LIMC* 阿克里休斯2号(页15)

图3:佩耳修斯割下半人半马怪美杜莎的头。公元前675—前650年,基克拉迪浮雕陶瓷坛。巴黎,卢浮宫CA 795。*LIMC* 佩耳修斯117号。埃里克·奥格登重画(页36)

图4:佩耳修斯割下美杜莎的头,美杜莎的头是古代早期戈耳工头颅的造型。右侧站立者是赫耳墨斯。约公元前550年,阿提卡时期黑陶女魔脸瓶。伦敦,BM B471。©大英博物馆董事会。*LIMC* 佩耳修斯113号(页39)

图5:佩耳修斯逃跑中,神袋里是美杜莎的头,雅典娜站

在一边。约公元前460年，阿提卡时期赤陶提水罐。伦敦，BM E181。©大英博物馆董事会。*LIMC* 佩耳修斯161号（页44）

图6：佩耳修斯用石块砸向海怪，安德洛墨达从旁观看。公元前575—前550年，科林斯晚期双耳细颈瓶。柏林国家博物馆F1652。*LIMC* 安德洛墨达Ⅰ1号。作者在*LIMC*和伍德沃德1937年之后重绘的图9（页67）

图7：佩耳修斯和海怪战斗，而爱若斯骑在海怪身上，被缚的安德洛墨达正对着他们。约公元前350—前340年，阿普利亚地区双柄长颈高水瓶。马里布，盖蒂博物馆，84.AE.996。©J.保罗·盖蒂博物馆，别墅展品，马里布，加利福尼亚。*LIMC* 佩耳修斯189号（页78）

图8：赫拉克勒斯用射箭赶跑海怪，赫西俄涅用石头。约公元前575—前550年，科林斯圆形大酒碗。波士顿美术馆，63.420。海伦和爱丽丝·科本基金。©波士顿美术馆。*LIMC* 赫西俄涅3号（页91）

图9：爱德华·伯恩-琼斯爵士（1833—1898），《佩耳修斯系列画作：使命完成》（佩耳修斯杀死海蛇），约公元1876年（树胶水彩画）。英国汉普夏郡，南安普敦城市美术馆。©南安普敦城市美术馆/布里奇曼美术馆，伦敦（页142）

缩略词

ad loc. 在此处（*ad locum*, in the same place）

ap. 援引，引自（*apud*, quoted in）

AT 阿尔奈和汤普森，《民间故事类别》（A. Aarne and S. Thompson, *The Types of the Folktale*, Helsinki, 1928）

DA 《古希腊罗马词典》[（C. Daremberg and E. Saglio（eds.）, *Dictionnaire des antiquites Grecques et Romaines*, Paris, 1877—1919]

EAA 《古代艺术百科全书》（*Enciclopedia dell'arte antica*）

FHG 《希腊史残稿》（C. Muller ed., *Fragmenta historicorum graecorum*, Paris, 1878—1885）

FGH 《希腊历史学家残稿》（F. Jacoby, *Die Fragmente der griechischen Historiker*, Leiden, 1923— ）

fr. 残篇（fragment）

IG 《希腊铭文集》（*Inscriptiones Graecae*）

K-A 卡塞尔和奥斯汀[R.Kassel and C.Austin（ed.）

1983— .*Poetae Comici Graeci*. Berlin]

LIMC 《古代美术辞典》[H.C.Ackerman and J.-R.Gisler (ed.), *Lexicon Iconographicum Mythologiae Classicae*, Zurich, 1981—1999]

ML 梅格思和刘易斯[R.Meiggs and D. M. Lewis (ed.), *A Selection of Greek Historical Inscriptions to the End of the Fifth Century BC*, 2nd edn, Oxford, 1989]

MW 梅克尔巴赫和韦斯特（R.Mekelbach and M. L. West1967. *Fragmenta Hesiodea*. Oxford）

PMG 《希腊好诗》（*Poetae Melici Graeci*）

P.Oxy 《奥克西林库斯纸草古卷》（*Oxyrhynchus Papyri*. Oxford, 1898— ）

QUCC 《乌尔比诺古文化札记》（*Quaderni urbinati di cultura classica*）

RA 《考古学杂志》（*Revue archéologique*）

RE 《古典学科百科全书》[A. Rauly, G.Wissowa and W.Kroll (ed.) 1893— . *Real Encyclopädie der classischen Altertumswissenschaft*. Stuttgart]

Suppl. Hell. 《希腊化时期文稿增补》[H.Lloyd-Jones and P. J. Parsons (ed.) *Supplementum Hellenisticum*. Berlin] *s.v.*   在……词条下（*sub voce*，under the heading）

TrGF   《希腊悲剧残篇 / 佚文》（B. Snell *et al.*, *Tragicorum Graecorum Fragmenta*, Gottingen, 1971—2004）

古代作家及残本

阿西乌斯（Accius）	里贝克（Ribbeck）1897，沃明顿（Warmington）1935—1940
阿乐凯奥斯（Alcaeus）	坎贝尔（Campbell）1982—1993，沃伊特（Voigt）1971
阿波罗法涅斯（Apollophanes）	卡塞尔（Kassel）和奥斯汀（Austin）1983—
亚历山大港的克莱门特（Clement of Alexandria）	波特（Potter）1715
克拉提努斯（Cratinus）	卡塞尔和奥斯汀 1983—
《塞浦路亚》（*Cypria*）	韦斯特（West）2003
恩尼乌斯（Ennius）	里贝克 1897，沃明顿 1935—1940
欧布洛斯（Eubulus）	卡塞尔和奥斯汀 1983—
欧佛里翁（Euphorion）	鲍威尔（Powell）1925
赫西俄德（Hesiod） 希俄斯岛的伊翁（Ion of Chios）	梅克尔巴赫（Merkebalk）和韦斯特 1967

	韦斯特1989—1992,坎贝尔
利巴尼奥斯(Libanius)	1982—1993
李维乌斯·安德罗尼克斯(Livius Andronicus)	福斯特(Förster)1903—1927
	里贝克1897,沃明顿1935—1940
马拉拉斯(Malalas)	
奈维乌斯(Naevius)	丁道夫(Dindorf)1831
《俄耳浦卡》(*Orphica*)	里贝克1897
费雷西底(Pherecydes)	克恩(Kern)1922
品达(Pindar)	福勒(Fowler)2000
波吕伊多斯(Polyidus)	斯奈尔(Snell)和马勒(Maehler)1987—1989
桑尼里奥(Sannyrio)	坎贝尔1982—1993;及佩奇(Page)1962(*PMG*)
阿拉托斯《物象》注疏(Scholia Aratus *Phaenomena*)	卡塞尔和奥斯汀1983—马丁(Martin)1974
日耳曼尼库斯《阿拉托斯传》注疏(Scholia Germanicus *Aratea*)	布雷希(Breysig)1867
塞里纳斯(Serenus)	比希纳(Büchner)1982
西摩尼德斯(Simonides)	坎贝尔1982—1993;及佩奇

	1962（*PMG*）
索福克勒斯（Sophocles）	皮尔森（Pearson）1917；及斯奈尔等1971—2004（*TrGF*）
斯特西克鲁斯（Stesichorus）	佩奇1962（*PMG*），坎贝尔1982—1993
梵蒂冈神话作家（Vatican Mythographers）	伯德（Bode）1894，佐尔泽蒂（Zorzetti）和柏辽兹（Berlioz）1995

为什么是佩耳修斯？

Why
Perseus?

一、 介绍佩耳修斯

佩耳修斯和其曾孙赫拉克勒斯（Heracles）这两位英雄中哪一位更伟大，难有定论，只是早在约公元前 700 年，佩耳修斯就开始在西方的神话中出现，并且一直占据主要地位。在整个古希腊罗马时期的诗歌、散文、戏剧及美术作品中，佩耳修斯的英雄事迹始终为人称颂。随着权力从古希腊到古罗马的更迭，东起希腊东正教地区，西至罗马天主教地区，佩耳修斯的故事流传甚广。即使到了黑暗的中世纪，在天文学和占星术的精美星图绘本中，依然可以看到佩耳修斯的故事，生动鲜活。文艺复兴时期，佩耳修斯再次受到各种艺术形式的青睐，尤其是绘画，一直到维多利亚时期，佩耳修斯的流行达到高潮。

佩耳修斯的神话事迹主要是斩杀两个象征性的怪物。第一个怪物是神秘又可怕的美杜莎（Medusa）。美杜莎是个美丽的女子，头发是毒蛇，目光会把人变为石头。佩耳修斯的任务是取下美杜莎的头颅，其过程动人心魄，应该是早期的英雄探险

（quest）主题。为了完成任务，英雄一步步地不断获得法宝的帮忙，最终达成目标任务。詹姆斯·邦德（James Bond，当代电影中的英国间谍）就是佩耳修斯探险故事的现代版。佩耳修斯斩杀的第二个怪物是个海怪，目的是解救落入海怪之手的公主安德洛墨达（Andromeda）。这应该是西方解救落难女子故事的原型。英国有圣乔治（St. Geroge）的传说，他从龙（dragons）的魔爪下解救了萨布拉公主（Sabra）。如果你听说过圣乔治，就会发现佩耳修斯的冒险似曾相识。这两个故事均属于耳熟能详的民间传说，某种程度上，这正是这类故事能吸引读者的原因。另一种可能是，圣乔治的传奇故事恰恰脱胎于佩耳修斯的神话故事。

古希腊大多数英雄的神话故事都曲折婉转并充满矛盾冲突，相形之下，佩耳修斯的传奇故事比较简单明了、主题鲜明。时代更迭，佩耳修斯的故事随之变化，虽然不同时期的作者或艺术家不断为他的故事添砖加瓦，可是，佩耳修斯故事的内核却始终明确未变。想了解英雄佩耳修斯和他的冒险故事，只需读一读下面的故事梗概，这是从古希腊罗马时期流传下来的。可以说，佩耳修斯是合适的切入点，方便我们更好地了解古希腊的英雄及诸神的传说。

无论佩耳修斯的传奇故事有没有其他重要意义，首先它是个扣人心弦、引人入胜的冒险故事。因此,对于英雄佩耳修斯最好的介绍,就是冒险故事本身。可以说,佩耳修斯的传奇故事是在约公元前456年雅典的费雷西底(Pherecydes)的作品中成为了经典。不过,原作已遗失,只能从罗德岛(Rhodes)的阿波罗尼乌斯(Apollonius)对伊阿宋(Jason)史诗《阿耳戈英雄记》(*Argonautica*)的评注中一窥究竟。可惜阿波罗尼乌斯的评注中缺少关于安德洛墨达的情节。不过,显而易见的是,阿波罗多洛斯(Apollodoran)的《书目》(*Bibliotheca*)(约公元100年)中有关佩耳修斯的故事,在很大程度上是以费雷西底的作品为原型的,我们可以据此填补佩耳修斯故事的空白:[①]

阿克里休斯(Acrisius)娶了拉斯第孟(Lacedaemon)的女儿欧律狄克(Eurydice),他们生下了女儿达那厄(Danae)。阿克里休斯想生个儿子,就去请神谕,皮托(Pytho)的神回复说,他命中注定没有儿子,不过,他的女儿倒是会生一个儿子,这个孩子注定要杀死他。阿克里休斯回到阿耳戈斯(Argos),在

---

① 费雷西底和阿波罗多洛斯(Apollodorus):弗雷泽(Frazer),1921:i 153;伍德沃德(Woodward),1937:8;甘茨(Gantz),1993:307。阿波罗多洛斯的材料反过来又成为吉诺比乌斯(zenobius)《百人队》(*Centuriae*, 1.41)和特策利(Tzetzes)论[吕哥弗隆(Lycophron)]《亚历山德拉》(*Alexandra*, 838)的基础。

住所院子的地下修了一间青铜密室,将达那厄和保姆关在其中。他派人看守密室,以免她生出儿子。宙斯(Zeus)爱上了达那厄,化成金子从密室房顶落下来,达那厄用衣襟接住了金子。宙斯表明身份,和她交好。于是,她生下了佩耳修斯。达那厄和保姆一起抚养他,没有让阿克里休斯知道。佩耳修斯三四岁的时候,阿克里休斯听到了他玩耍的声音。阿克里休斯命仆人唤来达那厄和保姆,下令处死保姆,并把达那厄母子带到院中的宙斯祭坛面前。屏退旁人后,阿克里休斯问达那厄孩子的父亲是谁,她回答说:"是宙斯。"阿克里休斯不相信她的说辞,将他们母子放入一个大箱子(chest)里,锁好并扔进大海。箱子一路漂流,漂到塞里福斯岛(Seriphos)。普利斯涅斯(Peristhenes)的儿子狄克堤斯(Dictys)正在用渔网捕鱼,碰巧捕到了箱子。于是,达那厄恳求他打开箱子。他打开了箱子,听了他们的来龙去脉,就把他们带回家,当作自己的亲戚来照顾。

(费雷西底,*FGH* 3 *fr*. 26=*fr*. 10,福勒[Fowler])

佩耳修斯母子和狄克堤斯一起在塞里福斯岛上生活,直到佩耳修斯长成青年。狄克堤斯的一母同胞兄弟波吕德克忒斯(Polydectes),也是塞里福斯岛的国王,看到了达那厄并爱上了她,他想方设法想得到她。于是准备大宴宾客,其中包括佩耳修斯。佩耳修斯问他参加宴会需要付出什么代价,波吕德克忒斯回复说:"一匹马。"佩耳修斯说:"戈耳工(Gorgon)的头。"宴会后的第六天,参加宴会的人纷纷带来了马匹,佩耳修斯也带了一匹。但是波吕德克忒斯拒绝接受马匹,而是索要佩耳修斯当初承诺过的戈耳工的头。他说,佩耳修斯如果不把戈耳工的头带回来,就得把母亲嫁给他。佩耳修斯苦恼地走开,走到岛屿最僻静的地方,为不幸的命运哀叹。赫耳墨斯(Hermes)现身,询问并了解到他为什么哀叹。赫耳墨斯让他振作起来,并为他指点迷津。赫耳墨斯先带佩耳修斯去找格赖埃(Graeae),也就是福耳库斯(Phorcys)的三位女儿,她们的名字分别是彭菲瑞多(Pemphredo)、厄倪俄(Enyo)和迪诺(Deino),她们三人轮流使用一只眼睛和一颗牙齿。得到雅典娜(Athena)的指点,在她们交接眼睛(eyeball)和牙齿的时候,佩耳修斯偷走了眼睛和牙齿。格赖埃发现眼睛和牙齿被偷,大喊大叫,请求佩耳修斯还给她们。佩耳修斯答应还给她们,不过条件是告诉他怎么找到纽墨菲(Nymphs),纽墨菲有佩耳修斯需要的狗皮盔(Cap of Hades)、飞鞋(Winged Sandals)和**神袋**(*kibisis*)。格赖埃给他指明道路,于是佩耳修斯把眼睛和牙齿归还给她们。佩耳修斯和赫耳墨斯一起找到纽墨菲,借到了法宝。他脚穿飞鞋,身系神袋,头戴狗皮盔,一路飞行,飞到大海和戈耳工的所在之处，赫耳墨斯和雅典娜始终陪伴着他。这时，戈耳工姐妹在睡觉。两位神祇教导他，割下戈耳工头的时候，自己要背过脸去。在戈耳工三姐妹中，只有美杜莎是可以被杀死的凡人。两位神用镜子照着美杜莎，佩耳修斯过去用**剑**（*harpē*）割掉了美杜莎的头，将头放入神袋，然后逃之夭夭。其他两个戈耳工姐妹发现后，紧追其后。可惜，因为他戴了狗皮盔，她们看不到他。

（费雷西底，*FGH* 3 *fr*.26=*fr*. 11，第 1 部，福勒）

6 当佩耳修斯逃到埃塞俄比亚（Ethiopia）时，发现安德洛墨达——国王刻甫斯（Cepheus）的女儿——正准备被献祭给**海怪**（*kētos*）。原来，刻甫斯的妻子卡西奥佩娅（Cassiepeia）曾和涅瑞伊得斯（Nereids，海洋仙女）比美，夸口说自己比仙女们美多了。于是惹恼了涅瑞伊得斯，波塞冬（Poseidon）一怒之下，发洪水淹没了她的国家，并且派来了海怪。阿蒙（Ammon）预言说：想解救国家于不幸，必须将卡斯奥佩娅的女儿安德洛墨达献祭给海怪。迫于埃塞俄比亚国民的压力，刻甫斯把女儿捆绑在海边的岩石上。佩耳修斯一看到安德洛墨达就爱上了她。他向刻甫斯保证，可以杀死海怪，不过刻甫斯得答应，佩耳修斯解救女孩后，能娶她为妻。双方宣誓，答应彼此的条件。佩耳修斯直面海怪，杀死了它，解救了安德洛墨达。因为之前安德洛墨达曾被许配给刻甫斯的兄弟菲纽斯（Phineus），所以菲纽斯准备密谋对付佩耳修斯。佩耳修斯发现了他们的阴谋，就把戈耳工的头展示给菲纽斯及其同谋看，马上把他们全部变成了石头。

（阿波罗多洛斯，《书目》，2.4.3.）

佩耳修斯回到塞里福斯岛，来到波吕德克忒斯面前，吩咐他把子民召集起来，把戈耳工的头展示给大家看，明知道不论是谁看到戈耳工的头都会变成石头。波吕德克忒斯把人们召集在一起，让佩耳修斯展示戈耳工的头。佩耳修斯转过身去，把头从神袋中取出，展示给他们。在场的人看到后全部变成了石头。雅典娜把头从佩耳修斯处拿走，安装在自己的羊皮神盾（aegis）上。佩耳修斯把神袋还给了赫耳墨斯，把飞鞋和狗皮盔还给了纽墨菲。

（费雷西底，*FGH* 3 *fr.* 26=*fr.* 11，第 2 部，福勒）

波吕德克忒斯及其手下石化后，佩耳修斯让狄克堤斯做塞里福斯岛的国王，自己却和库克罗普斯（Cyclopes）、达那厄和安德洛墨达一起乘船返回阿耳戈斯。但在阿耳戈斯却没找到阿克里休斯，因为后者出于恐惧，逃到了拉里萨（Larissa）的佩拉斯吉（Pelasgians）国王处。佩耳修斯将达那厄留在外祖母欧律狄克处，库克罗普斯、安德洛墨达和她一起留下。自己却动身去拉里萨。他找到阿克里休斯，劝说他和自己一起回阿耳戈斯。两个人准备离开拉里萨时，恰逢当地的年轻人在举行扔铁饼（discus）比赛。佩耳修斯脱掉衣服参加比赛，他拿起铁饼扔了出去。当时还没有（现代）五项运动，人们是分开比赛的。佩耳修斯的铁饼突然转弯打伤了阿克里休斯的脚，阿克里休斯竟然因为脚伤不治而亡。佩耳修斯和拉里萨人把阿克里休斯埋葬在城市前面，当地人还在坟前为他修建了英雄神龛。之后，佩耳修斯返回阿耳戈斯。

（费雷西底，*FGH* 3 *fr.* 26=*fr.* 12，福勒）

佩耳修斯的冒险故事主要可以分为三部，就像俄罗斯套娃一样一层套一层。最外层是家族传奇故事，沿着阿耳戈斯－塞里福斯岛－拉里萨的路线展开。中间一层是佩耳修斯斩杀美杜莎，随后逃避戈耳工姐妹追杀的部分。最里层是安德洛墨达的故事。因此，有必要各用一章的篇幅分析佩耳修斯故事的这三部分，即本书第二章到第四章的内容。[1]

---

[1] 叙事的套娃结构参见阿埃利翁（Aélion），1984: 202—208 和狄龙（Dillon），1990: 5。

第二章主要探讨佩耳修斯在希腊的冒险及他的家族故事。幼儿时期的佩耳修斯在箱子里经历海上漂流有什么意义？在希腊和世界其他地区的民间传说中，海上漂流代表一个不断重复出现的主题，即凸显某个人未来会变得伟大且强大的主题。佩耳修斯早期的故事还给我们留下两个谜团。其一，阿克里休斯如此对待达那厄和佩耳修斯，行为背后的动机是什么？如果考虑到他和他的双胞胎兄弟普罗托斯（Proetus）的宿怨，考虑到古希腊人有贞操考验（ordeals of virginity）的传统，我们能更好地理解他。其二，波吕德克忒斯利用诡计迫使佩耳修斯开启戈耳工的冒险任务，我们该如何解读其背后的奥秘？有种解释是，佩耳修斯年少老成，迫切希望证明自己已经长大成人。由于古代残卷语焉不详，上述的引文也没有讲清楚佩耳修斯晚年在希腊的生活，给我们留下更多未解之谜。佩耳修斯莫名其妙地和狄奥尼索斯打了一仗，意义是什么？根据某些说法，他竟然杀死了酒神？矛盾的是，佩耳修斯故事的目的似乎是去解释阿耳戈斯人民心中仍经久不衰的酒神崇拜。最后一个谜团是佩耳修斯是如何去世的。他是被表亲墨伽彭忒斯（Megapenthes）所杀吗？他是自己不小心被戈耳工的头所杀吗？还是他直接升天化为以其名字命名的星座？

第三章讲的是佩耳修斯对战戈耳工的任务。戈耳工姐妹的

8　本质和起源是什么？戈耳工三姐妹和割下的头颅常常成为艺术作品的主题，是佩耳修斯 – 美杜莎神话故事的衍生产物吗？或者，现实中先有割下戈耳工头颅的艺术作品，再逆生出核心是斩首的佩耳修斯 – 美杜莎神话故事？斩杀戈耳工的过程中，佩耳修斯所用的神秘法宝有几个，每个法宝的作用是什么？飞鞋使他可以像赫耳墨斯一样飞，不仅可以逃脱美杜莎姐妹的追杀，还可以让他抵达戈耳工姐妹所在的永无岛（never-never land）。神袋能够抵御并经受戈耳工头颅的可怕力量。狗皮盔可以令佩耳修斯隐身，关键是，隐身不仅可以逃脱美杜莎姐妹的追捕，还可以靠近美杜莎却让她无法看到他。佩耳修斯的剑或镰刀特别适合用来斩杀蛇形的怪物。镜状盾牌（shield）让他可以靠近美杜莎而不必直视她。还有个问题，戈耳工姐妹住在哪里？起初，她们可能住在任何蛮荒之地，但最终却被安排在北非的最西边，希腊人称为"利比亚"（Lybya）的地方。从而衍生出在利比亚发生的两段故事：其一，戈耳工脑袋上滴下的点点鲜血，落到地上变成利比亚各种危险的毒蛇；其二，佩耳修斯把阿特拉斯（Atlas）石化为山脉。美杜莎如何令人石化？是她看到别人还是别人看到她，就会令人石化？其实，古时候的作者认为，两种情况都可能。美杜莎的两个姐妹是不死之身，名字分别为斯忒诺（Stheno）和欧律阿勒（Euryale），她们好似拥有和美杜莎相同的魔力，欧律阿勒可能还有一种魔力——她的声音十分可怕。最后一个谜团是美杜莎故事中反复出现的主题，美杜莎和安德洛墨达的故事中都出现过的鲜明主题，即大量的神奇女子三人组合。三姐妹主题的不断出现，能够带来考古学的启示意义。

第四章为安德洛墨达的故事。我们能认定安德洛墨达的故事发源于中东地区吗？恐怕不能，虽然安德洛墨达的故事可能借鉴了中东地区的肖像作品，与美杜莎的故事相比，安德洛墨达故事发生的地点更加复杂。安德洛墨达故事的发生地可能最初是阿卡迪亚（Arcadia）地区，也就是佩耳修斯家所在地阿耳戈斯市（Argive）附近，随后，故事地点变成波斯（Persia）、邻近大西洋（Atlantīc）或者红海（Red Sea）的埃塞俄比亚（Ethiopias），从那里到达约帕（Joppa／雅法［Jaffa］），最后是印度（India）。即便故事地点为埃塞俄比亚，安德洛墨达好像从来不是黑皮肤，她的白皮肤极有可能是那些遗失的传说中重要的但又自相矛盾的一部分。被派来吞食安德洛墨达的海怪，本质是什么？作家和艺术家之流从未认真描述过这个怪物，却更关注安德洛墨达在困境中的戏剧性，甚至情欲的部分。据传，佩耳修斯杀死怪物有多种方法：要么是用现成的戈耳工脑袋石化怪物，要么是用剑斩掉怪物的头，要么是用石头砸死怪物,要么是让怪物把自己吞进肚子,他再用剑劈开怪物的肝脏。安德洛墨达的故事和希腊其他的屠龙故事,特别是赫拉克勒斯和赫西俄涅(Hesione)的故事,以及其他国家类似的民间故事,有什么密切的关联?分析这些关联,可以帮助我们认识安德洛墨达故事的缘起,并说明安德洛墨达的故事和美杜莎的故事之间,比乍一看,关联更紧密。

第五章不再是关于佩耳修斯的神话叙事,转而去考查古代世界的其他族群如何融合、承袭佩耳修斯的神话,希腊人如何利用佩耳修斯来表述与其他族群的关系。可以肯定的是,佩耳修斯的故事最初源于阿耳戈斯地区,佩耳修斯曾经作为国王并创建了诸多城邦的地方。不过,希腊的其他城邦虽说和佩耳修斯的神话没有天然联系,比如雅典(Athens)、斯巴达(Sparta)也同样渴望共享佩耳修斯的荣光。大约从公元前480年起,古希腊人开始把佩耳修斯当作强敌波斯人(Persians)的祖先,波斯的名字都和佩耳修斯类似。为什么?古希腊人这么做的动机是什么,防御的需要、统治他国的需要还是解释的需要?在马其顿(Macedon)的阿吉德王朝(Argeads)看来,佩耳修斯是偶像。马其顿人认为自己是佩耳修斯和阿耳戈斯的后裔,不仅如此,他们的立国神话也是向佩耳修斯出生的神话意象致敬。据传,亚历山大大帝(Alexander the Great)和佩耳修斯一样,都是宙斯和凡人所生的儿子，也都渴望成为波斯之王。阿吉德王朝之后的希腊化时期王朝，以及最伟大也是最后的希腊化王朝——罗马帝国，都沿袭借用了佩耳修斯的意象。罗马将佩耳修斯融入自己的传说中，为罗马历史、罗马诗歌传统增光添彩。佩耳修斯的神话被古代人从各种不同的视角进行合理化改写（rationalisation），与此并行的是佩耳修斯神话不断被改写的传统，不过，他们偶尔的改写有可能会影响到神话本身。

矛盾的是，合理化改写为佩耳修斯神话在古希腊罗马时期之后的主要发展——中世纪拉丁语作者将其寓言化（allegory）——奠定了基础，这是第六章我们将谈到的。从那之后，佩耳修斯神话一直被寓言化，在弗洛伊德（Freud）的作品中登峰造极。中世纪晚期，安德洛墨达的故事，如前所述，帮助我们形成了最爱的圣乔治和龙的传说。文艺复兴以来，佩耳修斯在所有品类的艺术和文学作品中不断亮相。关于佩耳修斯最精雕细琢的艺术作品当属伯恩-琼斯（Burne-Jones）的《佩耳修斯系列画作》（*Perseus Series*），其画作将佩耳修斯的古典传统和中世纪演义紧紧相连。

我以为，阅读此书的读者最迫切想了解的是佩耳修斯故事在古代的缘起，无论是文学的还是插图画像的。因此，我将插图和文学原本安排在最显著的位置。

关键主题

Key Themes

二、家族传奇

家族传奇开场

正是在古典雅典时期的悲剧中,佩耳修斯的家族传奇得以发扬光大。在此之前,早在约公元前700年,故事就广为流传:是宙斯令达那厄怀孕并产下佩耳修斯。在《伊利亚特》(14.319—320)里,宙斯大声说道:"我爱上脚踝白皙的达那厄,阿克里休斯的女儿,她生育了佩耳修斯,勇士中的勇士。"公元前6世纪中叶,佩耳修斯的其他家族故事已经初现(赫西俄德[Hesiod],《列女传》[*Catalogue of women*],*fr*. 129.10—15 和 *fr*. 135 MW,斯特西克鲁斯[Stesichorus],*fr*. 227 *PMG*/ 坎贝尔[Campbell])。公元前4世纪末,宙斯让达那厄堕落已经成为悲剧(tragedy)舞台的老生常谈。喜剧家米南德(Menander)在作品中曾暗示说:"告诉我,尼凯拉特斯(Niceratus),悲剧家讲述了宙斯如何化身金子,穿过屋顶,

和禁闭的少女私通的故事。你不曾听过这个故事吗？"(《萨摩斯女子》[*Samia*]，589—591)

埃斯库罗斯（Aeschylus）为佩耳修斯及其家族故事创作了悲剧三部曲。其中前两部名为《波吕德克忒斯》（*Polydectes*，*TrGF* iii p. 302）和《福耳库斯的女儿们》（*Phorcides*，即"**格赖埃**"姐妹，*frs* 261—262 *TrGF*）。只有第三部山羊剧《渔网人》（*Dictyulci Satyri*，"拖渔网的萨提尔"[Net-dragging Satyrs]，*frs* 46a—47c *TrGF*）部分残稿流传至今，讲的是狄克堤斯在海中捕鱼，不料捞到了箱子里的达那厄和佩耳修斯。有人试图从零散的陶器画面中推断出埃斯库罗斯四场戏剧的创作时间。第一种推断认为，这部佚名的戏剧重点刻画了达那厄和阿克里休斯，约490年的陶器画面中出现了阿克里休斯把达那厄和佩耳修斯封装入箱的场景。第二种推断认为，约460年的陶器画面中出现了狄克堤斯把达那厄和佩耳修斯从箱子里放出来，并将母子俩介绍给波吕德克忒斯；还出现了格赖埃的画面。在陶器画面中，佩耳修斯的年龄不一、身高各异。有时候是襁褓中的婴儿（例如 *LIMC* Akrisios no. 2= 图2，Danae no. 48），有时是初长成的少年（例如 no.54）。还记得，费雷西底的佩耳

图1：达那厄受孕（The impregnation of Danae）

修斯在三四岁时才被发现（*FGH* 3 *fr*. 26=*fr*. 10，福勒）。①

索福克勒斯（Sophocles，前468—前406）曾写过一部《阿克里休斯》（*Acrisius*, *frs* 60—76 *TrGF*）、一部《达那厄》（*Danae*, *frs* 165—170 *TrGF*）和一部《拉里萨人》（*Larissaeans*,

---

① 四部埃斯库罗斯戏剧，参见 Gantz 1980：149—151，1993：302。约490年理论：豪（Howe），1952：172—176，1953。陶瓶上的婴儿佩耳修斯：绍恩堡（Schauenburg），1960：3—12；马弗尔（Maffre），1986：336—337。约460年理论：奥克利（Oakley），1982，1988；西蒙（Simon），1982：139。佩耳修斯故事相关所有残篇的总览，参见 Dillon 1990：201—243。

frs 378—383 *TrGF*）。在《阿克里休斯》的残篇中，可以找到他如此行事的理由，就在他囚禁达那厄的时间点，他亲口说："谁能比老年人更热爱生命呢。"（*fr.* 66）

他接着说："让我的孩子活着，是最美好的礼物，不可能让人死两次吧。"（*fr.* 67）在《达那厄》的残篇中，下面的话应该也是阿克里休斯所说："有没有强奸，我不知道。我只知道这个孩子如果活着，我就完了。"（*fr.* 165）《拉里萨人》讲述的是佩耳修斯在拉里萨误杀阿克里休斯的故事。《拉里萨人》的残篇表明，是阿克里休斯本人安排了比赛（*fr.* 378），而阿波罗多洛斯笔下是透特米德斯（Teutamides）安排了比赛（《书目》，2.4.4），并设计让自己成为国王。另一段残稿中，佩耳修斯自己解释了扔铁饼却误伤自己父亲（译者注：应该是"外祖父"）的原因："我正打算第三次扔铁饼，埃拉托斯（Elatos）——一个多提安（Dotian）人——抓住了我。"（*fr.* 380）[①]

[①] 索福克勒斯对佩耳修斯戏剧的相关讨论，参见 Howe 1952：198—227。关于铁饼误杀的各种希腊故事，参见 Dillon 1990：60—62。

图 2：阿克里休斯命人为达那厄和婴儿佩耳修斯准备箱子（Acrisius has the chest prepared for Danae and baby Perseus）

欧里庇得斯的《达那厄》（*frs*. 316—330a *TrGF*）大约创作于公元前 455 年到前 428 年（*TrGF* v.1 p. 372），讲述的是达那厄受孕于宙斯，以及达那厄被封入箱子的故事（马拉拉斯，34 页，丁道夫）。显然，一直没有儿子，老年才得女是阿克里休斯的痛苦之源（*fr*. 316—317）。他发现女人很难监管，某种意义上，暗示的是达那厄受到禁闭（*fr*. 320）。公元前 431 年欧里庇得斯的《狄克堤斯》（*Dictys*, *frs* 330b—348 *TrGF*）绘制于陶制花瓶上（*LIMC* Danae no. 7, Polydektes no. 6），应该讲述的是佩耳修斯被打发出去寻找戈耳工的头之后，波吕德克忒斯迫害达那厄和狄克堤斯的故事。阿波罗多洛斯讲述的是达那厄和狄克堤斯为求自保逃到祭坛的故事（《书目》，2.4.2—3；参见席恩［Theon］论品达《皮提亚》［*Pythians*］，12 at *P.Oxy.* 31.2536.）。还有段残篇，似乎讲的是狄克堤斯安慰达那厄的场景，因为达那厄以为佩耳修斯已死（*fr.* 332）。①

此外，2世纪的神话学者许吉努斯（Hyginus）的作品（虽无法确认）从完全不同的视角讲述了佩耳修斯的家族故事。他所讲述的故事与其他人的版本大相径庭。在达那厄和佩耳修斯被封入箱子之前，他的故事和其他人无异：

> 出于宙斯的意旨，她被带往塞里福斯岛。渔夫狄克堤斯打开箱子，发现了女人和孩子，于是狄克堤斯把母子二人带到国王波吕德克忒斯面前。波吕德克忒斯娶了女人，并且在雅典娜神殿中将佩耳修斯抚养长大。阿克里休斯得知达那厄母子在波吕德克忒斯处，于是出来找寻她们。阿克里休斯找到波吕德克忒斯，恳求把母子二人接回家。佩耳修斯向阿克里休斯保证，绝不会杀死他。但是阿克里休斯因为暴风雨而滞留，其间波吕德克忒斯去世。当地人为波吕德克忒斯举办葬礼比赛。佩耳修

---

① 讨论参见 Howe 1952：228—249。

斯在比赛中扔了一枚铁饼,但是风把铁饼吹到阿克里休斯头上,佩耳修斯杀死了阿克里休斯。佩耳修斯本不想杀人,是神灵让他杀了人。阿克里休斯被埋葬在塞里福斯岛后,佩耳修斯赶回阿戈斯,继承了外祖父的王国。

(许吉努斯,《神话指南》[*Fabulae*],63)

许吉努斯还提到,是佩耳修斯本人为养父波吕德克忒斯举办了葬礼比赛(《神话指南》,273.4)。显然,许吉努斯的版本是对传统故事的重构。狄克堤斯、戈耳工姐妹、安德洛墨达和猎杀海怪在许吉努斯的故事中均消失不见(不过佩耳修斯的守护神雅典娜被保留下来)。波吕德克忒斯也有变化,他不再是邪恶的霸凌者,而变成和善的保护者(参见荷马注疏《伊利亚特》,14.319;"注疏"是希腊化时期、神圣罗马帝国时期和拜占庭时期对古代文本进行评注的人),并娶了达那厄。至于阿克里休斯主动寻找佩耳修斯,理由大概是他的想法有变。许吉努斯的独特叙事大概是出于古典悲剧定律:该剧具有鲜明的悲剧特色,阿克里休斯被拖到塞里福斯岛,是因为悲剧剧情需要地点一致/三一律。

希腊悲剧塑造影响了早期拉丁文学的悲剧题材。公元前3世纪,李维乌斯·安德罗尼库斯(Livius Andronicus,p. 3,里贝克［Ribbeck］）和奈维乌斯（Naevius, pp. 7—9, 里贝克[①]）两人都曾创作《达那厄》悲剧，不过，从现存残篇里我们看不到两位有什么创新，反倒是奈维乌斯的剧中不出意料地对"通红的黄金雨"（*fr.* 5）作了详细描写。

希腊喜剧诗人对佩耳修斯的家族传奇作何反应，我们所知甚少，难以重构。公元前5世纪老式喜剧（comedy）时期，唯一流传下来的残篇是桑尼里奥（Sannyrio）的《达那厄》，剧中宙斯曾仔细斟酌，要不要变形为鼩鼱（shrew-mouse），好从屋顶钻进去接近达那厄（*fr.* 8 *K-A*）。而阿波罗芬尼斯（Apollophanes）的《达那厄》只留下了剧名（T1 *K-A*）。公元前425年克拉提努斯（Cratinus）的《塞里福斯人》（*Seriphians*）只余残篇，剧情描述的是佩耳修斯返回塞里福斯岛，安德洛墨达称此行为"陷阱"（a baited trap），不知陷阱为海怪而设，还是为佩耳修斯而设（*fr.* 231）。在此剧中，善于蛊惑人心的克里昂（Cleon）因为可怕的眉毛且疯疯癫癫而遭到嘲讽，估计戈耳工的角色影射了克里昂（*fr.* 228）。4世纪早期的中期喜剧时期，欧布洛斯（Eubulus）创作的《达那厄》只遗留了一个片段，其中一个女人，毫无疑问是达那厄，在抱怨自己遭到虐待，毫

[①] 讨论参见 Howe 1952：228—269。

无疑问是阿克里休斯的虐待（*fr. 22 K-A*）。①

达那厄受孕

费雷西底是最早详细描述宙斯如何接近达那厄的作家。他暗示说，宙斯的祭坛正好在达那厄关禁闭的地牢之上，宙斯化作一阵黄金雨穿过地牢的天窗，但随后宙斯恢复人形，以便与达那厄交好（费雷西底，*FGH* 3 *fr.* 26=*fr.* 10，福勒）。合理推断，宙斯肯定会化为人形，女孩肯定想知道是谁让自己怀孕。不过其他的文学作品中都提到，宙斯一直维持黄金雨的形状，直接进入达那厄的下身，就像金色的精子一般。索福克勒斯就在《安提戈涅》（*Antigone*）中偶然提到："她接受了宙斯黄金雨一般的种子。"（944—950）这也是艺术家喜欢在画作中描绘的画面：一阵黄金雨径直冲向达那厄的下身（*LIMC* Danae nos. 1—39，最早的作品可追溯到约公元前490年）。即便宙斯化为精子的形状让达那厄受孕，达那厄在其中显然也享受到了性快感。从5世纪中叶起，很多画作都表明，达那厄十分欢迎种子的到来，

---

① 相关喜剧残篇讨论，参见 Dillon 1990：234—235。关于克拉提努斯，参见杜加（Dugas），1956：9—10。地名的发现见残篇及鲁弗尔（Ruffell），2000：492—493。

要么把裙子下摆撩起来（*LIMC* Danae nos. 7，8，9［=图1］，19，26，33），要么用裙子下摆接住（*LIMC* Danae nos. 5，10，12，31）。在一些画作中，她头向后仰，看起来沉醉于快感中（特别是公元前4世纪中叶的玉质凹雕，*LIMC* Danae no. 11）。[①]

拉丁文作品中加入了达那厄如何被监禁的细节。贺拉斯（Horace）将囚禁达那厄的青铜地牢转化为铜（bronze）塔（《颂歌集》［*Odes*］，3.161—211，约公元前23年）。在拉丁语文学作品及之后的西方传统中，铜塔囚禁达那厄的说法逐渐流行开来。奥维德（Ovid）提出的观点很有趣，正是达那厄被禁闭，才点燃了宙斯对她的热情（《爱情三论》［*Amores*］，2.19.27—28，约前25—前16）。梵蒂冈神话作家的观点也很迷人，达那厄由女守卫——原因显而易见——和狗来看守（第一位梵蒂冈神话作家，137 Bode=2.55 Zorzetti，第二位，110 Bode）。

箱子及同类型神话故事

佩耳修斯和达那厄的故事（folktales）可谓带有广为人知的套路。即预言说如果国王或者王后生下儿子，就会令自身陷

[①] 关于画像的评论，参见 Maffre 1986: 335—336。雷德马赫（Radermacher）在1917年曾辩白说，画像的灵感来自流星。

于险境。尽管国王或者王后想方设法不生儿子，但是儿子却如期而至。于是他们把儿子关入箱子中扔于野外，或者通常是扔于水中。孩子总是被人（身份低下的人，甚至是动物）所救并被抚养长大。孩子成人后总是鹤立鸡群，也总是会——或者无意，或者有意——杀死自己的父亲。符合上述条件的英雄神话故事绝非寥寥：希腊神话中的俄狄浦斯（Oedipus）、赫拉克勒斯、帕里斯（Paris）、忒勒福斯（Telephus）、暴君库普塞罗斯（Cypelus）；罗马传说中的罗慕卢斯（Romulus）；近东地区的吉尔伽美什（Gilgamesh）、阿卡德城的萨尔贡（Sargon of Akkad）、居鲁士（Cyrus）、摩西（Moses），还有耶稣（Jesus）；印度《摩诃婆罗多》（*Mahabharata*）中的迦尔纳（Karna）；日耳曼文学中的特里斯坦（Tristan）。①

但正是希腊神话中奥格（Auge）和儿子忒勒福斯的故事，为佩耳修斯的海中磨难故事提供了一个特别相似的地方。早在公元前5世纪，赫卡泰乌斯（Hecataeus）已经讲述过奥格母子的故事：阿卡迪亚地区的忒格亚（Tegea）国王阿略斯（Aleus），由德尔斐（Delphi）神谕得知，其女儿奥格所生之子将会杀死阿

---

① 参见哈特兰（Hartland），1894—1896：i，与达那厄的经历相似的同类故事很丰富，无论近的还是远的，Segal 1990，经典论文集，其中最重要的是兰克（Rank）的宾德（Binder），1964：123—250，Dillon 1990：34—52。关于库普塞罗斯参见奥格登（Ogden），1997：87—94。

略斯自己的儿子，包括名叫刻甫斯的儿子。为了不让奥格产子，阿略斯任命奥格为雅典娜神殿的女祭司，女祭司要保持童贞，不得产子。但就在神殿中，奥格受到阿略斯的贵宾赫拉克勒斯的引诱，无论赫拉克勒斯是醉酒后强行奸淫，还是双方自愿偷情，结果导致奥格怀孕。起初，奥格把婴儿时期的忒勒福斯藏在神殿中，却亵渎了神灵，使忒格亚遭受生育危机，最终孩子被发现。阿略斯逼迫奥格说出孩子的生身父亲是谁，奥格说孩子是赫拉克勒斯的，阿略斯却不信她。阿略斯让纳普利乌斯（Nauplius）把奥格母子装箱扔入大海。奥格母子漂流到米西亚（Mysia）岸边，被国王透特拉斯（Teuthras）所救。透特拉斯娶了奥格，收养了忒勒福斯。果然，忒勒福斯最终杀死了阿略斯的儿子们，虽然不知道是在什么情景下杀死的。

奥格故事主要有两种说法。第一种，奥格怀孕时，失贞行为就被发现，纳普利乌斯把她扔入海洋之后，她是在帕耳忒尼俄斯山（Mt Partheonios，或帕特尼翁山［Parthenion］）——意为"处女山"——上突然产子的。奥格把孩子藏在树林中，树林后来成为忒勒福斯神殿所在。在林中，一只雌鹿养育了孩子，所以他最后得名忒勒福斯（Tēlephos）［据推测来自 *thēlē*、乳头（teat）和 *elaphos*、鹿（deer）］。后来，一群牧羊人救了忒勒福斯，他最终由一位科律托斯（Corythus）人养大。第二种，纳普利乌斯于心不忍，没有把奥格母子扔入大海，反而将其母子直接或间接卖给了透特拉斯。（参见赫卡泰乌斯［Hecataeus］，*FGH* 1 *frs* 29a，29b；埃斯库罗斯，《迈西亚人》［*Mysians*］、《忒勒福斯》；索福克勒斯，《迈西亚人》；欧里庇德斯，《奥格》，*frs* 264a—281 *TrGF* 及《忒勒福斯》，*frs* 696—727c *TrGF*；阿尔西达马斯［Alcidamas］，《奥德修斯》，14—16；狄奥多罗斯［Diodorus］，4.33.7—12；斯特雷波［Strabo］，C615；阿波罗多洛斯，《书目》，2.7.4，3.9.1；保塞尼亚斯［Pausanias］，8.4.9，8.47.4，8.48.7，8.54.6，10.28.8；特策利论［吕哥弗隆］《亚历山德拉》，206。奥格故事的另一版本参见赫西俄德，《列女传》，*fr.* 165 MW；许吉努斯，《神话指南》，99—100，244；艾利安［Aelian］，《动物的本性》［*Nature of Animals*］，3.47.7①）

显然，忒勒福斯－奥格的故事和佩耳修斯－达那厄的故事的相似之处不少：德尔斐神谕预言说女儿的儿子（外孙）会杀死自家亲人，女儿的父亲采取行动想让女儿保住童贞，但女儿总会和宙斯或者宙斯的儿子有染。女儿想方设法藏匿婴儿，婴

---

① 神话故事的相关讨论，参见汉德利（Handley）和雷亚（Rea），1967；巴赫思斯－图里德尔（Bauchh-Thüried），1971，1986；伯克特（Burkert），1979：6—7；Gantz 1993：428—431；赫里斯（Heres）和斯特劳斯（Strauss），1994；科拉德（Collard）等，1995：17—52。

儿在雅典娜神殿长大，孩子被发现，女儿赌咒发誓披露孩子父亲的身份，但外公不相信她。女儿和孩子一起被装箱投入大海，母子俩被冲上岸，并由好心人收留。不过，佩耳修斯和忒勒福斯的故事之间的联系不仅如此，两个故事中均出现了同一人物。最突出的就是，忒勒福斯故事中的刻甫斯与佩耳修斯的岳父是同一人（详见第五章）。阿波罗多洛斯的书中说，阿略斯的姐妹斯忒涅玻亚（Sthenoboea）嫁给了佩耳修斯的伯祖父普罗托斯（《书目》，3.9.1）。透特拉斯的名字显然和拉里萨的透特米德斯相近，后者是招待阿克里休斯和佩耳修斯的主人（阿波罗多洛斯，《书目》，2.4.4）①。

此外还有两个同类的希腊故事。一个是布里西阿（Brasiae）人所讲述关于塞墨勒（Semele）和狄奥尼索斯的故事：

虽然他们的故事和其他希腊人不同，当地人说塞墨勒生下了宙斯的儿子。卡德摩斯（Cadmus）发现了塞墨勒和狄奥尼索斯，并将母子二人装入箱子扔入大海。当地人说，海浪把箱子冲到他们那里，他们隆重安葬了塞墨勒（因为他们发现她时，她已经香消玉殒），并将狄奥尼索斯抚养成人。他们的城市本来名叫奥里埃塔亚（Oreiatae），因为狄奥尼索斯的故事而改名为布

---

① 狄龙（1990：14）的解释是，神的"领养"是成长的母题。

里西阿,意为箱子冲上岸处。直到现在,许多人仍使用一个词 *ekbebrasthai* 来表示被海浪冲上岸的物品。

(保塞尼亚斯,3.24.3—4)

第二个故事是希罗多德(Herodotus,4.154—155)讲述的普洛尼玛(Phronime)传说,她是来自昔兰尼(Cyrene)的巴图斯(Battus)的妈妈。普洛尼玛的父亲埃铁阿尔科斯(Etearchus)是克里特岛(Crete)的欧阿克索斯(Oaxus)国王,她的继母向父亲谎称她与人私通,父亲用计谋让希拉(Theran)的贵宾铁米松(Themison)立誓同意把普洛尼玛扔入大海。埃铁阿尔科斯的计谋令铁米松生气,他也觉得对普洛尼玛不公平,但还是遵守誓言把她扔入海中,不过在她身上捆了绳子,又把她拽了回来,然后把她交给希拉的波律姆涅司托司(Polymnestus),普洛尼玛嫁给波律姆涅司托司,并与他生下了巴图斯。[①]

显而易见,这是个由来已久的故事类型,曾经出现在不同的语境中。格洛兹(Glotz)提出,这类希腊的传说故事,多少带有考验意味,把女人扔入海中来考验她是否保有童贞。保塞尼亚斯的作品中曾引用过一句谚语,大概能证实当时确有类似考验:"只有纯洁的处女才能投入大海。"(10.19.2)这样才

---

① 参见 Ogden 1997:53—61。

能理解后续:"才能活着回来讲述自己的故事。"可惜,普洛尼玛是否还是处女值得探讨。而对于其他女人来说,被投入大海不像是考验,更像是惩罚。然而,达那厄和奥格的故事(塞墨勒的故事也一样)均包含一个考验——与上述故事类型相关的考验,即女孩赌咒发誓说孩子的父亲是神或者英雄,需考验她的话是否可信。换个角度看,神话中的私生子,无论如何都会被装入箱子或者罐子扔入大海。更古老的传说中,比如婴儿俄狄浦斯被发现后,被人装入箱子扔入海中(欧里庇得斯注疏,《腓尼基妇女》[*Phoenissae*],26)。在箱子里被发现往往会令人联想到私生子。希茜溪(Hesychius)收录并解释了一条谚语:"从箱子出来:私生子(bastard)。"(参见词条 *eklarnakos*)[1]

阿克里休斯的动机、他与普罗托斯的宿怨

阿克里休斯如何处置达那厄,现存的文稿中没有提及,我们便无法清楚地了解阿克里休斯的行为动机是什么。他的行为往往一概而过,在现代人眼里,不会留下深刻印象。不过,在

---

[1] 相关讨论参见格洛兹(Glotz),1904:69—97;戴古乐(Delcourt),1938:37—43;布雷默(Bremmer)和霍斯福尔(Horsfall),1987:26—50;Dillon 1990:43—45;西萨(Sissa),1990:101—103 和 119—121;Ogden 1997:13,28,31—32,53—54,58,60。

悲剧背景下，他的行为会令人心生同情。切记，不论他采取什么行为，都是为了挽救自己的性命，佩耳修斯都能原谅他。达那厄的地下室外面包铜，除了安全考虑，大概也是奢侈的安慰吧。斯巴达雅典娜神殿中的铜殿（Chalkioikos），意为"铜房"，就装饰着铜板（Pausanias 3.17）。达那厄还有人服侍，有保姆陪伴。

有一种说法是，阿克里休斯好像有个敌对的双胞胎兄弟普罗托斯，其兄弟的阴谋是要加害他，或者他以为普罗托斯针对自己有阴谋。关于阿克里休斯和普罗托斯兄弟及其后代之间的恩怨情仇，有很多说法，但彼此自相矛盾。阿波罗多洛斯说，还在母亲肚子里时，这对兄弟就开始争执不休（好比雅格布［Jacob］与以扫［Esau］一样）。成年后，矛盾恶化，兄弟阋墙，爆发了内战，其间发明了盾牌（《书目》，2.2.1；可参照Pausanias 2.25.7）。无疑，从一开始，兄弟矛盾就是王位之争。品达同时期的巴库利德斯（Bacchylides）讲述了矛盾最终如何解决：阿耳戈斯人民厌倦了兄弟间的内战，劝说普罗托斯离开阿耳戈斯，去建立自己的国家提林斯（Tiryns，11.59—72）。奥维德的故事正相反，佩耳修斯回到阿耳戈斯后却发现，普罗托斯把外祖父驱逐出境，他一气之下用戈耳工的头颅把普罗托斯变成石头（《变形计》［*Metamorphoses*］，5.236—241）。

家族矛盾在佩耳修斯和普罗托斯的儿子墨伽彭忒斯之间延续，不过说法各不相同。阿波罗多洛斯的故事中，墨伽彭忒斯继承了父亲提林斯的王位，并且高高兴兴地和佩耳修斯交换了王位，而佩耳修斯误杀了阿克里休斯，无法直接继承阿耳戈斯的王位，要么是因为愧疚感，要么是因为杀人罪（《书目》，2.4.4）。许吉努斯曾列出"杀死亲人的人"的名单，其中包括"普罗托斯的儿子墨伽彭忒斯，他杀死了朱庇特（Jove）和达那厄的儿子佩耳修斯，原因是父亲之死"（《神话指南》，244）。许吉努斯认为，佩耳修斯杀死普罗托斯，然后佩耳修斯被墨伽彭忒斯所杀。有推论说，他的观点借鉴自奥维德，但是不清楚他什么时候有了这种观点，他是唯一提到这种观点的权威人士。大概来源于一部非同寻常的悲剧吧。[1]

品达认为，达那厄不是被宙斯玷污的，而是被她叔叔普罗托斯玷污，正是这点导致兄弟双方反目成仇（*fr.* 284，斯奈尔－马勒［Snell-Maehler］；可参照阿波罗多洛斯《书目》，2.4.1）。贺拉斯（Horatian）认为，黄金（gold）雨致人怀孕的说法大概源于一个事实，达那厄的看守收受了金子贿赂（3.16.1—11）。费雷西底的故事中，阿克里休斯把达那厄带至一边，让她在祭坛（altar）旁发誓说出通奸对象的名字，结果她却发假誓说是宙

---

① 许吉努斯的理论借鉴了奥维德：Gantz 1993：310。

斯，他本以为会听到普罗托斯的名字（*FGH* 3 *fr.* 26=*fr.* 10，福勒）。合理推断，如果普罗托斯无权继承王位，那么，让侄女——自己兄弟唯一的女儿——怀孕，无疑可以确保王位最终回到自己后代手中。①

如果阿克里休斯怀疑她的私通对象是普罗托斯，把达那厄和她儿子扔入大海，某种意义上是种惩罚。如上所述，还有个说法，把母子俩扔入大海，是为了考验她有没有说实话。此外，如果阿克里休斯坚信，达那厄在祭坛前发誓时说了谎话，他恐怕要被迫流放达那厄，目的是保护自己国家不受神灵怒火的影响，原因无论是窝藏发伪誓的女儿，还是玷污了宙斯的名声。如何流放女儿可能也是设计好的，虽然机会渺茫，但还要给达那厄和佩耳修斯一线生机，可以在陌生的国度开始新生，这样发伪誓的达那厄和日益危险的佩耳修斯，就找不到回家的路，就不会给阿耳戈斯或者阿克里休斯带来厄运。有的叙述中说阿克里休斯后来为自己的决定感到后悔。大约公元前450年的一个莱基托斯陶瓶（lekythos）上就绘有一幅图画，与众不同。图画上，阿克里休斯坐在佩耳修斯和达那厄的衣冠冢（cenotaph）

---

① 品达残篇284页与阿波罗多洛斯《书目》2.4.1相类，因为残篇中指出其中一个文献并非出自费雷西底，作者不明。故事中的普罗托斯可能扮演了引诱者的角色，更多的推测参见Gantz 1993：300—301。

旁，痛不欲生（*LIMC* Akrisios no. 10）。衣冠冢是为迷失于海上的人而设立。还记得许吉努斯的故事中，估计脱胎于某部古典悲剧，阿克里休斯追随佩耳修斯和达那厄到达塞里福斯岛，大概是想带她们母子回家吧。①

佩耳修斯的童年

为数不多的文本曾谈到英雄的童年，使我们有机会把他看作一位富有同情心的人物。（约公元前500年）西摩尼德斯（Simonides）残篇是最珍贵的古代文稿，曾提到佩耳修斯，记录了达那厄母子被装入敞开的箱子里并被扔到海中，达那厄对佩耳修斯说的话：

风吹着，浪打着，她在锻造精美的箱子里胆战心惊、意志消沉，脸颊全湿，她用手臂搂住佩耳修斯说："哦，孩子！我太痛苦了！还好你睡着了，幼小的心沉沉睡去，在了无生趣的铜铆钉固定的箱子里，漂流在黑暗的夜里，漂流在深蓝色的忧郁里。你躺在你的紫色斗篷里，脸庞柔美，浪花溅起，打在你头发上，风浪声声，你却浑不在意。要是你感到烦恼，那请用

---
① 参见 Gantz 1993：303。

你幼小的耳朵听我说。我希望,孩子你睡去,希望大海也睡去,我们无尽的不幸也睡去。希望你的父亲宙斯能改变主意。如果我的祈祷太冒犯、太不公平,请原谅我。"

(西摩尼德斯,*fr.* 543 *PMG*/ 坎贝尔[参见 *fr.* 533])①

与前面风格类似,(约公元 170 年)卢西恩(Lucian)曾在一篇迷人的速写中提到,忒提斯(Thetis)为婴儿佩耳修斯哭泣,他和母亲刚好被装入箱子中(《海上对话》[*Dialogues in the Sea*],12)。达那厄自己愿意接受惩罚,但恳求留下孩子的性命,而婴儿佩耳修斯笑着看向大海。婴儿的美好打动了忒提斯和海中仙女涅瑞伊得斯·多里斯(Nereid Doris),她们决定把箱子推到塞里福斯岛渔民的渔网中。

其他文本描写了佩耳修斯蹒跚学步、玩耍嬉戏的场景,地点或在阿耳戈斯的地牢里,或在塞里福斯岛上。费雷西底笔下,是佩耳修斯在阿耳戈斯地牢里玩耍时,不小心发出了声音,引起了阿克里休斯的注意,让后者发现了他的存在(*FGH* 3 *fr.* 26 = *fr.* 10,福勒)。后来,欧里庇得斯笔下的达那厄向阿克里休斯描述了母子二人在地牢里如何相处,"他跳起来,在我的臂弯里和我的胸前玩耍,用无数的亲吻温暖我的灵魂,对于我等凡人,

---
① 西摩尼德斯文本采用什么格律,古人们也很迷惑:韦斯特(West),1981。

陪伴，就是最伟大的情毒，父亲大人"（《达那厄》，*fr.* 323 *TrGF*）。

埃斯库罗斯创作于公元前490年或者公元前460年的山羊剧《渔网人》，"拉渔网的森林之神萨提尔"，其残篇记载了佩耳修斯在塞里福斯岛的故事。狄克堤斯用渔网捕获到沉重的箱子，他自己拖不动，就和西勒诺斯（Silenus，森林之神首领）做了个交易。如果他和其他森林之神帮助他把渔网拖上岸，捕捞到的东西就分一半给他们。森林之神帮助狄克堤斯把箱子捞起来，但未尽全力。箱子里发出的声音吓跑了他们。达那厄和佩耳修斯一起出现，讲述了自己的来历。狄克堤斯想保护她，但是西勒诺斯索要自己那一半报酬，打算把达那厄带走并与她成婚，显然，西勒诺斯在剧中扮演的是波吕德克忒斯的角色。狄克堤斯赶跑了西勒诺斯，或者和他达成了别的交易（*frs.* 46a—47c *TrGF*）。剧中详尽地描述了西勒诺斯如何和年幼的佩耳修斯套近乎，以劝说达那厄嫁给自己（*fr.* 47a）。西勒诺斯和佩耳修斯说，他能把他母亲的床分他一半，能让他饲养各类新奇宠物，能给他很多玩具玩。而且，他还要教佩耳修斯打猎。西勒诺斯认定这个孩子"**喜欢阴茎**"（*posthophilēs*），这种说法，至少对现代观众来说，令人不适。但这种带有娈童意味的说法，对于古希腊观众来说，并非不能接受。不过，在当时的语境下，这种说法大概是要确定孩子对西勒诺斯是有感情的。西勒诺斯和其他森林之神一样,具有持久而巨大的亢奋特点,在剧场里,他们的象征就是舞台上竖着的巨大阴茎(phallus)。①

公元3世纪初期,两位作家的作品中进一步展示出佩耳修斯对动物世界的亲和力。艾利安指出,佩耳修斯在塞里福斯岛逗留期间,很喜欢和另一种动物戏耍,也就是所谓的"海蝉"(sea-cicada),即一种龙虾。塞里福斯人称这种生物为"佩耳修斯的玩意儿",还待之以最高的敬意(《动物的本性》,13.26)。可以想象,狄克堤斯打渔时,年幼的佩耳修斯在他身边和海蝉玩耍,享受着童年难得的无忧无虑。②另一位作家奥庇安(Oppian)大概是吸纳了《渔网人》剧情,认为佩耳修斯是第一个打猎的凡人(《狩猎集》[*Cynegetica*],2.8—13)。

波吕德克忒斯的诡计

经典的佩耳修斯故事中,达那厄的儿子即将成人,马上能够保护、监护自己的母亲,这时,波吕德克忒斯对达那厄图谋

---
① 《渔网人》的重构,参见 Howe 1952:191—197;洛伊德 - 琼斯(Lloyd-Jones),1957:531—541;威尔 - 德·哈斯(Werre-de Haas),1961(特别是72—74);Dillon 1990:208—212。
② 阿埃利翁描述成年佩耳修斯如何对待塞里福斯岛上的青蛙,可参见第五章。

不轨。这就可以解释，为什么佩耳修斯必须离开塞里福斯，或者设法让他计输一筹。《奥德修纪》（*Odyssey*）中忒勒玛霍斯（Telemachus）面临和佩耳修斯一样的遭遇。在他父亲奥德修斯（Odysseus）离家多年后，他和佩耳修斯一样马上步入成年，在想占有他母亲佩涅洛佩（Penelope）的追求者看来，的确是个棘手的难题。①

　　至今仍不清楚波吕德克忒斯究竟采用了什么诡计，让佩耳修斯离开塞里福斯去完成戈耳工的任务。波吕德克忒斯举办了一场假的募捐晚宴，打算募集资金去请希波达米亚（Hippodamia，希波达米亚的名字意思是"驯马"）帮忙，并邀请佩耳修斯参加晚宴。阿波罗尼乌斯的注释者曾转达费雷西底残篇中的话："佩耳修斯询问参加晚宴需要什么，波吕德克忒斯说：'一匹马（horse）。'佩耳修斯说：'戈耳工的头。'后来佩耳修斯如约带来一匹马，波吕德克忒斯却拒不接受，反而索要戈耳工的头。"（*FGH* 3 *fr.* 26=*fr.* 11，福勒）阿波罗多洛斯提到，他的叙述也借鉴了费雷西底，被邀请参加晚宴时，"佩耳修斯说即使需要交出戈耳工的头，他也不可能不参加"。所以，波吕德克忒斯向他人索要马匹，却不接受佩耳修斯的马匹，相反，他命令佩耳修斯拿来戈耳工的头（《书目》，2.4.2）。难以理

---

① 关于忒勒玛霍斯的类比，参见 Dillon 1990：19。

解的是，佩耳修斯自愿或者无人怂恿地提到了戈耳工的话题。更难理解的是，佩耳修斯如此作为，他所为何来。是想表达对波吕德克忒斯的慷慨大方？是想讽刺波吕德克忒斯的贪婪？是想愚蠢地自吹自擂自己无所不能？是想表达对参加晚宴的重视，毕竟这是他第一次有机会和成人坐在一起？后两种可能使他的故事更具戏剧张力。可以这样理解，波吕德克忒斯留意到，少年佩耳修斯迫切需要他人认可自己已经长大成人，并狡诈地利用了他的迫切心理。如果认可这种解读，那么就有理由把佩耳修斯的戈耳工冒险当作成长故事来读（见下章）。①

戈耳工的头并非和马匹毫无关联。约公元前 675—前 650 年，最早的美杜莎肖像之一里，她本人就是半人半马怪（*LIMC* Perseus no. 117= 图 3）。此外，美杜莎是海神波塞冬的情人、马匹的守护人，并在头被割下时，生下了最伟大的马——佩伽索斯（Pegasus）。我们不由会想，佩耳修斯是否主动请缨，去把最伟大的马佩伽索斯献给波吕德克忒斯，却找不到任何证据。很难想象，希波达米亚想用戈耳工的头做什么。②

佩耳修斯一离开，波吕德克忒斯做了什么？有一种说法是，

---

① 波吕德克忒斯的阴谋诡计是否奏效的讨论，参见哈利迪（Halliday），1933：131；韦尔南（Vernant），1991：135；纳皮尔（Napier），1992：78—79；Gantz 1993：303；威尔克（Wilk）2000：243 n.1。
② 参见 Howe 1954：214。

他根本等不及佩耳修斯回来（恐怕他根本不打算让佩耳修斯回来）就强奸了达那厄，或者说强娶了她（品达，《皮提亚》，12.14—16，紧随其后的是公元前2世纪的《希腊文选》[Greek Anthology]中卷四警句集，3.11）。另一种说法是，佩耳修斯回来得很及时，发现他母亲和狄克堤斯在祭坛前祈祷，可能波吕德克忒斯还没来得及对达那厄用强（欧里庇得斯，《狄克堤斯》；阿波罗多洛斯，《书目》，2.4.2—3）。显然，佩耳修斯的报复极狠。他让狄克堤斯做了塞里福斯岛的国王，只留下少数亲近自己的人，把其余人都变成了石头（品达，《皮提亚》，10.46—48，12.6—26；斯特雷波，C487），甚至整个岛都变成了石头（尤斯塔修斯[Eustathius]，《旅行者狄奥尼索斯译注》[on Dionysius Periegetes]，525）。

与酒神狄奥尼索斯之战

有据可查，佩耳修斯冒险归来，当上了阿耳戈斯国王，在统治的第32年，他经历了最奇怪的一次冒险（公元前2世纪雅典的阿波罗多洛斯，*FGH* 244 *fr.* 27）。狄奥尼索斯率领娘子军（maenads）在阿耳戈斯或者德尔斐（Delphi）附近袭击了佩耳修斯和阿耳戈斯人（Argives），佩尔修斯打败了他们。有些故事说，狄奥尼索斯最终和佩耳修斯和平相处,和平的果实为修建了克里特岛的狄奥尼索斯神庙,在重要的历史节点,克里特岛会举办仪式庆祝。其他故事却说,佩耳修斯在战争中甚至设计杀死了狄奥尼索斯,或者杀死了狄奥尼索斯和他的新娘阿里阿德涅(Ariadne)。阿里阿德涅最终被埋葬在狄奥尼索斯神庙的坟墓中,而狄奥尼索斯要么被埋葬在德尔斐的墓中,要么被扔进阿戈里德(Argolid)的勒那湖(Lernaean lake)里。无论如何,狄奥尼索斯最终还是活了下来,并得到阿耳戈斯人的崇拜。① 酒神崇拜是个古老的传统。约公元前 500 年在古希腊阿提卡时期的三个花瓶上,均可见到佩耳修斯的剑已拔出,肩上背着神袋,身旁是娘子军(*LIMC* Perseus nos. 29,30,231)。4 世纪早期的一系列南意大利的红陶花瓶上,可见人形的佩耳修斯向一群森林神出示戈耳工的头,狄奥尼索斯的其他同伙却捂住了眼睛(*LIMC* Perseus nos. 32—35)。然而,与娘子军的花瓶不同,意大利的这些花瓶不一定和狄奥尼索斯相关,因为它们有可能只是更广义的佩耳修斯相关主题的山羊剧(请参加第三章)。

狄奥尼索斯最早出现的文学作品是一些基督教作家保存下来的 4 世纪(或 4 世纪前)提洛岛(Delos)诗人狄纳尔科斯

---

① 对本节故事的讨论,最翔实、最现代的是 Dillon 1990:161—200;雅典的阿波罗多洛斯见同上书:165。

（Dinarchus）的作品片段。狄纳尔科斯讲到，佩耳修斯杀死狄奥尼索斯后，把他埋葬在德尔斐的阿波罗金色雕像旁边（*FGH* 399 *fr*. 1）。可能是狄纳尔科斯之后，重点讲述德尔斐的阿拉托斯（Aratus）的注释者也写道，狄奥尼索斯如何组织了一支有男有女的军队，并因此有了绰号"**一半是女人**"（half-woman/*mixothelys*）。他训练阿里阿德涅，让她担任女子部队的首领。他们袭击了德尔斐的佩耳修斯，不过两人反倒命丧佩耳修斯之手。士兵们在当地为两人修建了纪念碑（阿拉托斯，《物象》[*Phaenomena*]注疏，108页，马丁[Martin]，无鞋圣衣女修会在萨拉曼卡教授的神学课程[Salamanticensis]，233）。①

荷马的注释者说，佩耳修斯杀死狄奥尼索斯后，对尸体的处置与其他人的说法并不相同，他把尸体扔进了勒那湖中（在《伊利亚特》14.319；请参照尤斯塔修斯论伊利亚特，14.320）。这个说法似乎证实了阿耳戈斯历史学家苏格拉底（Socrates of Argos）曾经提到的一种仪式，他于公元前1世纪前写道："阿耳戈斯人称呼狄奥尼索斯'**牛所生**'（Ox-born/*Bougenēs*）。他们用小号（trumpets）把他从水中召唤出来，同时把一只羊扔

---

① 佩耳修斯-疯狂娘子军图案的花瓶，参见 Dugas 1956：11—13；Schauenburg 1960：93—36，139—140；Dillon 1990：171—179，235—236；谢弗德（Schefold），1992：90；洛克斯（Roccos），1994a：346。狄奥尼索斯在德尔斐的坟墓，参见文中讨论方腾罗斯（Fontenrose），1959：388（注意）。

进湖中献给守门人。他们将小号伪装成酒神杖（thyrsi），正如苏格拉底在他的《论神圣》（*On the Sacred*）中说过的那样。"（阿耳戈斯的苏格拉底，*FGH* 310 *fr*. 5 = 普鲁塔克［Plutarch］，《道德论集》［*Moralia*］，364f）大概三个世纪后，虔诚的保塞尼亚斯发现，一年一度在湖边——他称之为阿尔塞昂尼亚湖（Alcyonian）——举办的仪式并非神圣的仪式，不过已经太晚了。然而，他确实告诉我们，这个湖是令人恐惧的所在：显而易见，湖探不到底，就连尼禄（Nero）也无法测量出湖有多深，并且在湖中游泳的人都被拖入湖底。显然，佩耳修斯把狄奥尼索斯扔进湖中的说法，可视为后世仪式的起源。

这个仪式可以用更宏大的视角来分析。普鲁塔克在他生活的波奥提亚地区的凯罗尼亚（Boeotian Chaeronea）曾讲到**阿戈里奥尼亚**［*Argiōnia*］节（疯狂节），最开始女人们寻找狄奥尼索斯，好像他逃跑了，然后她们放弃寻找他，并说他已经逃跑且藏匿在缪斯（Muses）女神处（《道德论集》，717a；参照299f 为波奥提亚地区的凯罗尼亚的阿戈里奥尼亚节）。希茜溪有两条评论事关阿耳戈斯地区里一个名称相类的节日，*Agriania* 或 *Agrania*，我们可以推断，这个节日大概也是寻找丢失的狄奥尼索斯，并进而影响到勒那湖的仪式（在此词条下）。希茜溪同时还将词条 *Agriania* 定义为"阿耳戈斯人为亡灵举办的节日"。①

佩耳修斯能杀死狄奥尼索斯很神奇,更神奇的是,不是神竟然会死,而是一介凡人——哪怕是宙斯的儿子,竟然能杀死神。狄奥尼索斯九死一生,不该死在水中。狄奥尼索斯被崇拜酒神(Orphism)的泰坦巨人(Titans)肢解后,埋在德尔斐的坟墓中,被称为狄奥尼索斯·札格斯(Dionysus Zagreus)(例如斐洛考鲁斯[Philochorus],*FGH* 328 *fr*. 7a—b;卡利马科斯[Callimachus],*fr*. 643,菲弗[Pfeiffer];欧佛里翁[Euphorion],*fr*. 13,鲍威尔[Powell];狄奥多罗斯,1.96,3.62.6,5.75;普鲁塔克,《道德论集》,364f—365a,996c;许吉努斯,《神话指南》,167;亚历山大港的克莱门特[Clement of Alexandria],《劝勉篇》[*Protrepticus*],15页,波特[Potter])。也正是因为这点,狄奥尼索斯是"**牛所生**"(*taurogenēs*,《俄耳浦卡》[*Orphica*],*fr*. 297,克恩[Kern])。为什么是水,我们发现布里西阿的波斯传说曾讲到,狄奥尼索斯和母亲塞墨勒一道被装入箱子扔进大海。流传更广的还有个故事,埃多尼亚(Edonians)的国王来库古(Lycurgus)将狄奥尼索斯赶入大海,海洋女神忒提斯收留了他,来库古还用刺牛棒追捕狄奥尼

---

① 关于 *Arg(i)ania* 参见 Dillon 1990:185—187。关于 *Agriōnia* 参见沙赫特(Schachter),1981—1994:i,173—174,179—181,181—191。

索斯的保姆(荷马,《伊利亚特》,6.130—144;阿波罗多洛斯,《书目》,3.5.1)。狄奥尼索斯在忒提斯处避难,和他在凯罗尼亚的缪斯女神处避难如出一辙。在阿提卡(Attica),安特斯节(Anthesteria)也在狄奥尼索斯神殿的**"沼泽地里"**(*en Limnais*/in the Marshes)庆祝,狄奥尼索斯极有可能被迫潜伏在水里,不知生死(费诺德穆斯[Phanodemus],*FGH* 325 *fr.* 12,等等)。①

据其他的叙事,狄奥尼索斯的进攻大获成功。公元前3世纪晚期,诗人欧佛里翁(Euphorion)讲道,狄奥尼索斯率领娘子军将佩耳修斯的城市夷为平地(*fr.* 18 Powell;请参照 *Suppl. Hell. fr.* 418)。哈德良(Hadrian)统治期间(公元117—138年),卡普利翁(Cephalion)写道,狄奥尼索斯率领百船战队抵达亚述(Assyria)之前,佩耳修斯已逃跑,亚述当时的统治者为贝里莫斯(Belimos)(*FGH* 93 *fr.* 1)。保塞尼亚斯讲过,狄奥尼索斯虽然和佩耳修斯开战,不过双方很快就和解了,狄奥尼索斯还受到阿耳戈斯人的推崇,他们专门为他的克里特新娘阿里阿德涅划出一块坟地来安葬(而且她并非死于这场战争)。阿

---

① 关于狄奥尼索斯是如何被杀的,其他说法首先参考林福斯(Linforth),1941:306—364,更多的参考文献在310 n.3;还可比较德蒂安(Detienne),1979:68—94;Dillon 1990:169—170;西福德(Seaford),2006:115—118。关于"在沼泽中"的狄奥尼索斯,参见Burkert 1985:237。

里阿德涅的瓷棺在重建时被发现，在同一地点，以她的名义，将神殿重献于克里特的狄奥尼索斯（2.23.7—8，建在利西斯[Lyceas]，*FGH* 312 *fr*. 4）。保塞尼亚斯还关注到，狄奥尼索斯的娘子军胜利进入阿耳戈斯城，死亡将士被合葬在一个大型坟墓里，就在赫拉·安忒亚（Hera Antheia）的神殿前（2.20.4, 2.22.1）。保塞尼亚斯跟我们说，这些娘子军来自爱琴海（Aegean）群岛，因此被称为"哈利"（Haliae），或者"来自海上"。不过，狄奥尼索斯和海洋以及海洋女神忒提斯关系密切，表明这群哈利的确是来自海上的女人们。

古代末期，一直到公元5世纪来自埃及帕诺波利斯（Panopolis）的诺努斯（Nonnus）笔下，我们才有缘读到这场战争详尽完整的描述。狄奥尼索斯是诺努斯的英雄，不可能被杀，于是诗人牺牲了阿里阿德涅，罕见地分两次用不同的说辞描写了她的死亡。第一次，佩耳修斯本来向狄奥尼索斯投掷了长矛，不想却误杀了阿里阿德涅（25.98—112）。第二次，佩耳修斯用戈耳工的头将阿里阿德涅石化（47.664—712）。赫耳墨斯上前劝说狄奥尼索斯，把石化的阿里阿德涅树立为雕像（statuary），供人膜拜。在创作雕像时通常会以戈耳工为主角，这个说辞大概是向戈耳工主题致敬吧（请参照第三章）。

佩耳修斯和狄奥尼索斯两者势均力敌，令诺努斯很欣赏：

两人都是宙斯的儿子，母亲都是凡人；狄奥尼索斯生于宙斯的雷电之火，而佩耳修斯生于宙斯的黄金雨；狄奥尼索斯把第勒尼安海（Tyrrhenian）的船只变成石头，而佩耳修斯把海怪变成石头；狄奥尼索斯救了阿里阿德涅，而佩耳修斯救了安德洛墨达（47.498—519）。佩耳修斯的蛇发戈耳工头和狄奥尼索斯的娘子军用来扎头发的蛇，他也进行了巧妙对比（47.540，552）。佩耳修斯和狄奥尼索斯在襁褓之中都经历过海上的冒险，估计这也是诺努斯添加的类比。①

这场战争并非狄奥尼索斯针对阿耳戈斯发起的第一次袭击：普罗托斯执政期间，狄奥尼索斯曾攻打阿耳戈斯，目的是强迫该城接受他的仪式。普罗托斯的女儿们拒绝接受，狄奥尼索斯让她们发了疯：她们杀死了普罗托斯，跑到山上吃掉了自家的孩子（赫西俄德，《列女传》，*frs* 131—133 MW；阿波罗多洛斯，《书目》，1.9.12，2.2.2，3.5.2，等等）。这样的事件也大有可能在狄奥尼索斯的阿耳戈斯节日上庆祝。希茜溪把 *Agrania* 定义为"阿耳戈斯的节日，为普罗托斯的女儿之一举办"。狄奥尼索斯对阿耳戈斯的两次开战和他对底比斯（Thebes）国王彭透斯（Pentheus）的开战之间有明显的关联。彭透斯因欧里庇得斯的《酒神伴侣》（*Bacchae*）而闻名，彭透斯被他发狂的母亲阿格

---

① 参见吉利（Gigli），1981；Dillon 1990：193—195。

薇（Agave）撕成两半。诺努斯也注意到两者的关联（《狄奥尼索斯记》，47.613—653）。佩耳修斯和彭透斯的名字结构相似，又是同音异义字，的确令人深思。狄奥尼索斯最终征服了国王来库古和他的埃多尼亚人，也是同样的故事。国王彭透斯和来库古最终被杀死，而佩耳修斯杀死了狄奥尼索斯，或者向他示威，可惜最终结局并未改变，狄奥尼索斯得到了他想要的膜拜。在伯克特（Burkert）看来，这几个故事尽管发展轨迹不同，但都表明了疯狂的狄奥尼索斯的到来，并接受民众膜拜。还概括了人类理性和狄奥尼索斯崇拜所引发的疯癫神性之间的紧张对立。[1]

佩耳修斯之死

佩耳修斯之死是他的故事中最语焉不详的地方。这很荒谬，因为如何死亡通常是确定希腊英雄的身份和地位的关键（"英雄"一词的首要意思是得到膜拜的死人）。佩耳修斯之死流传下来两种说法，但都不具代表性。如前所述，许吉努斯那里留下少许信息，大概来源于一出反常的悲剧，提到佩耳修斯被他的表

---

[1] 关于普罗托斯的女儿们，参见 Frazer 1921 的 2.2.2 和 Gantz 1993：117，311—313，在两人文中可查更多资料。还可留意 Halliday 1933：126。关于神话故事的重要意义，参见 Burkert 1983：176—177，1985：165；也可比较 Dugas 1956：12。

兄弟墨伽彭忒斯所杀，墨伽彭忒斯曾经搬离过故国，但因为佩耳修斯杀死了他的父亲普罗托斯，他为报父仇就杀死了佩耳修斯（《神话指南》，244）。公元 5 到 6 世纪，基督教编年史学家约翰·马拉拉斯（John Malalas）曾记载了有趣的佩耳修斯之死：

> 过了一阵，国王刻甫斯——安德洛墨达的父亲，从埃塞俄比亚而来，要和佩耳修斯开战。刻甫斯老眼昏花，已经看不见了。佩耳修斯听说刻甫斯要来攻打自己，怒火丛生，立马出战，手里向刻甫斯挥舞着戈耳工的头。因为刻甫斯看不见，骑马向佩耳修斯冲过去。佩耳修斯没意识到刻甫斯看不到，倒以为戈耳工的头不管用。于是他把戈耳工的头转向自己，成功把自己弄瞎且石化而死。
>
> （约翰·马拉拉斯，38—39 页，丁道夫，
> 参照乔治·卡卓努斯［George Cedrenus］，1.41）

这个故事的基调是什么，很难判断。是悲剧吗？还是让我们发笑，会让我们联想到奥利弗·哈代（Oliver Hardy），他从水管向下瞅，想看看为什么水管不出水？抑或，这是基督教对异教徒英雄开的玩笑？不过也有可能，这最早是异教徒的笑话。从公元 2 世纪起，模仿吕哥弗隆风格的佩耳修斯故事出现了一

个最受欢迎的主题,即佩耳修斯利用戈耳工的头来创作雕像(参见第三章)。古代的智者可曾问过,是谁创作了佩耳修斯自己高举戈耳工头颅的雕像(例如 *LIMC* Perseus nos. 49,61—63),于是有了上述的故事?

小结

本章所讨论的佩耳修斯的经历大多出现在已经遗失的悲剧故事里。我们主要从两个大的视角来分析他的经历。第一是国际视角和希腊同类故事,特别是奥格和忒勒福斯的故事。第二是阿克里休斯和普罗托斯兄弟之间的宿怨,佩耳修斯的冒险起于斯,也终于斯。狄奥尼索斯的情节和佩耳修斯一生的其他故事并不相关,虽然和普罗托斯的故事主题相关。佩耳修斯在希腊的冒险构成他的传奇故事的最外壳,再往里,就是美杜莎的故事。这是我们接下来要讲述的。

三、美杜莎及戈耳工三姐妹

戈耳工头颅及美杜莎故事溯源

关于戈耳工头颅和美杜莎的故事,最早的证据大概有四组,无疑可以按照时间先后顺序呈现:

(一)荷马史诗,既提到了佩耳修斯(《伊利亚特》,14.319—320),也提到了戈耳工头颅,不过二者没有相提并论,也没有说戈耳工或者美杜莎全身是什么样子。《伊利亚特》中描述了阿伽门农(Agamemnon)盾牌上面的戈耳工(戈耳工的正脸形象):"上面绘有戈耳工的脑袋被放在一个中心的圆圈里,面目可憎,眼神凶狠,侧边是恐怖和溃逃之神(Terror and Fear)。"(11.36—37)《伊利亚特》中描述了雅典娜所带的羊皮神盾,据说神盾本属于宙斯,上面也有戈耳工脑袋的形象(5.741—742)。《伊利亚特》中在描写赫克托耳(Hector)的眼睛和戈耳工的眼睛一样时,也暗示读者戈耳工的眼睛非常可怕（8.348—349）。然而,《奥德修纪》告诉读者，真正的戈耳工脑袋即使已被割下来，也很可怕。奥德修斯把死去的亡灵召唤出来，却被吓得跑到一旁，因为"一片喧嚣，灰白的恐惧立即抓住了我，生怕佩耳塞福涅（Persephone）会从冥府（Hades）派遣可怕的怪物——戈耳工的头颅——前来"（11.633—635）。荷马史诗一直由人们口口相传，约公元前700—前650年间，各方协调之后固定下来，形成最终版本。①

（二）赫西俄德的《神谱》（*Theogony*）创作于约公元前700—前650年间，美杜莎的故事在其中增光添彩，成为经典：

> 刻托（Ceto）为福耳库斯生下了脸颊美丽的格赖埃姐妹，她们一出生就是满头白发。永生的神和芸芸众生称呼她们为格赖埃，其中彭菲瑞多着白裙，厄倪俄着黄裙。刻托还为福耳库斯生下了戈耳工三姐妹——斯忒诺、欧律阿勒和美杜莎，她们住在大海的尽头，永夜世界之极，声音刺耳的赫斯帕里得斯

---

① 参见克劳斯科普夫（Krauskopf）和达林格尔（Dahlinger），1988：285—286。哈勒姆－蒂瑟朗（Halm-Tisserant）在1986年发现，约公元前550年以来的艺术作品中，羊皮神盾上带有戈耳工头颅只和雅典娜有关联，要么出现在她的盾牌上，要么在她的短上衣上。于是他的结论是，《伊利亚特》相关章节把羊皮神盾和她的甲胄合二为一，应该是后来的插补文字。

（Hesperides）也住在那里。其中美杜莎最悲惨，因为她是凡人，而其他两姐妹则永生不老。但是只有美杜莎和长着一头黑发的他（波塞冬）躺在柔软的草地上，躺在春天的花丛中。佩耳修斯割下她的头时，克律萨奥耳（Chrysaor）和最伟大的马佩伽索斯跳了出来。佩伽索斯之所以得名，是因为他出生在**温泉**（pēgai）旁边。而克律萨奥耳之所以得名，是因为他手里拿着金色的剑。

（赫西俄德，《神谱》，270—283）[①]

（三）戈耳工在艺术作品中最早的变化形式可以追溯到约公元前675年（*LIMC* Gorgo nos. 1—79）。早期的戈耳工头颅很快就演变为经典的"狮（lion）首面具（masks）"，科林斯（Corinth）对此影响颇大。戈耳工一般为正脸造型，两眼凸起，灼灼逼人。她们的嘴部扭曲，上下的毒牙和长牙呲着，舌头从嘴里耷拉下来。头发是扭曲的毒蛇（snakes），7世纪末头发已变成真的毒蛇。她们还长着胡须，怒目圆睁，好像从画像里活过来了一样，令观者望而生畏，这种形象触目惊心，在希腊的

[①]《神谱》的具体创作时间，参见 West 1966：40—78。

平面艺术造型中并不多见。①

（四）佩耳修斯割下美杜莎的头颅并逃离她两个姐妹的追捕，现存最早的两个画像出现在约公元前675—前650年。在画中，美杜莎和戈耳工姐妹都是正脸，和早期的戈耳工形象如出一辙。第一幅画是在波奥提亚地区的浮雕**陶瓷坛**[*pithos*]上。画中，佩耳修斯头戴无翅之盔（狗皮盔），身系神袋，佩着长剑，正在割下美杜莎的头，美杜莎的形象为半人半马怪，是马匹之主宰波塞冬最匹配的情人，也是佩伽索斯的母亲（*LIMC* Perseus no. 117=图3）。佩耳修斯转开头，以免直视美杜莎的事实说明当时的人已普遍认为直视美杜莎的脸会导致死亡。第二幅画是在古阿提卡时期（Proto-Attic）的双耳细颈瓶（amphora）上。

---

① 泛泛了解戈耳工头颅肖像和戈耳工画像，参见富特文格勒（Furtwängler），1886—1890（经典文章）；Glotz, G. 1877—1919a；布林肯伯格（Blinkenberg），1924；汉佩（Hampe），1935—1936；比斯格（Besig），1937；瑞奇齐尼（Riccioni），1960；Howe 1952：91—166, 1954；费尔德曼（Feldman），1965；斯帕克斯（Sparkes），1968；冯·施托伊本（Von Steuben），1968：13—17, 1979；卡拉吉奥尔加（Karagiorga），1970；菲尼（Phinney），1971；斯特恩（Stern），1978；Napier 1986：83—134（要留意）；弗洛伦（Floren），1977；贝尔森（Belson），1981（论建筑：清楚明了的作品）；Halm-Tisserant 1986；Krauskopf 和 Dahlinger, 1988（最早的材料重点在316—319）；詹姆森（Jameson），1990；Wilk 2000（留意）。平面（二维）希腊艺术作品中正脸刻画极其罕见，令人质疑，参见 Vernant 和杜克鲁（Ducroux），1988；弗朗蒂斯·杜克鲁（Frontisi-Ducroux），1989, 1993, 1995；Vernant 1991：111—138。

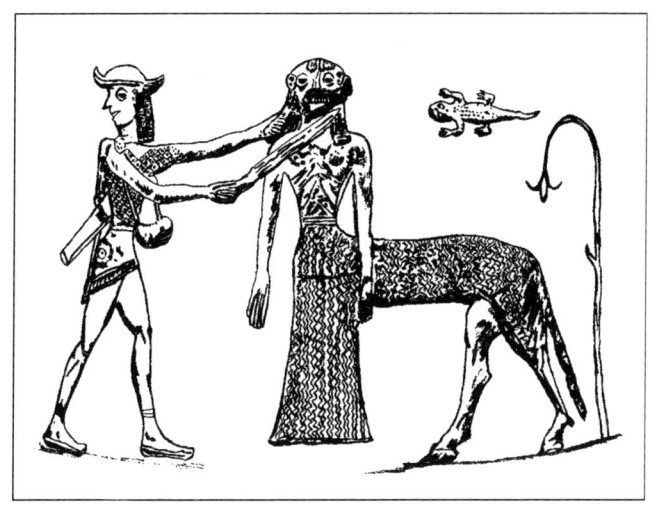

图3：佩耳修斯割下半人半马怪美杜莎的头（Perseus decapitates a centaur-bodied Medusa）

佩耳修斯狂奔在前，紧追其后的是戈耳工二姐妹，姐妹俩迈着大步，身材丰硕如黄蜂，头大如釜，她们身后是头已被斩下的美杜莎尸身，异常圆润。而雅典娜立于双方之间，保护着佩耳修斯（*LIMC* Perseus no. 151）。大概一个世纪后或者再晚一点儿，约公元前580—前570年，赫西俄德创作了一首描述艺术作品的诗作《赫拉克勒斯之盾》（*Shield of Heracles*），诗中描述了半人半马怪的花瓶，瓶上画的是佩耳修斯及他的全身装备，比如飞靴，已和文学作品中无二。赫菲斯托斯（Hephaestus）用佩耳修斯的造型装饰赫拉克勒斯的盾牌：佩耳修斯在逃离戈耳工姐妹，而后者在他上方盘旋（216—237）。从此诗中，我们得知他头上所戴的恰恰是哈得斯的头盔，能够带来"黑夜的黑暗"。从那之后，直到公元前5世纪，典型的戈耳工的全身像都是有着戴着"狮首面具"的脸，并且长着双翅。[①]

以上证据证实了一些故事流传发展的假设。美杜莎的故事极可能最初是戈耳工头颅故事的衍生品，或者至少受到其影响。而戈耳工头颅的故事极可能最初是美杜莎故事的反馈，或者也受到美杜莎故事的影响。还有一种可能，戈耳工头颅和美杜莎最初是不同的故事，后来逐渐融合，被割下的脑袋逐渐变成只有头颅的戈耳工。[②]

[①] 肖像的讨论见 Howe 1952：33—46；卡朋特（Carpenter），1991：104；Gantz 1993：304；Roccos 1994a：345。关于半人半马的戈耳工（没有佩耳修斯），参见公元前6世纪的系列雕刻宝石（engraved gems），博德曼（Boardman），1968 nos. 31—33。可以理解，在罗德岛古代卡尔提安（Chaldician）风格的双耳细颈瓶上，美杜莎的外形和通常的理解完全相反，即人身马头，如史密斯在1884年的记录（plate xliii）所示。这个形象令人困惑：可能我们看到的是佩伽索斯头部先从斩掉的脖子上生出来，也有可能佩伽索斯长着人的身体（我要感谢艾玛·阿斯顿绘制的这个形象，引起我的注意）。《盾牌》的写作日期参见库克（Cook），1937。

[②] 美杜莎故事在先：比如 Jameson 1990：216，赫贝克（Heubeck）和霍克斯特拉（Hoekstra），1989：《奥德修纪》，11.633—635。戈耳工头颅肖像在先：比如霍普金斯（Hopkins），1934：341—345；Howe 1954：214—215；Gantz 1993：304。

如果戈耳工头颅故事与美杜莎故事起源不同,那么它究竟有什么意思,或者出现在什么神话故事中,已经完全不可考。不过我们总能谈谈它的功能,功能可以说明一切。显而易见,《伊利亚特》中戈耳工头颅盾牌的目的是辟邪,召唤恐怖和溃逃之神,从而震慑敌人。还有一种解释,戈耳工头颅盾牌上的眼睛灼灼逼人,在实战中,敌人如果攻击而来,盾牌可在瞬间分散敌人的注意力。在古代,戈耳工头颅还会在萨满巫术仪式中使用。比如在庙宇山花雕像底座(acroteria,山墙底座)、檐口饰(antefixes,装饰瓦)、住房、船只、烟囱、炉子和硬币上,这些场合使用的戈耳工头颅都是圆形,可能来自盾牌上的图案。①

还有两点令溯源更加复杂。其一是陶制面具,最早可追溯到公元前7世纪,其不同的流派是否和戈耳工或者戈耳工头颅有密切的联系。最重要的一派来自佩耳修斯自己的提林斯。这

---

① 戈耳工头像的辟邪功能,参见罗雪尔(Roscher),1879:46—63;哈里森(Harrison),1903:183—197;Feldman 1965;贝努瓦(Benoit),1969;Vernant 和 Ducroux,1988:191—192;Frontisi-Ducroux 1989:159;Dillon 1990:75—81;Carpenter 1991:105(要注意,石雕"滴水兽"[gargoyle]这一名称从约公元1200年开始出现在中世纪的教堂,可能和"戈耳工"[gorgon]是同源词);Wilk 2000:151—181(关键的刹那理论,还有假设庙宇上的戈耳工头像目的是吓退鸟儿,使之不在屋檐下栖息);参见马克(Mack),2002:572—574,585,592。盾牌上的戈耳工头像,参见蔡斯(Chase),1902。

个流派的面具状如头盔，可以佩戴。这些面具和最早的戈耳工头颅或者戈耳工的全身像并不相同，不过还是有些共同之处，如凸出的圆眼睛、张开的大嘴和伸出来的獠牙。它们在一定程度上看起来像动物，只不过长着突出的人形鼻子。另一种陶制面具不可佩戴，是用来给奥提亚（Orthia）的斯巴达神殿献祭的。这些面具的脸上满是皱纹，和戈耳工或者戈耳工头颅相像之处更少。如果这些面具和戈耳工、戈耳工头颅相关，那么大概是证实，在古代早期，戈耳工在戏剧表演或者仪式表演中是重要角色，不过仅限于猜测，没有太多证据。①

其二，戈耳工头颅或美杜莎的故事是否受到美索不达米亚（Mesopotamian）及其他近东文化的影响。不同版本的"野兽的女主人"（Mistress of Animals），拉玛什图（Lamashutu）和胡姆巴巴（Humbaba）大概可以回答这个问题，至少在图像层面。约公元前590年，在科孚岛（Corfu）的阿耳忒弥斯神庙（Artemis）著名的山花墙上（*LIMC* Gorgo no. 289），美杜莎的造型是膝行奔跑，她的腰带是一对纠缠在一起的蛇（请参照赫西俄德《盾牌》中斯忒诺、欧律阿勒的腰带，233—237），还有一对蛇从

---

① 参见 Harrison 1908：187；Halliday 1933：138—138；Howe 1952：29—30，1954；克龙（Croon），1955；Riccioni 1960：144；Boardman 1968：38—39；Napier 1986：83—134，1992：80；Krauskopf 和 Dahlinger，1988：316—317；Jameson 1990；Vernant 1991：111—116。

图4：佩耳修斯割下美杜莎的头，美杜莎的头是古代早期戈耳工头颅的造型。右侧站立者是赫耳墨斯（Perseus beheads Medusa with her head in the form of an archaic gorgoneion. Hermes attends）

她脖子上探出头。站在她两侧的是其子佩伽索斯和克律萨奥耳，佩伽索斯后腿立起，克律萨奥耳向她伸出手，除此之外，在他们旁边的是雄伟的狮子。这个美杜莎与近东地区的"野兽的女主人"造型十分相像，和美索不达米亚地区掳掠婴儿的女妖拉玛什图特别相像。拉玛什图传入希腊文化时大概变成了蛇妖拉米亚（Lamia）。在野兽的女主人造型中，拉玛什图的形象是狮头，两手各抓一条蛇，在她两侧分别站立着一只野兽，身下骑着一头驴（驴的作用是随时把她带至安全的地方）。迦基米施（Carchemish）的一幅画从总体布局上和科孚岛的山花墙惊人地相似。

约公元前550年的一幅佩耳修斯的画面里，美杜莎是正脸，圆头，脸部扭曲地怪笑着，双腿又是膝行奔跑，身侧是佩耳修斯和雅典娜，佩耳修斯转过头正在割下美杜莎的头颅（*LIMC* Perseus nos. 113［= 图 4］，120—122）。从这个画面，似乎可以看出美索不达米亚另一个故事的痕迹，吉尔伽美什（Gilgamesh）和恩奇都（Enkidu）斩杀野兽胡姆巴巴的故事。吉尔伽美什转头找女神，让女神递兵器给自己。有人争辩说，这个转头的动作被希腊人误会了，误以为是佩耳修斯躲避美杜莎令人石化的目光。

胡姆巴巴那布满皱纹和笑容扭曲的脸，也可以用陶制的圆形牌匾来表现，和之前提到的斯巴达陶制面具十分相像。如果我们认可希腊画像和近东画像之间有关联，那么不由地会去思考美杜莎神话故事的核心，包括她令人石化的目光、她带来的屠戮是否起源于东方的画像，并在流传过程中被重新解读。①

不少人争辩说，佩耳修斯的名字就是来自 persas 的发音，是 perthō 的不定过去式分词，意思是"屠戮者"。如此，他的名字就是专门用来表示戈耳工屠戮者。不过这个派生词的来源不太确定，其实 perthō 的基本含义是"抢劫"和"掠夺"。②

探险叙事的发展：埃斯库罗斯和费雷西底

埃斯库罗斯创作《福耳库斯的女儿们》时，佩耳修斯斩杀

---

① 戈耳工的近东背景，可先参见 Burkert 1987：26—33，1992：82—87，及以下讨论 Hopkins 1934，1961；Howe 1952：72—76，1954：217—218；Croon 1955：12—13；Schauenburg 1960：34—35，134；Barnett 1960；Riccioni 1960：135—143；戈德曼（Goldman），1961；Boardman 1968：37—39；Napier 1986：83—134；Krauskopf 和 Dahlinger，1988：317；West 1997：453—455；Wilk 2000：64—65。戈耳工是动物女王的形象，参见富星汉姆（Frothingham），1911；马里纳托斯（Marinatos），1927/8；Howe 1952：47—66，1954：215；康托尔（Kantor），1962；Karagiorga 1970；Phinney 1971；Vernant 1991：115—116。

② 参见以下讨论 Roscher 1879：117；罗伯特（Robert），1920：245；Howe 1952：68—69，1954：216；Schauenburg 1960：131—132。

美杜莎的探险叙事已然情节丰富、故事圆满。佩耳修斯早已得到神祇的帮助。在《伊利亚特》中，雅典娜已经和戈耳工有关联，而前阿提卡时期的双耳细颈瓶上，她拦在佩耳修斯和其后紧追不舍的戈耳工俩姐妹之间，这是佩耳修斯最早的形象之一，而戈耳工姐妹身材圆润似黄蜂（*LIMC* no. 151，约公元前675—前650年）。约公元前600—前590年画有戈耳工的**酒碗**［*dinos*］上，美杜莎被斩杀的后续故事里，赫耳墨斯也加入了雅典娜的行列（*LIMC* Gorgo no. 314）。[①]

公元前6世纪末的一对花瓶上，佩耳修斯正在拜见纽墨菲三姐妹，她们还借给他飞靴、**狗皮帽**［*petasos*-cap］和神袋，每位仙女手里各拿一件法宝（*LIMC* Perseus nos. 87—88）。另一个花瓶上，描绘的是传说中的"涅得斯"（Neides），即"水仙女"（Naeads）或"水中仙女"（Water Nymphs）。保塞尼亚斯提到，约公元前500年修建的雅典娜铜殿的斯巴达神庙的装饰中，就有纽墨菲把帽子和飞靴递给佩耳修斯的画面，由此可知，起初只有两个纽墨菲（3.17.3）。[②]

品达笔下，佩耳修斯的探险叙事更加完善全面。他确认，

---

① 雅典娜是佩耳修斯的神祇帮手：Deacy（即将出版）。
② 参见 Jameson 1990：221，Gantz 1993：305，拉森（Larson），2001：151，262。谢弗德（1992：86）把海中仙女和格赖埃混为一谈。

雅典娜是佩耳修斯的帮手，还指出，佩耳修斯强抢了格赖埃唯一的眼睛，或者把眼睛扔掉了（"他弄瞎了福耳库斯［Phorcus］的神灵家人"）。品达也是最早把戈耳工冒险任务和佩耳修斯家族故事结合在一起的作家，他讲道，佩耳修斯用戈耳工的脑袋来对付塞里福斯岛的人（公元前498年和前490年，《皮提亚》，10.29—48，12.6—26）。

达那厄和安德洛墨达主题得到各类戏剧作家的青睐，而戈耳工情节却出人意料地不那么受欢迎。埃斯库罗斯的《福耳库斯的女儿们》（*frs* 261—262 *TrGF*）创作于约公元前5世纪80年代或前5世纪50年代，是我们已知的唯一一部悲剧，多少聚焦戈耳工故事的悲剧。悲剧作家之所以不喜欢这个故事，大概是戈耳工故事缺少戏剧性冲突。其他类别的戏剧也只有一部山羊剧和一部喜剧讲到戈耳工。公元前467年埃里斯提亚斯（Aristias）用其父普拉提那斯（Pratinas）名为《佩耳修斯》的山羊剧拿到二等奖（Aristias 8 T2 *TrGF*）。约公元460年阿提卡时期的一只莱斯托斯陶瓶上，有森林之神奔跑的画面，他一手拿神袋，一手拿剑（*LIMC* Perseus no. 31）。这陶瓶描绘的是埃里斯提亚斯的戏剧场景吗？4世纪，赫涅奥克斯（Heniochus）创作了一部中期喜剧，名为《戈耳工》，但这部戏唯一幸存下来的片段也未能提供什么有效线索（*fr.* 1 *K–A*）。①

《福耳库斯的女儿们》有古代的述评（*fr.* 262 i—vi *TrGF*）说是波吕德克忒斯派佩耳修斯去对付美杜莎的。赫耳墨斯为佩耳修斯提供了哈得斯帽和飞靴，赫菲斯托斯为他提供了锋利的剑。此剧中只有格赖埃两姐妹，职责是戈耳工的高级守卫，双方比邻而居。佩耳修斯观察着格赖埃姐妹之间传递的唯一那只眼睛，他伺机抢走眼睛并扔进了特里通尼亚湖（Tritonian lake）中，这样，他才可以靠近并袭击睡梦中的戈耳工。他斩下美杜莎的头颅并把它送到雅典娜怀里，而雅典娜把佩耳修斯送到星空里，手里抓着美杜莎的头。这是这部剧中唯一被直接引用的原话："佩耳修斯一头扎入洞穴中，像一头野猪一样……"（*fr.* 261 *TrGF*），应该是信使转述佩耳修斯如何进入戈耳工的洞穴去袭击美杜莎，因为我们从其他地方知道，戈耳工居住在洞穴里（诺努斯，《狄奥尼索斯记》[*Dionysiaca*]，25.59，31.8—25）。赫耳墨斯似乎很乐意出演自己的角色，因为他其实很容易搞到为佩耳修斯提供的装备。赫耳墨斯穿着飞靴飞行，他作为亡灵的陪同能频繁探访冥界，并且事实上，他自己与巨人对阵时的确戴着哈得斯的帽子（阿波罗多洛斯，《书目》，1.6.）。

---

① 埃里斯提亚斯，参见 Dillon 1990：203。意大利南部花瓶：Carpenter 1991：107。

显然，纽墨菲完全不必出现在剧中，因为佩耳修斯的装备完全不需要她们。①

而在费雷西底的美杜莎故事中，佩耳修斯的装备不是来自赫耳墨斯，而是来自纽墨菲。可是，佩耳修斯拜访纽墨菲，插在他见格赖埃姐妹和见戈耳工姐妹之间，非常突兀（*FGH 3 fr.* 26=*fr.* 11，福勒；参见第一章的相应文本；参照阿波罗多洛斯《书目》，2.4.2；吉诺比乌斯［Zenobius］，《百人队》［*Centuriae*］，1.41）。佩耳修斯拜访格赖埃，目的不再是消灭戈耳工的护卫，反倒是询问无关人士纽墨菲的去向。赫耳墨斯作为神灵帮手仍然存在，而且好像在和雅典娜争夺帮手这个角色，也比较突兀。无论如何，赫耳墨斯和雅典娜一同作为帮手，大概有一个半世纪吧。在指点佩耳修斯寻找格赖埃时尤为明显。显而易见，费雷西底所做的是把一系列已有的故事融入自己丰富的叙事中。

另外的证据表明，费雷西底的叙事力图把赫耳墨斯打造为武器制造者的角色。赫耳墨斯在塞里福斯岛遇到即将面对戈耳工的佩耳修斯，为他加油打气，会令人想起《奥德修纪》中主题相同的场景（10.277—307）。在《奥德修纪》中，英雄奥德修斯路过艾奥利埃岛（the island of Aeaea）时也遇到具有可怕魔力的危险女人——女巫基尔克（Circe），她不是用目光，而

---

① 参见 Gantz 1993：306。

是用魔药把男人们变成石头。赫耳墨斯在佩耳修斯启程时为他加油，并送给他神奇药草——**魔吕**[*mōly*]（白花黑根草），（目前尚不清楚）此草是作为基尔克魔药的解药，还是作为护身符以驱除基尔克的魔法。①

埃斯库罗斯剧中的赫菲斯托斯（Hephaestus）呢，他在佩耳修斯的传说中就没有一席之地吗？可能埃斯库罗斯吸收了佩耳修斯是从纽墨菲那里接受了三件礼物的传说，而在更老的故事里，赫耳墨斯只送给他两件礼物。赫菲斯托斯是用来填补漏洞的——送出第三件礼物。还有谁，比锻造之神自己更适合送出名剑这一礼物呢？

佩耳修斯的法宝

约公元前600年，佩耳修斯获得了飞靴，从那时起，花瓶上开始出现飞靴（*LIMC* Perseus no. 152）。不久，赫西俄德在《赫拉克勒斯之盾》（216—237）中就提到了飞靴。接下来的文献，更坐实了佩耳修斯是从赫耳墨斯处得到的飞靴：卢坎（Lucan，

---

① 这个观点与传统观点完全相反，传统观点认为埃斯库罗斯的情节是对费雷西底的简化处理，目的是迎合舞台活动的三一律：Halliday 1933：132, Howe 1953：270 和 Gantz 1993：305。哈利迪意识到费雷西底的神祇帮手争抢关注，略显尴尬。

公元65年）强调说，赫耳墨斯把自己的靴子送给了佩耳修斯（9.659—670），公元2世纪，阿特米多鲁斯（Artemidorus）描写得更加绘声绘色，说赫耳墨斯送给佩耳修斯一只靴子，另外一只仍穿在自己脚上（《梦典》[*Oneirocriticon*]，4.63）。赫耳墨斯把飞靴借给佩耳修斯时，把神力也借给了他。的确，佩耳修斯的形象是年轻的英雄，尚未蓄起胡须，脚上穿着飞靴，或头上戴着飞帽，或者既着飞靴又着飞帽，看起来和赫耳墨斯的形象十分相像，有时甚至很难分辨到底肖像画里是佩耳修斯，还是他的庇护神赫耳墨斯。为什么佩耳修斯必须要有飞靴呢？飞靴确实帮了大忙，在杀死美杜莎后可以帮助佩耳修斯逃脱戈耳工姐妹的追捕，飞到安全之处。但是，还有个可能，佩耳修斯先要穿着飞靴，飞抵戈耳工居住的彼岸之地（参见下文）。①

神袋——佩耳修斯用来装刚割下戈耳工头颅的袋子——已经出现在约公元前675—前650年半人半马的美杜莎画像中（*LIMC* Perseus no. 117=图3）。约公元前600年阿乐凯奥斯（Alcaeus）（*fr*. 255，坎贝尔＝作者不确定，*fr*. 30，沃伊特）

---

① 洛克斯（1994a：341）发现，约公元前657—前650年古阿提卡时期的双耳细颈瓶上，戈耳工的身体状如黄蜂，还能辨别出佩耳修斯脚上的飞靴（他身上唯一保存下来的部位），不过这个发现似乎有些大胆。博德曼（1968：39）提出，佩耳修斯的飞靴是早期艺术中对卷曲的鞋舌滚边所进行的艺术化处理。

的莎草纸残片上可能也提到了神袋，不过最早出现神袋的文学作品是赫西俄德的《赫拉克勒斯之盾》（224）。据说，神袋极具艺术性，是银质的，嵌着金边。费雷西底笔下，佩耳修斯是在猎杀戈耳工前从纽墨菲处得到的神袋。不过在没有纽墨菲的故事中，佩耳修斯究竟什么时候得到神袋，却不得而知。在艺术作品中，最常见的神袋造型是女士的挎包（LIMC Perseus nos. 29, 48a, 100, 104, 112, 113, 137, 141, 145, 161 [=图5], 170, 171, 192），偶尔像一种从肩上斜挎的肩带或者吊带（nos. 31, 159）。

神袋具有神力，能防毒，可以盛装美杜莎的头，而不致毒性外泄。美杜莎的头必须遮盖好，不然，碰到它就会石化，后来的作品有提到，比如，珊瑚就是这么来的，美杜莎的头甚至可以石化没有生命的东西。因此，必须有个神奇的袋子，首先袋子本身不会变成石头，还可以阻止石化传染蔓延。

在赫西俄德的《赫拉克勒斯之盾》（216—237）中，佩耳修斯已经戴上了哈得斯的帽子，据说，在逃跑时，此帽能给戈耳工姐妹带来"黑夜的黑暗"。缺乏想象力的阿波罗多洛斯后来解释说，"戴着帽子，他可以看到他想看到的人，却能不被别人看到"（《书目》，2.4.2）。埃斯库罗斯认为，佩耳修斯是从赫耳墨斯那里得到的头盔，而费雷西底却以为是从纽墨

菲那里得到的。起初头盔和黑暗有关联，和赫耳墨斯有关联，

图5：佩耳修斯逃跑中，神袋里是美杜莎的头，雅典娜站在一边（Perseus absconds with the head of a fair Medusa in his kibisis. Athena attends）

显然落实了它来自冥界。不过，许吉努斯发现它的隐身作用（invisbility）可能源自一个双关语：*Aïdos kuneē*，既可以理解为"哈得斯的帽子"，也可理解为"看不见/隐身的帽子"（《论天文学》[*On astronomy*]，2.12）。《赫拉克勒斯之盾》之后的文学作品中，头盔的作用主要是藏匿佩耳修斯，躲避戈耳工姐妹的追捕。总之，头盔成为佩耳修斯故事的法宝，使他能够接近美杜莎，而无须承受她的目光（gaze）。如此一来，也算是早期的证据，证明石化是由美杜莎的目光引起的，而不是看

到美杜莎的脸引起的。在幸存的画像艺术中,佩耳修斯头戴的帽子可谓是五花八门,有时又没戴帽子。在半人半马的美杜莎中,他戴的是无翅的帽子。随后我们发现,他还戴过无翅的**宽边帽**[*petasos*](来自约 550 年,例如 no. 113)。有时头上没戴帽子(来自约 525 年,例如 no. 124);有时戴有翅膀的帽子(来自约 500 年,例如 no. 101);有时是有翅膀的宽边帽(来自约 450 年,例如 no. 9);有时是精致的弗里吉亚(phrygin)风格有翅膀的帽子(来自约 400 年,例如 no. 69);有时是狮鹫(griffin)头盔(来自约 350 年,例如 no. 189);有时是狼头帽,有翅膀或者无翅膀(来自约 350 年,例如 no. 95);有时是无翅的头盔(来自约 300 年,例如 no. 48)。也许我们可以将佩耳修斯头上戴的任何东西都当作哈得斯的帽子,可是,在画像中只有纽墨菲送给佩耳修斯的两件礼物之一可以代表哈得斯的帽子(nos. 87—88)。两件礼物之一就是哈得斯的帽子,是无翅膀的宽边帽。尽管在艺术画像中,佩耳修斯头戴有翅膀的东西,但从来没有文学作品明确地说明他的帽子有翅膀。翅膀,恐怕是传达哈得斯帽子有隐身功能的艺术手法。他的帽子带有翅膀还有可能是权宜之计,为的是在半身画中表达他穿着会飞(带翅膀)的靴子(比如在此例中的发现,nos. 16,9—10,68)。但在全身画像中,他仍然戴着有翅膀的帽子——无论他穿着会飞的靴子（例如nos. 91, 171）还是没有穿（例如nos. 7, 8）。①

在半人半马的美杜莎画像中，佩耳修斯使用了一把剑去斩首。在6世纪晚期的艺术作品中，他才第一次佩了剑或镰刀（*LIMC Perseus* no. 114, 124和188）。这把剑最先出现在埃斯库罗斯的《福耳库斯的女儿们》中，据说这锋利无比的礼物是赫菲斯托斯送的。在平面艺术作品中，这把剑主要有两种形式。最早的画像中是短小的镰刀状（例如 *LIMC Perseus* no. 91）。后来在公元前4世纪早期的画像中，剑和镰刀合二为一，样式复杂，在一个剑柄上长着两个刀刃，看起来笨拙又无用（例如no. 68；可对比阿喀琉斯·塔提乌斯［Achilles Tatius］, 3.6—7的描述）。已知最早作为攻击性武器的剑是克罗诺斯（Cronus）在阉割乌拉诺斯（Uranus）时用的那把（赫西俄德，《神谱》, 179, 等等）。不过，不久之后这把剑就专门用来斩杀蛇怪：又细又长的蛇正好适合像"收割"庄稼一样被斩杀。在赫拉克勒斯用剑对战许德拉（Hydra）的画像中，收割庄稼的比喻再恰当不过了：许德拉是多头蛇，林林总总竖立的蛇颈真的很像庄稼（*LIMC Herakles* nos. 2003—2004, 2012, 2016）。同理，宙斯也是用剑斩杀蛇怪提丰（Typhon），提丰长着100个蛇头，腿是多条

---

① 哈得斯的帽子（隐形帽），参见赫尔曼（Hermann）, 1853；罗杰（Roeger）, 1924。Phinney 1971：449—450指出，隐形帽（头盔）在斩首美杜莎时发挥了作用。

盘旋的蝰蛇（阿波罗多洛斯，《书目》，1.6.3）。现存文献中，赫耳墨斯用镰刀杀死了有100只眼睛（或者10000只眼睛）的怪物阿耳戈斯，怪物是人形，不过几乎可以肯定是条龙（巴克基利德斯［Bacchylides］，19.15—36；奥维德，《变形记》，1.623—641，664—688，714—727；阿波罗多洛斯，《书目》，2.1.2—3）。卢坎的作品中提到，赫耳墨斯日后送给佩耳修斯的镰刀就是他用来斩杀阿耳戈斯的那把（9.659—670）。诺努斯在描述佩耳修斯杀死美杜莎时，也是不断明确地提到收割蛇头和收获蛇头的意象（《狄奥尼索斯记》，30.277和47.608，"美杜莎收割者"，更细致入微地说，25.40—44，31.17—21）。显然，镰刀即使不用来斩杀蛇头，对付蛇怪也颇为适合。佩耳修斯不是给美杜莎剃头，而是割断了她的脖子，虽然我们留意到，就像在科孚岛的山花墙上一样，画像中美杜莎的脖颈处也长着一对蛇（*LIMC* Gorgo no. 289；比较 Perseus nos. 69，113）。此外，佩耳修斯对付蛇形海怪 kētos 用的也是镰刀，不过海怪过于巨大，他几乎没有办法切断海怪露出的其他部位（见第四章）。①

---

① 佩耳修斯（及赫拉克勒斯）画像中的镰刀：米尔恩（Milne），1956：301；Roccos 1994a：347。用镰刀来对付怪物：施密特（Schmidt），1958（蛇形怪物）；Boardman 1968：39；Jameson 1990：28（泛泛而谈）。阿耳戈斯最初是条龙：沃特金斯（Watkins），1995：316，383—384。乌拉诺斯：Zeitlin at Vernant 1991：136。

佩耳修斯的神话故事中所描述的最后一个典型法宝是盾牌。在费雷西底的叙述中，佩耳修斯在进攻美杜莎时，雅典娜和赫耳墨斯合力为他举起一面镜子，不过没有明确说明镜子是盾牌还是佩耳修斯自身装备的一种。大约从公元前400年起，我们发现了几个陶罐，上面绘有佩耳修斯斩杀美杜莎后宁静的一刻，画中，佩耳修斯用抛光的盾牌，或者是圆镜，或者是池水来欣赏戈耳工倒映其上的脸（*LIMC* Perseus nos. 66—80）。这些画其实可以当作戈耳工盾牌徽章的前身。只有在奥维德的作品中，特别是在提到佩耳修斯斩杀美杜莎时使用的是自己抛光的铜盾牌，盾牌是怎么来的不得而知（《变形记》，4.782—785）。随后，卢坎提到，是雅典娜把盾牌送给他的（9.669—670；比较塞尔维乌斯论《埃涅阿斯纪》[Servius on *Aeneid*]，6.289）。晚期的拉丁语文献保留了一个有趣的转折，不知是否源自古代。文献说，雅典娜送给佩耳修斯一面由水晶或者玻璃制作的盾牌，透过盾牌他可以看到别人，别人却看不到他（梵蒂冈神话作家，第一位，130 Bode=2.28 Zorzetti，第二位，112 Bode；日耳曼尼库斯，《阿拉托斯传》注疏，147）。看来，盾牌的部分功能和哈得斯的帽子一样。艺术家们不太在意斩首时用的是镜子还是盾牌。值得一提的是，有一幅来自匈牙利的公元2世纪的罗马浮雕，上面是雅典娜在佩耳修斯斩下体态丰满的美杜莎的头时为他举着盾牌（*LIMC* Perseus no. 132）。①

戈耳工姐妹住在哪里？

《神谱》中，戈耳工住在大海的尽头，包围着已知世界的那片水域，靠近永夜之地，是太阳落山的地方，是赫斯帕里得斯居住的地方，也是极西之地。公元前6世纪后期的史诗《塞浦路亚》（*Cypria*）让戈耳工住在海洋中名为"萨耳珀冬"（Sarpedon）的一个怪石嶙峋的岛上（*fr.* 30.1，韦斯特；比较费雷西底，*FGH* 3 *fr.* 11，帕莱法托斯［Palaephatus］，《论不可思议之事》［*On unbelievable things*］，*FGH* 44 *fr.* 31，苏达［*Suda*］在此词条 *Sarpēdonia aktē* 下），一点儿都不违和。岛上的怪石是被美杜莎的目光变成的吗，就像塞里福斯岛一样？

品达隐约提到，戈耳工姐妹与北国人（Hyperboreans）毗邻而居，北国人是住在"极北之地"的神秘人群，佩耳修斯也曾拜访过他们（《皮提亚》，10.29—48，公元前498年；参见阿波罗多洛斯，《书目》，2.5.11）。品达解释说，北国人的领地

---

① 费雷西底的叙述：不过菲尼（1971：458—459）质疑说，镜子的说法来自拜占庭的插补文字。用镜子反射美杜莎头颅，盾牌纹饰的原因：Vernant 1991，Gantz 1993：306—307，Frontisi-Ducroux 1993，Wilk 2000：148。

用寻常法子无法到达："无论是乘船还是步行，都无法找到通往北国人住所的道路。"因此佩耳修斯的靴子十分重要。伪埃斯库罗斯的作品《被缚的普罗米修斯》（*Prometheus Bound*）中，让格赖埃和戈耳工住在奇幻的"吉斯尼（Cisthene）平原"，和神奇的独眼人（Arimaspians）毗邻而居（790—809；比较克拉提努斯，《塞里福斯人》，*fr.* 309 *K-A*）。希罗多德却让独眼人和北国人成为邻居并说他们是独眼人，更适合做格赖埃的邻居。他还提到，破天荒地一次来拜访独眼人的是来自普洛孔涅索斯（Proconnesus）的阿里斯提亚斯（Aristeas），他的灵魂是飞过来的。飞过来的说法，大概给佩耳修斯带来了灵感，让他有办法可以抵达无法到达之地（4.13）。不过《被缚的普罗米修斯》还让格赖埃和戈耳工住在极东之地和极南之地：她们住在最东边的海洋（Ocean）尽头，而她们的邻居独眼人与"黑人"埃塞俄比亚人有联系。指南针上就漏掉了西方，赫西俄德特意让她们住在了西方。戈耳工家究竟在哪里，看似方位十分混乱，不过却表明她们的家绝非凡人能到达。[①]

不过，利比亚，即非洲西北部，最终成为戈耳工专属的家（比如希罗多德，2.91）。保塞尼亚斯认为，公元前 5 世纪，雅典娜铜殿的斯巴达神庙的青铜浮雕上就有佩耳修斯启程赶赴利

---

① 佩耳修斯和北国人：参见以下讨论 Howe 1952: 170—171, Dillon 1990: 22—27。

比亚的画面，虽然无法想象目的地是怎样在浮雕上体现出来的（3.17.3）。然而，埃斯库罗斯的《福耳库斯的女儿们》中提到，格赖埃的家的确在利比亚，大概戈耳工的家也是，因为佩耳修斯把格赖埃的眼睛扔进了利比亚的特里通尼亚湖中。①

无论如何，利比亚确定无疑成为戈耳工的家，从而派生出两个当地的故事。第一个故事是佩耳修斯石化阿特拉斯，当地有座山脉因而得名，阿特拉斯山脉位于现在的摩洛哥（Morocco）。自从赫西俄德的《神谱》以来，阿特拉斯一直和赫斯帕里得斯有关（517—518）。最早关于阿特拉斯的记录大概是佩耳修斯与他的见面，在现存于约公元前450年的阿提卡花瓶上，画面中，阿特拉斯好像吃惊地看着佩耳修斯斩下美杜莎的头（*LIMC* Atlas no. 20）。如果这是正确的解读，那么这是唯一一幅佩耳修斯和阿特拉斯一同出现的古代画像。关于佩耳修斯和阿特拉斯见面最早的文学记载，也是唯一留存至今的片段来自颂歌诗人波吕伊多斯（Polyidus），活跃于约公元前398年左右（波吕伊多斯，*fr.* 837 *PMG*/ 坎贝尔）。他的作品中提到，阿特拉斯只是个牧羊人，因为不愿接受自己的身份而被佩耳修斯石化。当地的山脉因他而得名，不过，作品中并未提到石化的具体过程。多亏奥维德对石化过程进行了细致入微的描述（《变形记》，4.621—

---

① 参见 Roscher 1879：23—30。

662;也参考第二位梵蒂冈神话作家,114 Bode)。在奥维德笔下,阿特拉斯是极西之地的国王,佩耳修斯觐见他,宣称自己是宙斯的儿子,希望在他那里暂时休憩一下。阿特拉斯害怕他是宙斯的另一个儿子赫拉克勒斯,注定要来偷走他的金苹果。金苹果是赫斯帕里得斯的,阿特拉斯将金苹果藏在果园之中,果园由一条巨大的**龙蛇**(drakōn)看护。于是,阿特拉斯打算用暴力将佩耳修斯赶走,不料佩耳修斯把戈耳工的头展示给他看。这一次,阿特拉斯山脉完全成为庞大的牺牲品:阿特拉斯的头化成山峰,肩膀化成山脊,头发化成树林。①

第二个故事是佩耳修斯携带美杜莎的头飞越利比亚时,头颅滴下的鲜血落到地面,变成了当地最可怕的毒蛇。这个故事最早来自阿波罗尼乌斯(《阿耳戈英雄记》,4.1513—1517]),卢坎为其添砖加瓦,津津乐道地详细描写了利比亚毒蛇的来龙去脉(9.619—699)。我们也才得知,这些毒蛇的危害有多大。利比亚毒蛇(parching dipsad)咬了奥鲁斯(Aulus)之后,他口渴难耐,恨不得把海水全部喝光,却仍不解渴,无奈之下,他撕开自己的血管,以便能够喝自己的血来止渴(9.737—60)。利比亚的小蛇蜥(tiny seps)咬了萨贝利(Sabellus)之后,毒性让他的

---

① 阿特拉斯,参见 Gantz 1993: 410—411。阿特拉斯和佩耳修斯的古代形象:德·格里诺(De Griño)等,1986: 3, 7。

身体溶解消失在地里（9.762—788）。一只非洲跳鼠（jaculus）径直冲上保鲁斯（Paulus）的太阳穴并从另一侧穿了过去（9.822—827）。穆里斯（Murrus）将长矛扎中一条蛇（basilisk），蛇毒顺着长矛杆侵蚀了他的手臂，他不得已用另一只手砍下中毒的手臂，以免毒发身亡（9.828—839）。

希腊神话中伟大的英雄往往会有**下冥界**［*katabasis*］的经历，也往往会凯旋：赫拉克勒斯、忒修斯（Theseus）和奥德修斯莫不如此。佩耳修斯没有明确下冥界的经历，但是有人认为戈耳工任务就是下冥界。这种说法不太站得住脚，不过可以进行如下解读。《神谱》（274—275）中的戈耳工住在极西之地，靠近永夜之地（realm of Night），令人联想到奥德修斯通过通灵术下冥界的地点（荷马，《奥德修纪》，11.12—23）。《奥德修纪》一开始提到佩尔塞福涅举起戈耳工的头，隐约表明美杜莎与冥界有关（可参见欧里庇得斯《伊翁》［*Ion*］，989，1053—1054；阿波罗多洛斯，《书目》，A2.5.12）。威尔克（Wilk）近年来争辩说，"狮首面具"式的戈耳工头像，其主要特征是尸体腐化几天之后的特征。这时，眼睛突出，舌头耷拉出口，嘴唇咧开，头发从头皮上脱落，像蛇形发卷。简而言之，戈耳工就是死亡的象征，佩耳修斯杀死美杜莎就是战胜了死亡。①

冥界在佩耳修斯的其他故事中也出现过。有些人认为，塞里福斯岛及其主人波吕德克忒斯，"接收许多人的人"（Receiver of many），可以被视为冥界的一种说法。不过，他的名字更适合解释为"接收许多的人"（Receiver of much），指的是他主办的捐赠晚宴，在晚宴上他强迫佩耳修斯去执行戈耳工任务。也有人争辩说，安德洛墨达故事的一个版本中，佩耳修斯被鲸鱼（whale）或者海怪吞进肚中也应该作为下冥界的类比，不过这种说法证据不足，空洞无力。②

戈耳工的武器

美杜莎或者其他的戈耳工姐妹石化了哪些人不得而知。不过，如果把其他途径的受害者考虑进去，佩耳修斯砍下美杜莎的头颅后倒是石化了不少人：阿特拉斯（波吕伊多斯，*fr.* 837

---

① 戈耳工是来自冥界的魔鬼，是死亡的象征，下面的作者表示大力支持：Croon 1955（并无说服力）；Baldi 1961；Feldman 1965：491—492；Hughes 和 Fernandez Bernades, 1981；Dillon 1990：94—97；Wilk 2000，特别是183—191页。还可参见Krauskopf 和 Dahlinger, 1988：285；Frontisi-Ducroux 1989：157；Vernant 1991：121—134。
② 波吕德克忒斯：Halliday 1933：129。海怪：Schmidt 1907：155—187；沃缪勒（Vermeule），1979：179—196。

PMG/坎贝尔,等等);菲纽斯(奥维德,《变形记》,5.1—235,等等);海怪(《希腊文选》中的安提非勒斯[Antiphilus],16.147,等等);海藻,最终化成珊瑚(奥维德,《变形记》,4.735—752,等等);波吕德克忒斯及塞里福斯岛人(品达,《皮提亚》,10.46—48,12.6—26,等等),甚至岛本身(尤斯塔修斯,《旅行者狄奥尼索斯译注》,525);阿克里休斯(拉克坦提乌斯·普拉西德[Lactantius Placidus],《斯塔提乌斯〈底比斯战纪〉评论》[*Commentary on Statius*' Thebaid],1.25.5;第一位梵蒂冈神话作家,137 Bode=2.55 Zorzetti,第二位,110 Bode);刻甫斯(许吉努斯,《神话指南》,64),阿里阿德涅(诺努斯,《狄奥尼索斯记》,47.664—674)……还有佩耳修斯本人(马拉拉斯,39页,丁道夫)。美杜莎的头如何进行石化呢?受害者必须看到戈耳工,还是戈耳工必须看到受害者?早期的传说里悬而未决,慢慢地,似乎有意回避美杜莎石化的工作原理。可以做个假设:一旦美杜莎和受害者目光相遇,一旦一方盯着另一方,受害者就会石化,大抵能解决这个难题。不过这个假设无法解释所有的传说,比如,珊瑚是如何石化的。[①]

佩耳修斯的成功之处在于能够断开他和戈耳工之间的视线

---

① 狄龙(1990: 30)坚信"佩耳修斯无论如何都不会使用戈耳工头颅杀死阿克里休斯",他的说法是错误的。

（无论谁先看谁才会石化），经典的叙述中有不下四种方法：（一）佩耳修斯砍下美杜莎的头颅时，自己先扭头不去看她（最早见于半人半马的美杜莎的画像中）。（二）佩耳修斯戴了隐形帽子，他杀美杜莎时，她看不到他（最早见于赫西俄德《赫拉克勒斯之盾》）。（三）佩耳修斯在美杜莎沉睡时袭击她，无须看到她的眼睛（最早见于埃斯库罗斯《福耳库斯的女儿们》）。（四）佩耳修斯用镜子或者反光盾牌袭击美杜莎，也无须直视她的眼睛（最早见于费雷西底）。① 方法一和方法四假设受害者看到美杜莎会石化。方法二和方法三假设美杜莎看到受害者，石化会发生。古代文献传到现在，相形之下，第一种解释稍微占了上风。马拉拉斯关于佩耳修斯石化自己时，第一种解释至关重要，因为刻甫斯双目已瞎，美杜莎的头未能石化他。

石化如何发生，卢坎给出了自相矛盾的解释。一方面，他强调说，只有受害者看到美杜莎才会石化（9.636—641，652—653）。也正是基于此，雅典娜建议佩耳修斯倒着飞越非洲，飞向戈耳工姐妹的家，怕的是他会不小心看到她们（9.666—668）。雅典娜还把反光的铜盾牌借给他，让他用盾牌来寻找美杜莎（9.669—670）。另一方面，卢坎坚信美杜莎活着的时候有能力让无生命的东西也石化，比如陆地和海洋，暗示读者，

---

① 参见 Phinney 1971：453，Vernant 1991：135，147。

美杜莎的力量的确在于她的目光（9.646—647）。他还留意到，（在奥维德之后）美杜莎能够石化动物，甚至可以把空中的飞鸟（birds）石化（9.649—653）。不过卢坎的解释显然是诗人的想象，而非自然历史的现实。他曾说过，美杜莎身上的蛇都不敢直视她的脸，不然也要被石化。所以，美杜莎前额的蛇必须向后梳，成背头发型，这种发型可是卢坎那个年代里的罗马主妇的时髦发型："（头顶的）蛇奋力甩向她的脖子，她感到很高兴。这些蛇梳成时髦的女子发型，或者松松地垂在她后背，或者直直地竖在她的额头。她梳头时，蛇的毒液会流下来。"（9.633—639，652—653）卢坎认为美杜莎身上的蛇有自主意识，有自己的身份，在美杜莎入睡时，它们会警醒地直立起来看护她（9.671—974）。

卢西恩在《大殿》（*The Hall*）中如读画诗（ekphrasis）一样描写了佩耳修斯对战海怪的场景，关于美杜莎的石化更加模糊："看到美杜莎的海怪身体的一部分已经被石化了，但另一部分身体还未被石化，佩耳修斯用镰刀砍了下来。"（22；参见第四章）在他的作品中，海怪只有部分身体被石化，表明石化是由美杜莎的目光造成的。颇为自相矛盾的是，卢西恩提到，海怪被石化的那部分身体"看到了"美杜莎。

美杜莎是目光恐怖的怪物，用蛇来装扮自己合情合理。可怕的蛇，无论是巨蛇还是神秘的龙——都被冠以**龙**［*drakōn*］的名号，常常被作为"**看**"［*derkomai*］的同源词。古代有关蛇的传说丰富多彩，比如埃塞俄比亚的蛇就像闪电一样能够从眼睛里喷火（狄奥多罗斯，3.36—37），还有单单目光就可以杀人的蜓蛇（普林尼［Pliny］，《自然历史》［*Natural History*］，29.66）。据说，蛇本身就有着戈耳工的样子（欧里庇得斯，《赫拉克勒斯》，1266）。①

石化一旦开始，具体过程是怎样进行的呢？石化有可能是从受害者的眼睛或者脸开始。不过希腊人最初的构想是，石化过程是从地面开始。公元前 5 世纪中叶有两幅波吕德克忒斯石化图，图中，他是从脚部开始被崎岖的岩石封住的（*LIMC Polydectes nos.* 7—8）。公元前 2 世纪吕哥弗隆的《亚历山德拉》也认可石化过程是从地面开始，把受害者封在石头中，不过，这里的石化过程更细致入微，受害者不是化成巨石，而是化成雕像，保留着原身的各种细节（834—846；参见特策利论，844）。美杜莎的头能令人变成雕像的概念令奥维德着迷。他的作品中，戈耳工的居所装饰着人和野兽的雕像，都是她们的受

---

① 很重要，参见该作者收集的资料 Roscher 1879: 64—65, 74—77。*Drakōn* 和 *derkomai* 是同源词：因此尚特兰（Chantraine, 1968—1980）在 *derkomai* 词条下，而弗里斯克（Frisk, 1960—1973）在 *drakōn* 词条下存疑。

害者化成的(《变形记》,4.780—791)。奥维德在佩耳修斯和菲纽斯之战中(5.117—235),不厌其详地描述了石化为雕像的过程,佩耳修斯还调侃说,他会把菲纽斯变成雕像,给刻甫斯留作纪念。奥维德所描述的石化过程是缓慢的、一体的石化过程,没有证据表明,石化是从地面开始的(5.224—235)。古代末期,诺努斯延续了这一说法:在与狄奥尼索斯对战时,有人催促佩耳修斯,"用戈耳工的眼睛把酒神狂女们的脸庞立刻变成雕像。用美女石像装饰街道,为伊那喀安(Inachian,即阿耳戈斯)的市场造出雕工精巧的石像"(《狄奥尼索斯记》,47.560—563)。[1]

只有诺努斯提到如何防御抵抗戈耳工的魔力。就是狄奥尼索斯的钻石护身符(amulets),在佩耳修斯挥舞美杜莎的头颅时,他举起护身符来护住自己的脸庞(《狄奥尼索斯记》,47.590—606)。诺努斯在此处再次指出狄奥尼索斯和佩耳修斯之间有相似之处(参见第二章):狄奥尼索斯的护身符诞生于"宙斯的雨中",而佩耳修斯自己就是宙斯的黄金雨所生。难怪,佩耳修斯能够抵挡活生生的戈耳工。

另外两位戈耳工——长生不死的斯忒诺和欧律阿勒的武器

---

[1] 石化的具体过程,也参见 Schauenburg 1960 plates 37—38; 比较 Frontisi-Ducroux 1993, Roccos 1994b。关于奥维德的雕像参见 Hardie 2002: 178—180。

又是什么呢？在传说中，她们唯一的作用就是在事后追杀佩耳修斯，她们的名字已经做了极好的注脚，"斯忒诺"的意思是"力量"，"欧律阿勒"的意思是"跳远"，戈耳工姐妹的名字名副其实，正适合古代传说中戈耳工姐妹的形象，像马一样奔跑的形象（例如 *LIMC* Perseus no. 154）。我们的资料中，鲜有说明这两位是否和美杜莎一样具有石化的力量。埃斯库罗斯在《被缚的普罗米修斯》中首次提到戈耳工姐妹三个的石化能力，"没有人看到她们之后还能活着"（800）。佩耳修斯戴着隐形帽子（[赫西俄德]《赫拉克勒斯之盾》，226—227，等等）逃脱斯忒诺和欧律阿勒的追捕也间接证明了这点。奇怪的是，在艺术作品的追捕场景中，佩耳修斯往往在向后看，看向追兵戈耳工姐妹的眼睛。追敌的戈耳工姐妹也有蛇，不知意义何在（例如[赫西俄德]《赫拉克勒斯之盾》，233；*LIMC* Perseus no. 151）。①

有证据表明，戈耳工两姐妹，特别是欧律阿勒拥有可怕的声音武器，类似于美杜莎的目光攻击，古代的戈耳工图像中，她们之所以大张着嘴，舌头伸出嘴外，就可以理解了。赫西俄德的《赫拉克勒斯之盾》中，紧追其后的戈耳工姐妹飞过来，不仅目光可怖，而且咬牙切齿，发出高亢悠长并尖锐刺耳的尖叫声，虽然图像是静态无声的（231—235）。阿波罗多洛斯笔

---

① 参见 Phinney 1971：451—452。

下，戈耳工是金属般的生物，翅膀是黄金，手是青铜，所以可以发出上述金属般的嘶吼声（《书目》，2.4.2）。品达提到戈耳工姐妹追赶佩耳修斯时"毁灭性的悲伤"，雅典娜听到后专门"创作了一支**（四）簧管**[*auloi*]的曲子，由不同的音符构成，用乐器来模仿欧律阿勒快速开合的嘴里发出的悲痛之音"（《皮提亚》，12.6—26；参见特策利论[吕哥弗隆]《亚历山德拉》，838）。以弗所（Ephesus）的克特西亚斯（Ctesias）创作的史诗《珀耳塞伊斯》（*Perseis*）的日期不可考，诗中讲到，追赶佩耳修斯的戈耳工姐妹追赶不上他，无奈在山顶上休息，迈锡尼（Mycenae）就建在这山顶上。迈锡尼得名于**咆哮**[*Mukēnai*]，指的是戈耳工姐妹悲惨不已的**吼叫声**（*mukēma*）（[普鲁塔克]《在河边》，18.6）。努诺斯的雅典娜质疑狄奥尼索斯时说："你曾面对佩耳修斯同样的挑战吗？你曾看到斯忒诺令人石化的双眼吗？你曾听到欧律阿勒那所向披靡的吼叫声吗？"（《狄奥尼索斯记》，30.264—267；参见25.58，"欧律阿勒的吼叫"）不过，后来人们认为戈耳工最初的意思是"长喙"，认为戈耳工与希腊语"*gargaris*"、拉丁语"*garrio*"和梵文"*garǧ*"的意思上相关是错误的,语言学的专业文献并不能认可这一说法。①

美杜莎之死及惩罚

公元前490年,品达笔下的美杜莎不再长着妖怪的脸,反而长着美女的脸:"面颊白皙的美杜莎头颅。"(《皮提亚》,12.6—26)从此,关于佩耳修斯的艺术作品中,美杜莎的典型形象开始变化成年轻的美女,不再是丑陋的正脸。到了4世纪,美女已经成为戈耳工姐妹的常态。不清楚的是,单独的戈耳工头像是早在5世纪中期还是希腊化时期开始变成美女的。一切都取决于"罗德尼尼的美杜莎"(Medusa Rondanini)到底是什么时代(*LIMC* Gorgones Romanae no. 25)。②

《神谱》和其他文学作品中没有明确说明,戈耳工姐妹是否一开始便丑陋如斯。不过,背后有一个故事,故事中并没有提到斯忒诺和欧律阿勒,却解释了美杜莎如何从最初的美女变

---

① 欧律阿勒的吼叫声,参见 Roscher 1879:85—99。词源:Roscher 1879:93—94,Howe 1952:12—17,Feldman 1965:487—488,Phinney 1971:447,Napier 1986:88,Vernant 1991:116—118,125—127,Mack 2002:588 n.5。语言学文献:Frisk 1960—1972 和 Chantraine 1968—1980 的 gorgos 词条。
② 艺术作品中美丽戈耳工的发展,参见 Krauskopf 和 Dahlinger,1988:324—325。罗德尼尼美杜莎,参见 Phinney 1971:452—453,Belson 1980。

成了怪物。故事最早出自奥维德(《变形记》, 4.794—803, 6.119—120)。美杜莎起初是有着一头秀发的美丽少女，她的美貌吸引了波塞冬。波塞冬化身为鸟，在雅典娜神庙里诱奸或者强奸了美杜莎。因为美杜莎玷污了自己的神庙，所以雅典娜惩罚了美杜莎，把她的头发变成了蛇发。主管马匹的神化身为鸟强奸了美杜莎，足以解释为什么他们两者结合的产物是飞马佩伽索斯。显然，这个故事与艺术作品中"美丽的美杜莎"相一致，可能是希腊化时期，甚至是奥维德所创作。故事也有可能来自一个神话母题：奥格-特勒福斯故事中对雅典娜神庙的玷污（第二章已有讨论）。

后来的拉丁文作品，塞尔维乌斯的《埃涅阿斯纪》评论也认为，美杜莎最初是美女，她最终的变化与她和波塞冬的奸情、和雅典娜的愤怒有关，不过是另外一种说辞。因为受到波塞冬的爱慕，美杜莎开始骄傲浮躁，自我吹嘘说自己的头发比雅典娜还美。雅典娜很生气，把美杜莎的头发变成了蛇发（在6.289；参见第二位梵蒂冈神话作家，112 Bode，特策利论［吕哥弗隆］《亚历山德拉》, 838）。这个版本的故事令人联想到佩耳修斯故事的一个片段：卡西奥佩娅吹嘘说她比海中仙女涅瑞伊得斯更漂亮，惹得涅瑞伊得斯愤怒不已,她们请求波塞冬（截然不同的角色）来惩罚卡西奥佩娅。两段故事的共性是：蛇发元素。

女性团体：戈耳工、格赖埃、纽墨菲、赫斯帕里得斯和涅瑞伊得斯

佩耳修斯完成戈耳工任务的过程中，先后邂逅了几个女子组合，主题极其相似。几个女子组合，没有意外都是三人组合，都具有蛇的特性，都会产生可怕的威胁。

格赖埃姐妹的名字意思为"老女人"，最早出现在赫西俄德的《神谱》中，当时是两姐妹。她们不是怪物，而是"脸颊秀美"而"头发灰白"的老妪，似乎暗示她们身体完好无损，是白头发的年轻少女。甚至可以把她们想象为金发美女。公元前 5 世纪 80 年代或者 5 世纪 50 年代，埃斯库罗斯的《福耳库斯的女儿们》中，格赖埃还是两姐妹，已经成为经典的老妇人，共用一颗牙和一只眼。约公元前 456 年，在费雷西底的描述中，格赖埃也是老妇人，不过已经成为三姐妹。5 世纪中叶的《被缚的普罗米修斯》中，可能是埃斯库罗斯所作，也可能不是，已经把上述元素全部结合在一起，把格赖埃描述为"长生的女孩，三个，像**天鹅**（swan-shaped）一样白，共用一只眼和一颗牙"（794—796）。在古代艺术作品中，格赖埃的形象并不常见，

不超过六个，均出现在约公元前460年到希腊化时期制作的花瓶上。在这六个花瓶上，很遗憾没有天鹅，只有普通的老妪，只能通过闭着双眼来表现她们眼睛是瞎的。①

格赖埃无疑是有趣的一类怪物，但在希腊神话中，她们并非独一无二。我们还听说过蛇妖拉米亚（前面讲过）的故事，宙斯爱上了一个美丽的利比亚女人，赫拉因此惩罚她，把她的子女杀死，她深受打击，成为婴儿杀手。赫拉把她变成野兽，剥夺了她睡觉的能力。为了缓解她的痛苦，宙斯让她能够拿掉眼睛放置在杯中，从而得以休息。狄奥·克利索斯东（Dio Chrysostom）说，拉米亚所变成的野兽就是蛇。她腰部以上是美女，腰部以下是蛇，下身最后是蛇头。在利比亚的蛇妖故事里，美丽的凡间女子因为引诱宙斯而受到女神的惩罚，被毁容变成蛇形，眼睛可以拿下休息，所有这些令人联想到戈耳工－格赖埃的故事（赫拉克利特［Heraclitus］，《论不可思议的故事》[*De Incredibilibus*]，34；狄奥·克里索斯托［Dio Chrysostom］，《演讲集》[*Oration*]，5；阿里斯托芬，《和平》注疏，758）。②

格赖埃姐妹的名字也很有趣。前两个名字（按照赫西俄德

---

① Gantz 1993：305—306。艺术作品中的格赖埃，参见卡内洛波洛（Kanell-opoulou），1988，Oakley 1988，更广义的了解，德雷克勒斯（Drexler）和拉普（Rapp），1886—1890及Mack 2002：590。
② 参见Halliday 1933：134，Phinney 1971：446。

的说法）是彭菲瑞多，"黄蜂"（参见 *pemphrēdon*）和厄倪俄，"战争"。前者令我们想起早期对戈耳工的描述之一：像黄蜂一样身体的戈耳工（*LIMC* Perseus no. 151）。第三个格赖埃的名字不确定。阿波罗多洛斯把她叫作迪诺，"恐怖"，也是高度契合戈耳工姐妹的名字（《书目》，2.4.2；费雷西底相应的残篇，*FGH* 3 *fr*. 26=*fr*. 11，福勒，给出的名字为 Iaino，"治愈者"[Healer]的意思，可能是误读）。希腊化时期的陶碗残片上，我们发现第三个格赖埃叫作佩索（Perso）（*LIMC* Graiai no. 4；参见赫拉克利特《论不可思议的故事》，13，其中"佩索"可能是后代的插补），许吉努斯把她叫作珀西斯（Persis）（《神话指南》前言，9，《论天文学》，2.12）。与其说这些名字意义深刻，不如说她们和我们即将来到的英雄有一个共同之处——"毁坏"性。①

戈耳工和格赖埃，最终都是三姐妹，与福耳库斯和刻托的女儿经历相似，因此是嫡亲姐妹。两个姐妹组合都会造成视觉和啮咬的伤害。戈耳工姐妹不仅身边环绕着致命的毒蛇，正面看，牙齿参差不齐，嘴咧开着，獠牙外露，一脸怪相。必须承认，在受害者被石化之前，很难想象戈耳工或者她们身上的毒蛇是如何进攻、啮咬受害者的。因此，我们以为，格赖埃的潜在威

---

① 参见 Vernant 1991：123，145。

胁是，先用警觉的眼睛锁定受害者，然后再用牙齿咬他们。可以想象，她们的啮咬能置人于死地，但绝非老妇人快磨碎的臼齿能造成。切记，格赖埃和吃婴儿的蛇妖拉米亚性质相似。这两组女人，都被佩耳修斯智取，都被佩耳修斯拿走了一样东西，一个头和一只眼睛。难怪，自帕莱法托斯起均设法将两组女性（再次）混为一谈，让佩耳修斯的故事更加合理（帕莱法托斯，《论不可思议之事》，FGH 44 *fr*. 31；塞尔维乌斯论维吉尔《埃涅阿斯纪》，6.289；梵蒂冈神话作家，第一位，130 Bode = 2.28 Zorzetti，第二位，112 Bode，第三位，14.1 Bode；日耳曼尼库斯，《阿拉托斯传》注疏，147，布雷希）。

在美杜莎的故事中，我们对于纽墨菲或者涅瑞伊得斯知之甚少。现存的艺术品中，她们往往有三人，但是，与格赖埃一样，也曾两个一起出现。花瓶上的纽墨菲姐妹是年轻的美女，没有怪物的特征。我们也没听说，佩耳修斯打败她们之后抢走了她们的礼物。可是，可以假设，纽墨菲多少有点儿邪恶的天性。如果我们参考伊阿宋（Jason）的故事，它和佩耳修斯的故事有不少共性，就会发现，阿耳戈英雄许拉斯（Argonaut Hylas）在打水时邂逅了美丽的涅瑞伊得斯－纽墨菲。她们爱上了他，并把他拖入水中和她们永远在一起。忒奥克里托斯（Theocritus）提到，纽墨菲有三人，名字分别叫作埃乌尼卡（Eunica）、马里斯（Malis）和尼奇亚（Nycheia）（忒奥克里托斯，《田园诗》[*Idylls*]，13；参见阿波罗尼乌斯《阿耳戈英雄记》，1207—1239）。

美杜莎故事中还有个魔力女子组合：赫斯帕里得斯。这个组合的人数也不固定：阿波罗尼乌斯认为有三个，名字分别是赫斯佩尔（Hespere），埃尔提斯（Erytheis），爱格勒（Aigle）（《阿耳戈英雄记》，4.1396—1449）；阿波罗多洛斯给出了四个（《书目》，2.5.11）。赫西俄德已把赫斯帕里得斯和戈耳工、格赖埃关联起来，说戈耳工和格赖埃住在"辽阔的海洋之外，毗邻永夜之地，嗓门尖锐的赫斯帕里得斯也生活在那里"（《神谱》，275）。赫拉克利特甚至认为赫斯帕里得斯就是格赖埃（《论不可思议的故事》，13，可能是插补）。在文学作品中，赫斯帕里得斯从未在美杜莎的故事中粉墨登场，她们和佩耳修斯最接近的一次是通过她们的兄弟阿特拉斯，阿特拉斯为她们看守金苹果（特策利论［吕哥弗隆］《亚历山德拉》，879）。不过，4世纪的红陶花瓶上，似乎可见佩耳修斯与赫斯帕里得斯、金苹果树和金苹果在一起（*LIMC* Hesperides no. 62）。在艺术作品中，赫斯帕里得斯是人形，她们豢养了百头龙蛇拉冬（Ladon），拉冬在看守金苹果。如果说她们与戈耳工、格赖埃有关联，那就是怪物拉冬。拉冬和戈耳工、格赖埃一样，也是福耳库斯和刻托的孩子（赫西俄德，《神谱》，333—336；阿波罗尼乌斯，《阿耳戈英雄记》，4.1396—1398；奥维德，《变形记》，4.647）。红陶花瓶画像中，拉冬盘绕在赫斯帕里得斯的苹果树上。赫斯帕里得斯具有怪物特性还表现在埃庇米尼德斯（Epimenides）认为她们就是阿耳皮厄（Harpies，鸟身女怪）上（*FGH* 457 *fr*. 6b）。①

佩耳修斯故事向外发散，可以再次找到其他的女子组合。卡西奥佩娅因吹嘘而冒犯到的涅瑞伊得斯或者"海中仙女纽墨菲"构成了另一组女性力量。佩耳修斯与涅瑞伊得斯没有直接接触，不过他需要对付的是，波塞冬派遣来代表自己破坏刻甫斯的国土的蛇形海怪（阿波罗多洛斯，《书目》，2.4.3，等等；参见第四章）。涅瑞伊得斯的人数不详，不过卢西恩曾描写过两个涅瑞伊得斯之间的对话，两人名字是伊菲阿那萨（Iphianassa）和多里斯（Doris）（《海上对话》，14）。②

这些相似的故事可以看作佩耳修斯的神话事迹长期演化、演绎的结果。这种发展变化导致母题不断重复，不同片段之间逐渐同化。不过，有时候它们可能会提供线索，在佩耳修斯史前传

---

① 赫斯帕里得斯，参见 Simon 1990 和 Gantz 1993：6—7。佩耳修斯的形象、赫斯帕里得斯、拉冬，参见 Schauenburg 1960：88—89 和 plate 35.2。
② 希腊神话中的女子三人组合 triads、女子二人组合 dyads（不仅局限于佩耳修斯故事），参见汉森（Hansen），2004：306—309。

奇中带有明显独特的民间故事的痕迹，我们将在下一章谈到。

有趣的是，佩耳修斯的名字和他冒险故事中两个女性角色的名字有关联。希腊化时期的诗歌中，据说佩耳修斯的名字具有**欧律墨冬**［*Eurymedōn*］，"广阔土地的统治者"的意思（阿波罗尼乌斯，《阿耳戈英雄记》，4.1513；欧佛里翁，*fr.* 18 Powell = *Supp. Hell. fr.* 418）。欧律墨冬名字里的语素 *med*，意思是"统治者"，在**美杜莎**［*Med-ousa*］——"女性统治者"，和**安得洛墨达**［*Andro-med-a*］——"男性统治者"——的名字中均出现过。同理，我们前面说过，佩耳修斯的名字和第三个格赖埃的名字，无论是佩索还是珀西斯，竟然也很相近。①

雅典娜、佩耳修斯、柏勒洛丰和龙

佩耳修斯两次打败怪物的战斗也有相似之处。戈耳工和海怪，即 *kētos*，都是蛇形怪物或蛇形生物，对付它们，佩耳修斯使用的都是镰刀（想了解更多海怪的蛇形特性，请参见第四章）。在《神谱》中，戈耳工是**刻托**（*Kētō*）的孩子，刻托的意思就是"海中怪物"，在艺术作品中也是怪物的形象。普林尼特地把戈耳工的母亲叫作刻托，似乎认同安德洛墨达故事中的海怪

---
① 欧律墨冬－美杜莎的和谐一致，参见 Dillon 1990：14—15。

和戈耳工的母亲是同一人(《自然历史》,5.69)。海怪的复数形式 kētē 和戈耳工之间的亲密关系,早期的艺术家也有所感知。我们找到三幅6世纪的画像:第一幅是戈耳工头像,前额上是海怪(*LIMC* Ketos no. 12);第二幅是无头的戈耳工,她的双手是一对海怪(no. 19);第三幅是戈耳工上身攀爬在海怪的脖子上(*LIMC* Gorgo no. 350)。①

希腊神话中最初和戈耳工头颅产生关联的人物并非佩耳修斯,而是女神雅典娜,她在《伊利亚特》的战斗中,就穿戴着戈耳工(5.741—742)。另外有流传不广的故事讲到,雅典娜获得戈耳工头颅完全与佩耳修斯无关。欧里庇得斯的《伊翁》创作于公元前412年前不久,似乎讲到戈耳工姐妹是地球生出来的怪物,雅典娜和一个戈耳工进行了一对一的对战,而后雅典娜把戈耳工的皮肤剥下来制成胸甲戴在身上(987—996)。随后,许吉努斯引用犹希迈罗斯(Euhemerus)的思想,认为戈耳工是雅典娜亲自杀死的(许吉努斯,《天文的诗歌》[*De astronomia*],2.12)。无论是谁杀死戈耳工,在佩耳修斯对战

---

① 佩耳修斯两次打怪的相似之处:参见Wilk 2000:26—27。戈耳工可能被看作海中仙女,参见Krauskopf 和 Dahlinger,1988:286。安德洛墨达的海怪和戈耳工的刻托母亲为一人,观点得到马克(2002:588,601 n.23)支持。艺术作品中刻托被刻画为海怪,参见 Boardman 1987:78,帕帕多普洛斯(Papadopoulos)和鲁希洛(Ruscillo),2002:207。

美杜莎的任务里,都可以说雅典娜是佩耳修斯最坚定的支持者。

还有个故事与这个故事异曲同工,即雅典娜对付并杀死"埃癸斯"(Aegis)的故事,埃癸斯也来自利比亚,长得像龙,会喷火,是天地产生的蛇形怪物。虽然埃癸斯起源于弗里吉亚(Phrygia)的燃烧之国(Catacecaumane),它把当地全部"烧光"了。狄奥多罗斯(3.70.3—6)在重述公元前2世纪的狄奥尼索斯·斯库托伯拉齐奥(Dionysius Scytobrachion, *FGH* 32 *fr.* 8)的作品时提到过埃癸斯。怪物外表是什么样子并未有具体的描写,不过它的名字(*Aigis*)表明它和山羊(*aix*/goats)有相似之处,埃癸斯会喷火表明它带有蛇或爬行动物的特征,因为古代人认为蛇的毒液是火性的。柏勒洛丰(Bellerophon)在佩伽索斯的协助下杀死的利西亚喀迈拉(Lycian Chimaera)和埃癸斯也极为相像(赫西俄德,《神谱》,319—325)。埃癸斯在《伊利亚特》中被刻画为会喷火的怪物,狮头蛇尾,山羊或**奇美拉**(*chimaira*)的身体(6.179—183)。在艺术品中,喀迈拉几乎总是狮身,后背正中长着山羊头,尾巴像蛇,尾巴尖是蛇头(*LIMC* Chimaira, Chimaira [在伊特鲁里亚] 各处,Pegasos nos. 152—235)。①

---

① 柏勒洛丰,参见 Robert 1920: 179—185; Schefold 和荣格(Jung),1988: 115—127; Gantz 1993: 312—316; 洛钦(Lochin),1994a,1994b。

佩耳修斯

绕了一圈后,柏勒洛丰无论是直接还是间接地又回到佩耳修斯的故事里了。首先,柏勒洛丰获得佩伽索斯的帮助,而佩伽索斯是佩耳修斯助产的。在雅典娜的帮助下,柏勒洛丰驯服了佩伽索斯,并骑着他对战喀迈拉(品达,《奥林匹亚颂歌》[*Olympian*],13.63—66和84—90;参见伊斯特米亚[Isthmian],7.44—47)。其次,柏勒洛丰自身的麻烦和他自己需要经历的艰难困苦,都是因为佩耳修斯的叔祖,阿克里休斯的兄弟普罗托斯,及其妻安忒亚(Anteia)或斯忒涅玻亚。年轻人柏勒洛丰到普罗托斯和斯忒涅玻亚家里做客,斯忒涅玻亚爱上了柏勒洛丰。她向柏勒洛丰示爱,却被拒绝,因此,她向普罗托斯谎称柏勒洛丰意图强暴她。普罗托斯一气之下,把柏勒洛丰送到利西亚(Lycia)国王依俄巴忒斯(Iobates)处,让国王找个借口杀掉他,因为普罗托斯不想杀死客人。于是依俄巴忒斯派柏勒洛丰去对付三个可怕的敌人,其中就有喀迈拉,目的是让柏勒洛丰自寻死路(荷马,《伊利亚特》,6.152—202;欧里庇得斯,《斯忒涅玻亚》,T iia假设 *TrGF*)。这个故事的奇怪之处在于,柏勒洛丰竟然与阿克里休斯的后代普罗托斯和斯忒涅玻亚为同一年代的人,但他所收服的佩伽索斯,却是阿克里休斯的外孙佩耳修斯产生的。①

在柏勒洛丰对战喀迈拉的画像中心上,柏勒洛丰骑在飞马佩伽索斯身上,从空中向喀迈拉发动袭击。这个场景经常出现在艺术作品中,最早是 7 世纪初期(*LIMC* Bellerophon no. 152,等等)。柏勒洛丰对喀迈拉的场景在文学作品中也较流行:"看,这个骑在飞马上的人:他杀死了喷火的三身怪物。"(欧里庇得斯,《伊翁》,201—204;参见《斯忒涅玻亚》,*fr.* 665a *TrGF*;许吉努斯,《神话指南》,57)特策利的描述最为细致:"他骑在佩伽索斯身上,把涂铅的长矛投入喀迈拉喷火的嘴里。铅被火溶化,于是杀死了她。"(论[吕哥弗隆]《亚历山德拉》,17)这个画面令人想起佩耳修斯击杀海怪的样子,也是穿着飞靴从空中发动进攻(参见第四章)。

在古代,佩耳修斯和柏勒洛丰之间能找到不少相似之处一点儿也不奇怪。保塞尼亚斯指出,埃皮达鲁斯(Epidaurus)的医神阿斯克勒庇俄斯(Asclepius)的王座上,色雷斯梅德斯(Thraysmedes)就装饰有柏勒洛丰对战喀迈拉的事迹,与之

---

① 柏勒洛丰和佩耳修斯之间的关联,参见 Aélion 1984, Schefold 1992:90—91, Gantz 1993:312—316, Wilk 2000:135—137,最后的文献应小心看待。欧里庇得斯的《斯忒涅玻亚和柏勒洛丰》,参见 Collard 等,1995:79—120。斯忒涅玻亚/安忒亚与埃及法老护卫长波第法尔妻子为同类型的妻子诬陷朋友的故事,参见 Hansen 2002:341。

成对的，是佩耳修斯对战戈耳工的事迹（2.27.2，约公元前375年）。公元前5世纪中期，米洛斯岛（Melos）的一对陶制匾额上是佩耳修斯骑着马，举着刚斩下的美杜莎头颅，美杜莎的身体倒在一边，一匹小半人半马怪从她的脖子上冒出来（*LIMC Gorgo* no. 310a, *Perseus* no. 166b）。这匹马虽然没有翅膀，但已经完全长大了，只能是佩伽索斯，所以，这里佩耳修斯就是柏勒洛丰。同一时期，米洛斯还有一块匾额，上面是相同的人物，骑在没有翅膀的马上，将手里的剑刺向下面同样的位置，只不过下面不是美杜莎，而是喀迈拉（*LIMC Pegasos* no. 160）。渐渐地，柏勒洛丰和佩耳修斯难分彼此，甚至第一位梵蒂冈神话作家在他的神话手册中用了整整一章来说明"柏勒洛丰也被称为佩耳修斯"（71 Bode=1.70 Zorzetti），他还讲到，佩耳修斯被派去猎杀怪物"喀迈拉、戈耳工和美杜莎"（137 Bode=2.55 Zorzetti）。

佩耳修斯和伊阿宋：探险叙事和成长故事

佩耳修斯的探险与伊阿宋乘坐阿耳戈号获取金羊毛的探险惊人的一致（品达，《皮提亚》，4；阿波罗尼乌斯，《阿耳戈英雄记》，狄奥多罗斯注释，4.40–49；奥维德，《变形记》，

7.1—349；瓦莱里乌斯·弗拉库斯［Valerius Flaccus］，《阿耳戈英雄记》；阿波罗多洛斯，1.9.16—28；诺比乌斯，《百人队》，4.92；许吉努斯，《神话指南》，12—23；俄耳浦卡，《百人队》；特策利论［吕哥弗隆］《亚历山德拉》，175）。伊阿宋故事一开场，同样面临阿克里休斯的困境，波吕德克忒斯的诡计。邪恶的珀利阿斯（Pelias）是伊奥尔科斯（Iolcus）的国王，是伊阿宋的父亲埃宋（Aeson）同父异母的兄弟，正如波吕德克忒斯是佩耳修斯养父狄克堤斯同父异母的兄弟。珀利阿斯得到神谕的警告，说自己会被穿着一只鞋的人杀死。他碰到伊阿宋时，后者恰恰在过阿诺洛河（Anaurus）时丢了一只鞋。珀利阿斯问伊阿宋，如果神谕预见有人要杀死他，他会怎么办。伊阿宋回答说，让此人去取金羊毛。于是珀利阿斯就强迫伊阿宋接受取金羊毛的任务。

于是，和佩耳修斯一样，伊阿宋被派遣去往世界之极，这次是极东之地科尔基斯（Colchis），去取回不可能拿到的金羊毛。和佩耳修斯一样，伊阿宋得到了神祇的帮助，仍然是雅典娜，还有赫拉（Hera）和阿芙洛狄忒（Aphrodite）的帮助。和佩耳修斯一样，伊阿宋也得到法宝的帮助，会说话的船——阿耳戈（Argo）和美狄亚（Medea）给他的无敌药膏。和佩耳修斯的探险一样，伊阿宋的探险任务也是一环套着一环才能完成最终任务。伊阿宋的任务和佩耳修斯的探险一样多姿多彩。佩耳修斯得到瞎眼格赖埃的指引，同样，伊阿宋得到盲人先知菲纽斯的指引（奥德修斯探险时也是到一个盲人先知忒瑞西阿斯[Tiresias]家得到的指引：荷马，《奥德修纪》，11.90—149）。菲纽斯的名字与佩耳修斯的故事也产生了另一种联系，不过意义未明。

和佩耳修斯一样，伊阿宋和他的阿耳戈英雄们邂逅了几组危险的女子组合。首先，是杀人如麻的利姆诺斯岛（Lemnian）女人，她们和男伴睡觉后会杀死那些男人。其次，是三个水上仙女，抢走了阿耳戈英雄许拉斯。第三组是两人组合阿耳皮厄，长着和戈耳工一样的翅膀，抢走或弄脏了菲纽斯的食物，被阿耳戈英雄飞人玻瑞阿德斯（Boreads）兄弟追杀，而佩耳修斯却反过来被活着的戈耳工两姐妹追杀。阿波罗尼乌斯笔下，会路遇更多危险女子组合，就像《奥德修纪》模式：女巫基尔克、海妖塞壬（Sirens）、斯库拉（Schylla），以及卡律布迪斯（Charybdis）。

伊阿宋冒险故事的高潮是和蛇怪的战斗，蛇怪从不睡觉，日夜守护着金羊毛，与佩耳修斯故事中的戈耳工、海怪极为相似；看守金羊毛又令人联想到拉冬，赫斯帕里得斯派去看守金苹果的蛇怪。约公元前480年，彩绘大师多里斯（Douris）绘制的花瓶上就有伊阿宋被一条向后仰的蛇吞食的画面，描绘的应该是他从蛇怪的肚子里破肚而出的故事,《亚历山德拉》中佩耳修斯就是这样杀死安德洛墨达的海怪的(*LIMC* Iason no. 32;比较 nos. 33—35)。和佩耳修斯一样,伊阿宋不得不面对多个类似龙蛇的敌手。他要对付斯巴托伊(Spartoi),一支由卡德摩斯(Cadmean)龙蛇的牙齿长出来的军队,要对付像龙一样会喷火的公牛。和佩耳修斯一样,伊阿宋在探险过程中也收获了自己的新娘美狄亚。和佩耳修斯一样,在美狄亚的帮助下,伊阿宋有惊无险地找到宝物,并顺利带回来杀死了珀利阿斯。这令读者联想到,佩耳修斯也是最终杀死了波吕德克忒斯和阿克里休斯。在阿波罗多洛斯(《书目》,2.4.4)笔下,有人认为,伊阿宋未能和佩耳修斯一样接任伊奥尔科斯的王位,反而因为杀死珀利阿斯而遭到流放。①

广义上看,佩耳修斯和伊阿宋两人的冒险故事有不少相似之处,除了有些片段有偶然性,在古希腊人心目中,从本质上看,两者之间具有连贯性。

伊阿宋这类"单鞋英雄"或 *monokrēpides*(特别是在以下作品:品达,《皮提亚》,4.75;阿波罗尼乌斯,《阿耳戈英雄记》,1.11;[吕哥弗隆]《亚历山德拉》,1310;阿波罗多洛斯,《书目》,

---

① 参见 Gantz 1993:340—373。珀利阿斯和伊阿宋交流:参见 Halliday 1933:131。

1.9.16；许吉努斯，《神话指南》，12）都是即将步入成年的少年，他们必须跨越重重的障碍，从而取得伟大的成就。伊阿宋一度要穿越阿诺洛河，进入他要拿回的领地，自然的边界同时具有比喻意义，比喻年轻人和成年人之间的边界。佩耳修斯也可以被看作单鞋英雄。希罗多德讲过，佩耳修斯在埃及凯姆米司（Egyptian Chemmis）现身（显灵）之后，会留下一只靴子（2.91.2—5）。后来，阿特米多鲁斯讲到，赫耳墨斯只送给佩耳修斯一只飞靴穿（《梦典》，4.63）。那些希望将佩耳修斯视为**可下冥界**[*Katabasis*]的英雄的人可能会认为，英雄们肯定只穿着单靴从厄琉西斯（Eleusis）进入并体验神秘的地下世界。①

在许多人看来，佩耳修斯斩首戈耳工的冒险就是神话传说中所传递出来的成长或成人的磨炼。青少年通过磨炼，证明自己足以融入成人世界。成长故事最显著的元素有，年轻的王子被剥夺王位，在成人的门槛前，他必须接受一项危险的任务，为了完成任务，他要踏上去往远方的旅程，在远方，他得到了致命的武器并战胜凶残的对手。安德洛墨达的故事就体现了上述成长故事的绝大部分元素，英雄还得到新娘，证明自身已经

---

① *monokrēpides* 主要参见 Brelich 1955—1957，以及布列里（Brunel），1934；迪昂娜（Deonna），1935；兰博里努达基斯（Lambrinoudakis），1971：241—301；罗伯逊（Robertson），1972；埃德蒙兹（Edmunds），1984；Ogden 1997：32。

平稳过渡到成年。我们前面也留意到,波吕德克忒斯的诡计之所以能得逞,就是因为佩耳修斯还是个青年,他迫切希望证明自己是已经成人的青年。无论如何,在艺术作品中,佩耳修斯最常见的形象是面嫩无须的青年人(*LIMC* Perseus passim)。那些认为佩耳修斯飞往戈耳工所在之地,或者他和海怪作战就代表他下入冥界的人,可能会认为,他的凯旋就象征着他的重生,作为羽翼已丰的成年人即将开始新生活。[①]

小结

不知道是先有佩耳修斯,然后在他的成就之上添加了屠杀戈耳工的功绩,还是专门创造了佩耳修斯去斩杀神秘莫测的怪

---

① 戈耳工冒险任务是成人仪式,反映在神话故事中,特别参见休斯(Hughes)和费尔南德斯·伯纳德斯(Fernandez Bernades),1981,Dillon 1990 和 Jameson 1990。狄龙认为,佩耳修斯故事代表了从家庭到城市的发展,似乎过于取巧,不过他把古代戈耳工头像典型的野猪嘴,与马其顿青年必须杀死一只野猪才算成人(阿忒纳乌斯[Athenaeus],18a)进行类比(16),却令人深思。詹姆森认为,佩耳修斯的故事其实是一种表演文本,供迈锡尼男孩在成人仪式上表演使用,他的观点只是种猜想。认为佩耳修斯的故事本质上是长大成人的故事,还可参见 Croon 1955;Burkert 1987:27,1992:85;Napier 1986:83—86,181,1992:85;Mack 2002:579—580。还有不少人认为,广义地看,屠龙是成长演练的理想化:洛瑞奇(Röhrich),1981:813。

物——戈耳工。总而言之，美杜莎的故事堪称经典的探险故事，期间，佩耳修斯需要一级一级地完成形形色色、各不相同的任务，最终找到戈耳工并完成斩杀任务。探险故事由来已久，逐渐发展出佩耳修斯探险途中所遇到的一系列女子组合。某种意义上，佩耳修斯的探险可以代表，也可以不代表成长或成人需要经历的典型磨炼。佩耳修斯从希腊开始的探险限定了美杜莎的故事结构；同理，美杜莎的故事限定了佩耳修斯与安德洛墨达和海怪的故事结构。我们下章会谈到。

残篇提到"可怜的被悬挂着的女人"（*fr.* 128a *TrGF*）和花瓶上的场景互为印证。如果花瓶上刻画的确实是这出戏，那么我们不仅可以得知戏剧的大概日期是约公元前450年，还可以得知安德洛墨达在剧中被献给怪物，因此可以确认，故事的背景是埃塞俄比亚。①

欧里庇得斯的《安德洛墨达》（*frs* 114—156 *TrGF*）创作于公元前412年（阿里斯托芬，《青蛙》[*Frogs*]注疏，53a），一年后，阿里斯多芬在《雅典女人在妇女节》（*Thesmophoriazusae*，1009—1135）中将其主题扩展为一部滑稽模仿喜剧。这部模仿喜剧及其古代的评论成为我们研究欧里庇得斯戏剧的重要来源，但是从扭曲的哈哈镜中还原正统的原作绝非易事。②

欧里庇得斯的戏剧背景仍是埃塞俄比亚，一开场就是安德

---

① 索福克勒斯的《安德洛墨达》及其画像，参见彼得森（Petersen），1915：606—617；皮尔逊（Pearson），1917和 *TrGF* 在此处；Woodward 1937：fig. 29；Howe 1952：218—227；Schauenburg 1960：97—103，1967b；菲利普斯（Phillips），1968；Dillon 1990：206；克利梅克·温特（Klimek Winter），1993：23—54；Roccos 1994a：346；巴尔蒂（Balty），1997；Collard 等，2004：137，147。此戏剧被认为是山羊剧，并未能提供足够的证据支撑。

② 重构，参见穆勒（Müller），E. 1907；Howe 1952：253—280；Dillon 1990：226—231；冯·布贝尔（Von Bubel），1991；Klimek-Winter 1993：55—315；奥斯汀（Austin）和奥尔森（Olson），2004：lxii—lxiii；Collard 等，2004：133—168；赖特（Wright），2005：121—122。

洛墨达作为"海怪的饲料"(*fr.* 115a *TrGF*)被锁在岩石上(*fr.* 122 *TrGF*)。身后是女子合唱队,她痛哭着哀叹命运无常,同时,她还恳求身后洞穴中的山林女神回声(Echo)将其哭声静音(*fr.* 118 *TrGF*),欧里庇得斯在姐妹篇中对此极尽嘲讽之能事。佩耳修斯此时登场,在飞回阿耳戈斯的途中(竟然不是飞回塞里福斯岛,真有趣)穿着飞靴,拿着戈耳工的头颅,他突然从空中看到了安德洛墨达(此刻剧场应该使用了起重装置):"啊!大海波涛的泡沫中,我到底看到了什么?我看到了一个少女像,是用天然宝石雕刻而成的吗,是怎样能工巧匠的手雕刻而成?"(*fr.* 125 *TrGF*;比较 *fr.* 124)安德洛墨达希望佩耳修斯搭救自己,恳求道:"陌生人,把我带走吧,让我做什么都可以,仆人也好,妻子也好,奴隶也好。"(*fr.* 129a *TrGF*)大概佩耳修斯爱上了安德洛墨达,并下决心面对海怪,他向爱若斯(Eros)倾诉衷肠:"爱若斯,你是众神和凡人的王,你不应该告诉人们美丽的东西是美丽的,或者,在情人们努力奋斗应对你带来的苦难时,你应该和他们站在一起,他们才能成功。"(*fr.* 136 *TrGF*;参见 *fr.* 138)之后,有来自大西洋的信使汇报了佩耳修斯战胜海怪的经历,详细描述了当地的牧羊人如何给英雄准备了牛奶和葡萄酒,苦劝他喝下,使筋疲力尽的英雄得以恢复体力(*frs* 145—146 *TrGF*;参见普鲁塔克,《道德论集》，22e）。剧中的大量细节——埃塞俄比亚、身旁的爱若斯、大西洋的海怪、用牛奶和葡萄酒款待英雄的乡下人——此后均出现在佩耳修斯和安德洛墨达的虚构绘画中，公元3世纪斐洛斯图拉特斯（Philostratus）的《画记》（*Imagines*）（1.29）中提到过，因此，这就是这部戏剧主要情节的大纲。

此剧结尾如何，伪埃拉托色尼的《星座神话》中有完美结局：

> 安德洛墨达星座：因为雅典娜，她被化为星座，作为佩耳修斯任务的提示。她的双臂张开，是准备给海怪献祭的姿势。因此，被佩耳修斯解救后，安德洛墨达心怀高贵的想法，选择追随佩耳修斯去阿耳戈斯，而非留在父亲和母亲身边。欧里庇得斯在关于安德洛墨达的戏剧中，这样明确说道……
>
> （埃拉托色尼，《星座神话》，1.17［比较1.15］）

日耳曼尼库斯的《阿拉托斯传》注疏也是依据欧里庇得斯的戏剧，讲述了刻甫斯和安德洛墨达被雅典娜化为星座，而佩耳修斯和海怪被宙斯化为星座（77—78，137—139，147，173页，布雷希；参见许吉努斯《论天文学》，2.11）。后来，戏剧接近尾声时预告了佩耳修斯、安德洛墨达及其他主要人物，被**意外出现的救星**（*deus ex machina*），无疑这里指雅典娜本神，化为星座。

据说,花瓶上的安德洛墨达被绑在两根柱子之间是索福克勒斯的风格,一直持续到欧里庇得斯时代,从公元前4世纪起,花瓶上开始出现安德洛墨达被绑在山洞的岩石入口,据说是受欧里庇得斯的安德洛墨达的影响,天然山洞是欧里庇得斯笔下山林女神回声的家。约公元前400年(*LIMC* Andromeda I no. 8)的红陶双把大酒碗上,据说,是最贴近欧里庇得斯剧情的最早出现的艺术品。在酒碗上,安德洛墨达被绑在岩石上,身边环绕着佩耳修斯、刻甫斯、阿芙洛狄忒、赫耳墨斯,还有个女人,或者是合唱队的,或者是卡西奥佩娅。①

显然,索福克勒斯和欧里庇得斯的两部悲剧使大众对安德洛墨达的兴趣一直维持到亚历山大时期和希腊化早期。妮可布勒(Nicobule)是一位不多见的女作家,大概比老普林尼(Pliny the Elder)略早一些,讲到亚历山大本人在最后的晚餐上凭记忆表演了欧里庇得斯的《安德洛墨达》片段(*FGH* 127 *fr.* 2)。卢西恩所记载的神奇事件也证实了欧里庇得斯戏剧在亚历山大继承者(Successors)时期仍然大受追捧(《论撰史1》[*How*

---

① 参见 Klimek-Winter 1993:108—118 和 Collard 等,2004:139—140。菲利普斯(1968)一心认为,石拱门的形象发展起源于意大利花瓶绘画(瓶画),不过他似乎低估了欧里庇得斯的回声女神的作用。

to Write History 1 ］）。在利西马科斯（Lysimachus）统治时期（前306—前281），悲剧演员阿基劳斯（Archelaus）冒着仲夏的热浪为阿布德拉（Abdera）人民表演了《安德洛墨达》，演出结束后，观众中出现了狂热病。在出现了一系列身体抑郁症状之后，观众表现出对悲剧的狂热，他们大声朗诵《安德洛墨达》中的独白，特别是"爱若斯，你是众神和众人的暴君"（*fr.* 136 *TrGF*）。只有冬天的寒风，能驱散这狂热和愚蠢。大概在同一时期，埃拉托色尼编写了《星座神话》或《星座传奇》（"Star myths"）的最初版本，很明显是大量借鉴了这两部悲剧，特别是悲剧的尾声（*frs* 15—17，22 和 36）。希腊化时代早期，吕哥弗隆（*TrGF* 100 T3）以及米兰萨斯（Melanthas，*TrGF* 212 T1）的儿子普律尼科司"二世"（Phrynichus "II"）创作的悲剧主题也是安德洛墨达。

希腊化早期也是拉丁诗人开始把希腊主题翻译成拉丁语的时期，显然，拉丁诗人也陷入对《安德洛墨达》悲剧的狂热中。已知有三部拉丁语的《安德洛墨达》。3世纪，李维乌斯·安德罗尼克斯（Livius Andronicus）创作的《安德洛墨达》是唯一一部提到波塞冬发洪水的片段（里贝克，i p. 3= 沃明顿：ii pp. 8—9）。恩尼乌斯（Ennius）的《安德洛墨达》创作于公元前3世纪末或2世纪初。其片段再次提到，卡西奥佩娅的吹嘘引发了安德洛墨达的不幸（里贝克，i pp. 30—32= 沃明顿：i pp. 254—261）。海怪"身上布满岩石，鳞片上长着粗糙的藤壶"（*fr.* 4），可能预示着佩耳修斯最终将其石化了吧。怪物被斩杀后，肢体散落在海面上，海面飘着血沫（*fr.* 8）。公元2世纪（或1世纪），阿西乌斯（Accius）创作了《安德洛墨达》。现存的残篇（里贝克，i pp. 172—174= 沃明顿：ii pp. 346—353）描述了安德洛墨达被囚禁在崎岖的岩石上，脏乱不堪、饥寒交迫（*fr.* 8）。无疑，洞穴四周满是海怪之前的牺牲品留下的骨头和腐烂尸体的残骸（*fr.* 10）。罗马的观众很是享受这血淋淋的场面。①

罗马帝国时期的安德洛墨达

佩耳修斯如何救安德洛墨达于水火，最详尽的描述大概来自奥维德的《变形记》（4.663—5.235）——于公元8年最终成篇。奥维德的描写对后世的西方文学传统产生的影响最深远、最重要。再一次，Cassiope（拉丁语中卡西奥佩娅的变体）的自我吹嘘是灾难的源泉，不过没有提到海中仙女和波塞冬。只知道阿蒙神——伟大的预言神——来自埃及的锡瓦绿洲，命令安德洛墨达必须献祭给海怪。佩耳修斯在石化阿特拉斯之后，正飞过

---

① 拉丁文的安德洛墨达悲剧，参见 Klimek-Winter 1993: 317—375。

埃塞俄比亚，看到了下面被绑在岩石上的安德洛墨达。他立刻爱上了她，并和她（急于救人、乐于从命）的父母亲达成协议，如果他救了她，就要娶了她。佩耳修斯不断用武器插入怪物的肋腹，最终杀死了它。关于菲纽斯最详细的片段也来自奥维德。刻甫斯为佩耳修斯和安德洛墨达举办的婚宴庆典上，菲纽斯率手下不请自入，号称新娘早已和他订婚。菲纽斯和刻甫斯双方展开激战，使人想起伊利亚特中的战斗场景，再具体一些，使人想起伊利亚特中拉庇泰（Lapiths）人和肯陶洛斯（Centaurs）人之间的血战（12.210—536）。《变形记》可以说直接影响到马尼吕斯（Manilius，《天文学》[*Astronomica*]，5.538—634），在他几年之后出版的诗中，诗意地解释了安德洛墨达如何化成星座，稍后我们会分析。公元 79 年，安德洛墨达在庞培（Pompeii）古城也广为人知，证据是古城现存的很多壁画主题都是安德洛墨达（*LIMC* Andromeda I nos. 33—41，67—72，91—93，100—101，103—112）。可以假设，整个罗马时期的意大利都是这种装饰风格。

安德洛墨达在罗马的壁画中风行一时，在**读画诗**[*ekphrasis*]中也流传甚广，读画诗是用文字来描述想象的绘画作品，公元 2 世纪起开始兴盛。公元 2 世纪晚期，阿喀琉斯·塔提乌斯在其小说《鲁伊西佩和克莱托芬》（*Lueucippe and Cleitophon*）

中，用读画诗的方式描述了一幅想象中的对折画（diptych paintings），其中一个画板上是被缚在岩石上的普罗米修斯，而对称的画板上是被缚的安德洛墨达（3.6—7）。一个画板上拯救普罗米修斯的是赫拉克勒斯，而另一画板上，拯救安德洛墨达的是佩耳修斯。**读画诗**文学（*Ekphrasis*-literature）往往会模糊艺术作品和所谓的现实生活之间的界限。在读画诗中，我们得知，画上绘有一个活生生的女人，漂亮的她被挂在洞口，因此，与壁龛中陈列的雕像极为相像。浑身是刺的海怪破浪而来，与此同时，佩耳修斯赤裸着身体，只着隐形帽、斗篷和飞靴，从空中俯冲下来向怪物袭去。卢西恩的《大殿》（22）中也有类似的读画诗，关于安德洛墨达的壁画约创作于公元170年。3世纪初，老斐洛斯特拉图斯（Elder Philostratus）创作了另一幅画的读画诗，这次描写的是佩耳修斯杀死海怪后的欢庆场景，海怪的血染红了海面（《画记》，1.29）。在这幅画中，当地的牧牛人（这里不是牧羊人）苦劝佩耳修斯多喝牛奶和葡萄酒，好恢复体力，如前所述，估计灵感来自欧里庇得斯。4世纪中叶，在赫利俄多洛斯（Heliodorus）所作的小说《埃塞俄比亚人》（*Ethiopica*）中，我们再次读到以佩耳修斯和安德洛墨达为主题的绘画作品，显然，是向两个世纪之前（4.8，10.14；对照10.6）风靡一时的读画诗致敬。佩耳修斯两人的画作用来装饰埃塞俄比亚的皇宫，女主人公夏利克利亚（Charicleia）就在皇宫出生。其中的一幅画上，佩耳修斯把浑身赤裸的安德洛墨达从岩石上解救下来。这幅画在小说中十分关键，有趣地评论了安德洛墨达的传统。

星座神话

可以想象，佩耳修斯、安德洛墨达、刻甫斯、卡西奥佩娅和海怪化成星座，是与我们所知的安德洛墨达故事的其他部分一起发展起来的。如前所述，约公元前575—前550年，化星的过程最早是在艺术作品中呈现的。有人争辩说，佩耳修斯的化星故事一定是在约公元前550年之前，因为他所化的星座把黄道带一分为二，而黄道带大概就是在那个时候传入希腊的。如若不然，也能够留意到，公元前5世纪初埃斯库罗斯在《福耳库斯的女儿们》（埃拉托色尼，《星座神话》，22），以及约公元前450年索福克勒斯的《安德洛墨达》（［埃拉托色尼］《星座神话》，16，36，等等）中曾细致地描述过化星传说。[①]

据说，绘制星图的传统，即把星星分成组，在下面画出其

---

① 佩耳修斯和星座：古尔德（Goold），1959：11。更广泛的联系，参见拉特曼（Rathmann），1938。

所代表的人物,通常可以追溯到尼多斯(Cnidus)的欧多克索斯(Eudoxus,全盛期约公元前360年)。最早的星图记载是在那不勒斯(Naples)的公元2世纪的《扛天的阿特拉斯》(Farnese Atlas)的地球上找到的(*LIMC* Perseus no. 195)。欧多克索斯的星图受到后世天文学家和占星术师的狂热追捧,有据可查的复制是极多的:阿拉托斯的《物象》;埃拉托色尼最初的《星座神话》,以及伪托埃拉托色尼的《星座神话》;希巴克斯(Hipparchus)对欧多克索斯和阿拉托斯的评论;西塞罗和日耳曼尼库斯所翻译的阿拉托斯之拉丁版本,日耳曼斯库斯还用拉丁文进行评论;马尼吕斯的《天文学》;许吉努斯的《天文学》。正是这些文献,让我们从更宽广的背景下更加了解安德洛墨达的故事。《星座神话》对佩耳修斯化星的描写如下:[①]

> 佩耳修斯化成了下面的星星:
>
> 每个肩头:各一颗明亮的星[共两颗]
>
> 右手尖:一颗
>
> 肘部:一颗
>
> 左手尖,左手好像拿着戈耳工的头:一颗
>
> 戈耳工的头:一颗

---

① 欧多克索斯等:Klimek-Winter 1993:19—21。

躯干：一颗

右髋：一颗明亮的星

右股：一颗明亮的星

右膝盖：一颗

右胫骨：一颗

脚：一颗暗淡的星

左股：一颗

左膝：一颗

左胫骨：两颗

戈耳工的头发：三颗

合计十九颗。佩耳修斯的头和镰刀没有星星，而是浓厚的云层，某些人能看得到。

(埃拉托色尼，《星座神话》, 22)

《星座神话》提到，安德洛墨达在星座中是"两臂张开，正准备给海怪献祭的姿势"（17）。不过，欧多克索斯创作（*LIMC* Perseus no. 31, Andromeda I no. 2，等等）的一个世纪之前，至少从公元 5 世纪中叶开始，花瓶上所画的人物肖像——佩耳修斯手持镰刀和戈耳工的头，安德洛墨达双手张开被绑——上方都没有星星，却在古代艺术中蓬勃发展。可以得知，欧多克索斯的创作是基于古老的、已有的传统说法。

化星主题中现存最具创造力的文学作品，当属公元5世纪的诺努斯，他在作品中甚至想象出剧中人物在化星过程中的情感变化（狄奥尼索斯记》，25.123—142）。他说，要永远和复活的海怪相亲相爱地共处下去，化为星座的安德洛墨达肯定不会高兴的，这种想法言之有理。同样有道理的还有，卡西奥佩娅所幻化的星座每天要沉入地平线，沉入大海——她的仇敌，报复心极强的海中仙女的领地，对卡西奥佩娅而言，堪称屈辱。同理，戈耳工幽怨的眼睛一定会因为安德洛墨达而流下热泪。

可惜，我们不了解化星的原理，也不知道化星的具体时间，星座神话一直很神秘。至于如何化星，我们默认人类角色是直接活生生地转变成星星（我们只有佩耳修斯本人的例子，虽然关于他如何死去仍存疑：参见第二章）。不过，海怪化成星星，显然意味着死亡后又回来。更复杂的是，根据某些文献，海怪被佩耳修斯手持戈耳工的头变成石头后，身体的大部分就留在了战场上（因此，例如诺努斯，《狄奥尼索斯记》，31.10）。化星的具体时间就更令人困惑。单论安德洛墨达的故事，五个主要角色化为星座，结局很圆满。但是，相对佩耳修斯的一生而言，安德洛墨达只是短暂的插曲，化星很难被当作他一生的终篇、结局。即使在行星地球上，我们对刻甫斯和卡西奥佩娅的后续故事所知甚少,但佩耳修斯和安德洛墨达会继续活下去、走下去,走到了(波斯除外)塞里福斯岛、阿耳戈斯、拉里萨和提林斯,孕育了后代王朝的君主。我们可否假设,度过幸福昏聩的老年后,在某个时点,每个角色都化成了星座吗?简而言之,在整个佩耳修斯经典传说的宏大背景下,化星的过程,地位颇为尴尬。

爱神爱若斯和情色文学

佩耳修斯一生最重要的两个女人,其母达那厄和其妻安德洛墨达常常被塑造成性狂热的造型,尽管没有具体的情人。如前所述,希腊艺术作品中,达那厄的经典形象是:宙斯化成黄金雨进入她的下身,她头向后仰着,一副达到性高潮的样子(参见第二章)。①

与达那厄不同,在西方传统中,安德洛墨达是落难少女的原型人物。在艺术作品中,娇弱无力的少女安德洛墨达被绑着,双臂张开,面对着一个强大的、有着超级雄性特征的怪物,怪物极具性爱张力,现如今的电影导演深谙此道(想一想等待金刚[King Kong]到来的费伊蕾[Fay Wray]吧)。这种性欲

---
① 达那厄和安德洛墨达更多的相似之处,参见查波(Csapo),2005:101。

张力也是古代作家、艺术家不厌其详乐于刻画的吧。前面已提到，画作中的安德洛墨达最经典的形象是，双臂大张着（化星时是同样的姿势），两手被绑在两边，或者绑在柱子上（大概率是索福克勒斯的造型），或者绑在岩石上（大概率是欧里庇得斯的造型）。这个姿势代表绝对的脆弱，张开双臂似乎在迎接情人。也正是这个姿势，燃起了佩耳修斯对她的欲火（*LIMC* Andromeda I 各处）。①

极有可能是欧里庇得斯的创作使被缚的安德洛墨达具有色情感染力。如前所述，他笔下的佩耳修斯恳求爱若斯帮忙打败海怪，原因是爱若斯点燃了他对安德洛墨达的爱（*fr.* 136 *TrGF*），爱若斯和海怪之间情色的关联逐渐成为传统。在欧里庇得斯的剧中，无论爱若斯是否同意佩耳修斯的请求，在约公元前350—前340年的阿普利亚（Apulian）双耳长颈高瓶（*loutrophoros*-vase，*LIMC* Perseus no. 189= 图 7）上，爱若斯的确同意帮忙。在高瓶上，爱若斯骑在海怪身上，而佩耳修斯

---

① 雷·哈里豪森（Ray Harryhausen）拍摄了唯一一部关于佩耳修斯的重要电影，值得一看的《诸神之战》（*Clash of the Titans*，1981）。《金刚》（1933）中的场景激发了雷·哈里豪森处理安德洛墨达桥段的灵感。大概也可解释海怪在电影中变成人，并重新命名为"Kraken"，虽然令人失望。参见 Harryhausen 和 Dalton 2003：260—282, esp. 265；比较 Wilk 2000：209—215（无动于衷的）和 Llewellyn-Jones 2007。

图 7：佩耳修斯和海怪战斗，而爱若斯骑在海怪身上，被缚的安德洛墨达正对着他们（Perseus battles the kētos whilst Eros rides it, before a tied Andromeda）

从前方与海怪搏斗（爱若斯或者"小天使"[putti]骑在海怪身上，常常出现在艺术品装饰中，和海中仙女一样）。公元1世纪的安提非勒斯的警句集记录了一幅画的简短读画诗，说"爱若斯的比赛装备是海怪"（《希腊文选》，16.147；再一次参见菲洛斯特拉斯《画记》，1.29）。①

喜剧诗人很乐于挖掘这一造型的情色张力。约公元前423年之前的某个时候，普律尼克司让一个醉酒老妇人在舞台上——在海怪吃掉她之前——表演一段淫荡的舞蹈（*fr.* 77 *K–A=* 阿里斯托芬，《云》，556，有注疏）。古代有评论认为，这是在模仿《安德洛墨达》的悲剧，大概是索福克勒斯。阿里斯托芬也拿欧里庇得斯的《安德洛墨达》开玩笑。他的漠涅西罗科斯（Mnesilochus）戴着灰白假发，明显没有女人味儿，却扮演纤美天真的安德洛墨达，分明是由男性扮演的女性角色。一名塞西亚（Scythian）警察，以文艺青年的口吻，热情洋溢地建议着欧里庇得斯在佩耳修斯的角色中可用什么方法满足对被缚女主人公的欲望：

欧里庇得斯：哦，少女。看着你悬挂在此，我同情你。

---

① 装饰画画面中小天使和海中仙女涅柔斯骑在海怪背上：Boardman 1997: 731, 735—736。

塞西亚人：她不是少女，而是罪恶深重的老人、小偷和罪犯。

欧里庇得斯：胡说八道，塞西亚人。她是安德洛墨达，刻甫斯的女儿。

塞西亚人：看看她的衣服。一点儿也不小，是吧？

欧里庇得斯：把她的手给我，让我摸摸这个女孩，给我，塞西亚人。所有男人都有病，我自己也病了，对女孩的欲望就是病。

塞西亚人：我可不羡慕你。要是你在这里搞他的屁眼，我会让你带他走，毁了他，没有问题。

欧里庇得斯：塞西亚人，为什么你不让我放了她，并和她躺在床上、躺在婚榻上？

（阿里斯托芬，《雅典女人在妇女节》，1110—1120）

塞西亚人提议说，欧里庇得斯应该在绑漠涅西罗科斯的木板后面钻个孔，从孔后面鸡奸他。"木板"可能是剧中的隐喻，指的是漠涅西罗科斯像安德洛墨达一样被绑在上面的木板，也可能是剧外的隐喻，指的是木质风景上面刻画的石拱门洞口，漠涅西罗科斯恰恰被绑在洞口。中期喜剧，安提芬尼斯（Antiphanes）的《安德洛墨达》（*fr.* 33 *K-A*）和佛尔莫斯（Phormus）的《刻甫斯》大概和他的《佩耳修斯》（苏达在

Phormos 词条下）类似，用安德洛墨达的苦难开玩笑，不过我们却一无所知。[1]

在拉丁文学中，马尼吕斯也对女孩的苦难作了色情描写：

> 只有一种方法可以赎罪，就是把安德洛墨达献祭给发狂的大海，让海怪吞食掉她柔软的肢体。赎罪祭是她的婚礼。用自身救子民于水火，祭品哭泣着穿上盛装。盛装本不是为了赎罪祭准备的，而是为活生生的处女举办葬礼而仓促准备的。他们一起来到充满敌意的海边，她那柔软的手臂在坚硬的岩石上被摊开。他们把她双脚绑在悬崖上，把她吊在处女的十字架上，迎接死亡的宿命。不过，即使她接受了处罚，却仍然维持着翩翩的风度。她的磨难成就了她。她雪白的脖颈向后弯着，仍神态自若。衣裙的皱褶下滑到她的手臂处，秀发蓬松地在肩膀上舞动。太平鸟（halcyons，翠鸟）从你头上飞过，为你悲惨的命运而歌，那哀怨凄楚的歌声啊。它们羽翼交叠，遮挡着你。看到你，大海也停下了波涛，看到你，大海不愿让浪花打湿你的岩石。一位海中仙女从海水中抬起脸，为你的不幸倍感同情，流下的泪水打湿了海浪。海风打在悬崖顶，发出悲切的声音，

---

[1]《雅典女人在狂欢节》是模仿欧里庇得斯的《安德洛墨达》参见劳（Rau），1967: 65—89, 1975; Austin 和 Olson, 2004 在此处。木板，参见 Collard 等，2004: 142。

海风轻轻地吹着,温暖着你悬挂的四肢。幸运总算带来了佩耳修斯,他刚刚战胜怪物戈耳工,来到了这岸边。佩耳修斯不曾为戈耳工的脸停下前进的脚步,却在看到挂在岩石上的女孩时僵住了,险些抓不住手里的战利品。征服美杜莎的人,被安德洛墨达征服。他羡慕安德洛墨达所在的岩石,也羡慕绑住她四肢的锁链。

(马尼吕斯,《天文学》,5.542—573 [+514])

安德洛墨达穿着新娘的服饰,等待着自己盼望已久的初夜。焦点集中在她柔软的肉体和坚硬的岩石形成的鲜明对比上。马尼吕斯所说的安德洛墨达的折磨成就了她,其实隐含着施虐-受虐的意味。令我们想起中世纪耶稣基督受难像,他在"处女十字架"上扭曲着身体,竟然奇怪地带有情色的意味。尤其是安德洛墨达悬挂在那儿,衣服不整,头发凌乱,胸口裸露着,却奇怪地被太平鸟的翅膀遮盖着。后来,卢西恩颠倒了安德洛墨达裸露的部位,显然是为了直接产生色情的效果。特里同(Triton)报道说,佩耳修斯"看到安德洛墨达暴露在凸起的岩石上,被神钉在岩石上,绝美异常,她的头发蓬松,胸口以下的身体半裸着"(《海上对话》,14)。

悬挂的安德洛墨达所带的色情张力也被艺术家所捕捉到。

花瓶画家、壁画画家常常喜欢把她的衣服画得薄如蝉翼（例如 *LIMC* Andromeda I no. 23——约公元前 350—前 325 年一个西西里 [Sicilian] 花萼 – 双柄浅口碗和 no. 32——一幅罗马墙绘发现于博斯科特雷卡塞 [Boscotrecase]）。而作家用凌乱的衣服来表现色情效果。公元前 4 世纪初的卢卡利亚（Lucanian）铃状酒碗残片上就是这种例子：体态丰满的安德洛墨达把佩普罗斯长裙（peplos-dress）提起来，用牙齿咬住，维持着自身的风度（*LIMC* Andromeda I no. 22）。约公元前 340 年，希腊雕塑中的裸体（nude）美女开始成为经典，也进而影响到安德洛墨达的艺术表现方式。希腊化时期有一具裸体美女雕像，它的罗马复制品现只余躯干部分，使我们得以一窥究竟。只见细细的链条搭在女孩右边大腿上，与维持风度根本无关（*LIMC* Andromeda I no. 157，出自亚历山大港）。无疑，罗马作家把安德洛墨达比作雕像时想到的就是这种雕像。在花瓶画家看来，全裸美女过于暴露，全裸的安德洛墨达只出现了一次，是一副滑稽讽刺（burlesque）的画像，绘制于约公元前 340—前 330 年的坎帕尼亚（Campanian）**提水罐**（*hydria*, *LIMC* Andromeda I no. 20）上。从公元前 3 世纪起，伊特鲁里亚（Etruscan）及罗马的浮雕雕塑家、墙绘画家对裸女不再那么讳莫如深（例如 *LIMC* Andromeda I nos. 53，55，75，146a，152）。

罗马艺术家偏爱三幅与文学作品无关或几乎无关的温柔画像,不过在庞培古城的墙绘中却多次出现。其一,佩耳修斯正帮助安德洛墨达从她悬挂的地方下来,一个小型的海怪已经死去,躺在他们脚下(例如 *LIMC* Andromeda I nos. 67—71,73—74,78,83—89,209—211,222)。其二,文学作品中未见记载,佩耳修斯和安德洛墨达完全放松,把烦恼置于脑后,坐在一起并凝视着岩石间的水潭上戈耳工头颅的倒影。显然,佩耳修斯正在给新娘讲述自己之前的探险经历,估计地点是海怪被杀死的海岸(*LIMC* Andromeda I nos.102—104,109—110,118,120,Perseus nos. 66—73)。其三,佩耳修斯把安德洛墨达带到空中,大概是返回塞里福斯岛的路上(*LIMC* Perseus nos. 229—230)。①

希腊神话中,佩耳修斯和安德洛墨达两人之间最令人吃惊的地方是他们的关系十分坚固。他俩的婚姻没有遇到什么困难,佩耳修斯没有爱上别的女人,也没有出轨或睡过别的女人。此外,佩耳修斯也没有过男朋友,虽然许吉努斯猜测过,赫耳墨斯爱上了他并把飞靴作为爱的礼物送给了他(《天文的诗歌》,2.12)。而赫拉克勒斯——佩耳修斯最伟大的对手,一生艳遇不断,家庭生活极其艰难,与佩耳修斯的顺遂截然不同。当然,

---
① 此处讨论的形象(意象),参见 Roccos 1994a:346—347。

赫拉克勒斯有许多艳遇,还有艳遇产生的许多子女,可能是那些希望成为他的后人的人民或城市杜撰出来的。不过,我们将在下章谈到(参见第五章)想要分享佩耳修斯荣光的人民和城市也为数不少,所以,他能保持忠贞,着实不易。①

从阿卡迪亚到印度:黑肤色的安德洛墨达?

佩耳修斯故事具有相对保守的传统,其最大的不确定性事关安德洛墨达家乡所在地和佩耳修斯与海怪的战斗地点。刻甫斯及其家族起初好像生活在阿卡迪亚的忒革亚(保塞尼亚斯,8.47.5;参照第五章),毗邻佩耳修斯的家乡阿耳戈斯。可是,四周皆陆地的忒革亚几乎不可能受到海怪威胁,波塞冬、海中仙女等海神也几乎不可能成为关注的焦点。如果忒革亚发生类似海怪的故事,那么怪物应该是不识水性的龙(就像下面会谈到的欧里巴图斯[Eurybatus]和阿尔库纽俄斯[Alcyoneus]故事中的怪物一样),神祇的属性大抵也会不同。

---

① 赖特(2005: 68)认为,佩耳修斯追踪阿克里休斯到达拉里萨时,费雷西底让他"放弃"了安德洛墨达,是对费雷西底反直觉式的解读(*FGH* 3 *fr*. 26=*fr*. 12,福勒)。很难理解日耳曼尼库斯注疏中的观点,让爱若斯(丘比特)在佩耳修斯之前爱上安德洛墨达的情节具有什么意义(Breysig 1867: 139)。

如果阿波罗多洛斯关于安德洛墨达的故事忠实地反映了费雷西底的作品，那么神话作者费雷西底就不得不把故事的背景放在埃塞俄比亚。如上所述，艺术画像表明，索福克勒斯的《安德洛墨达》创作于约公元前450年，故事发生在非洲埃塞俄比亚。虽然可疑，但是公元412年欧里庇得斯的《安德洛墨达》故事背景的确就在埃塞俄比亚。对此，我们有确凿的证据，"欧里庇得斯说过，埃塞俄比亚的国王就是安德洛墨达的父亲"（日耳曼尼库斯的《阿拉托斯传》注疏，77页，布雷希），"埃塞俄比亚"的确出现在现存的残篇（*fr.* 147 *TrGF*）中，其他部分已损坏。还有补充证据，阿里斯托芬模仿欧里庇得斯的戏剧作品，其背景也发生在埃塞俄比亚（《雅典女人在妇女节》，1098），公元408/407年，欧里庇得斯创作的《阿基劳斯》（*Archelaus*）残篇也让安德洛墨达的故事发生在埃塞俄比亚（*fr.* 228a *TrGF*）。不过，我们所谓的埃塞俄比亚究竟是什么？我们前面曾留意过，《安德洛墨达》的另一残篇中提到，海怪是从大西洋赶来吞食女郎的（*fr.* 145 *TrGF*）。这意味着，我们所谈的埃塞俄比亚人居住在非洲最西边的大西洋沿岸。荷马口中的埃塞俄比亚人"住在离人类最遥远的地方，他们分属两个部落，一个部落是太阳落山之处，另一部落是太阳升起之处"（《奥德修纪》，1.23—24；比较阿波罗尼乌斯，《阿耳戈英雄记》，

3.1191—1192,斯特雷波,C120)。帕莱法托斯也明确指出,佩耳修斯的埃塞俄比亚人生活在极西之地,比大力士石柱(Pillars of Hercules)更遥远的地方(*FGH* 44 *fr*. 31)。这里的埃塞俄比亚人恰好毗邻赫斯帕里得斯笔下的戈耳工。因此,安德洛墨达文学作品中的埃塞俄比亚始终是最适合故事发生的地方(埃拉托色尼,《星座神话》,1.15;斯特雷波,C42—43;奥维德,《变形记》,4.669;普林尼,《自然历史》,6.182;《希腊文选》中的安提非勒斯,16.147;卢西恩,《海上对话》,14,《大殿》,22;斐洛斯特拉图斯,《画记》,1.29;赫利俄多洛斯,4.8,等等)。如果把安德洛墨达的故事和戈耳工的故事相关联,不足以证实故事地点转移到埃塞俄比亚,我们也没有理由假设这种说法起源于费雷西底或索福克勒斯,那么,故事地点为什么会转移就成为无法破解的谜题。①

佩耳修斯和波斯的关联至少可追溯到波斯战争时期(参见第五章),不过安德洛墨达及其家人源自波斯,最初是希罗多德的说辞(7.61,150)。他说,安德洛墨达在家乡凯培涅斯(Cephenes)为佩耳修斯生下了长子珀耳塞斯(Perses),并把珀耳塞斯留在当地,由刻甫斯抚养长大,"波斯"就是因

---

① 怀疑欧里庇得斯的《安德洛墨达》背景是否发生在埃塞俄比亚:Wright 2005:129。西方的埃塞俄比亚人:参见 Klimek-Winter 1993:258。

珀耳塞斯而得名。赫拉尼库斯（Hellanicus）——希罗多德同时代的作家——认为佩耳修斯曾造访的凯培涅斯其实在巴比伦（Babylon）（*FGH* 4 *fr.* 59）。故事地点转移到近东，理由很明显。一方面，刻甫斯和凯培涅斯的名字从表面上看极其相似，另一方面，佩耳修斯（及珀耳塞斯）和波斯的名字极其相似。此外，希腊人迫切希望把波斯人融入自己的神话体系。

直到公元前4世纪末，据说司库拉克斯（Scylax）创作的《伯里浦鲁斯游记》（*Periplus*）中，腓尼基的约帕（雅法/Tel Aviv）成为安德洛墨达的家乡（104）。古罗马奥古斯都时期（Augustan）的斯特雷波认为，安德洛墨达的故乡在埃塞俄比亚的说法先于在约帕的说法："有人把埃塞俄比亚搬到了腓尼基，说安德洛墨达的故事发生在约帕。"（C42—43；比较C759，塔西陀，《历史》，5.2.3）故事转移到约帕有什么合理性呢？可能是纠正性转移。可以想象为，佩耳修斯完成戈耳工任务后，返回希腊时曾路过腓尼基（特别是如果他像当时的水手紧贴着地中海海岸行进的话），这样，无论是往东还是往西，都不会路过埃塞俄比亚。选择约帕还有个原因，埃塞俄比亚和约帕两个字在希腊语中很接近（*Aith–iopē*, *Iopē*）。不过，安德洛墨达及海怪的故事当初来到约帕，应该是经历了当地人积极的改编，就像后来者的改编一样，现在仍有人这样做——约拿（Jonah）

和鲸鱼的故事（参见第五章）。

公元前 3 世纪，阿耳戈斯历史学家丹尼亚斯（Deinias）开始着手一项爱国项目，即解决埃塞俄比亚和波斯争当安德洛墨达故乡的矛盾。他的解决方法有三个。第一，他让佩耳修斯从埃塞俄比亚云游到波斯。第二，他把凯培涅斯从波斯搬到埃塞俄比亚。第三，他把连接贯通的作用赋予了红（Erythra）海，红海得名于佩耳修斯的一个（新创造出来的？）儿子埃吕斯拉斯（Erythras）。在佩耳修斯的故事中，红海是把（东部）埃塞俄比亚和波斯联系起来的海洋系统。在希腊人眼里，红海疆域远远大于我们今日的红海：当时的红海包括（现代）红海、波斯湾，及前两者之间的印度洋。在接下来的一个世纪里，尼多斯的地理学家阿伽撒尔基德斯（Agatharchides）大肆抨击嘲讽丹尼亚斯的作品（佛提乌［Photius］，《群书提要》［Bibliotheca］, no. 250= 丹尼亚斯, *FGH* 306 *fr.* 7）。把佩耳修斯和红海相关联，虽然耗时较长，却极为成功（参见，例如诺努斯，《狄奥尼索斯记》, 31.8）。甚至，红海中有一种凶残的鱼就是以佩耳修斯来命名的（艾利安，《动物本性》, 3.28）。腓尼基的约帕，声称是安德洛墨达的家乡，也和红海关联起来，时代交迭时的作家科农（Conon）找到了解决之道："刻甫斯的王国后来改名为腓尼基，不过当初确实名叫约帕，得名于沿海的城市雅法。王国

的疆域辽阔，从我们的大海一直延伸到居住在红海的阿拉伯人那里。"（*FGH* 26 *fr.* 1）

"红海"把印度洋也收入囊中，让安德洛墨达有了新家乡，这回是异国他乡。公元前5世纪初的作家菲洛泽穆斯（Philodemus）在短诗结尾处粗鲁地宣布：佩耳修斯爱上了印度的安德洛墨达（《希腊文选》，5.132）。两个世纪后，斐洛斯图拉特斯严词拒绝了红海家乡说，特别是印度家乡说，在他的《安德洛墨达》读画诗开场中写道："这不是红海，也不是印度，而是埃塞俄比亚，一个希腊人在埃塞俄比亚。"（《画记》，1.29）他进而解释道，大海看起来是红色的，是因为海怪被杀时流出的血染红的。

斐洛斯图拉特斯（《画记》，1.29）是第一个明确指出，文学艺术传统中安德洛墨达的家乡在埃塞俄比亚具有内在的悖论，不过他也没打算解决这一悖论：如果安德洛墨达是埃塞俄比亚公主，为什么她是白人形象？看到所谓的索福克勒斯花瓶上，白人安德洛墨达被黑人陪同钉在岩石上，我们心中会产生同样的疑问（*LIMC* Andromeda I nos. 2—6）。欧里庇得斯笔下的佩耳修斯起初误以为安德洛墨达是大理石雕像，我们也会有同样的疑问（*fr.* 125 K-A；参见奥维德，《变形记》4.675）。公元4世纪赫利俄多洛斯的《埃塞俄比亚传》（*Aethiopica*,

4.8)也面临同样的问题,不过这本小说的焦点是浪漫的女主人公夏利克利亚,她是安德洛墨达的后裔,是另一位埃塞俄比亚公主。她出生时也是白人。书中的解释是,皇宫的壁画上绘有佩耳修斯和安德洛墨达,这是其家族的祖先。在夏利克利亚的母亲波斯纳(Persinna)受孕时,她恰好盯着卧室墙上的壁画,壁画主题是佩耳修斯正在把全裸的——同时也是白色的——安德洛墨达从岩石上放下来。母亲看到的场景影响到受孕的胚胎,使夏利克利亚继承了安德洛墨达的身材和肤色。古代有一种迷信说法,母亲受孕时看到的人是什么样子,她腹中的胎儿就会长成什么样子(比较,例如索兰纳斯[Soranus],《妇科》[*Gynaecology*],1.39)。孩子出生后,波斯纳担心背上通奸的罪名,孩子蒙上**私生子**(*nothous*)的污名,就跟丈夫希达斯佩斯(Hydaspes)说孩子已夭折,转而给孩子身上留下标记之后送给他人抚养。安德洛墨达是否和夏利克利亚一样经历了相同的遭遇,肤色才是白色,我们不清楚。①

文学作品究竟从什么时候开始意识到这种悖论呢?大概是从欧里庇得斯开始的吧。如前所述,他笔下的佩耳修斯误以为白色的安德洛墨达是大理石雕像,斐洛斯图拉特斯的作品受欧里庇得斯《安德洛墨达》的影响较大,也强调了安德洛墨达是

---

① 民间故事中赫利俄多洛斯的探讨,参见比尔奥(Billault),1981。

白人的悖论。他担心安德洛墨达被当作与他人通奸所生的私生子，与夏利克利亚的遭遇类似，为欧里庇得斯戏剧中令人迷惑的部分作了很好的注解："我无法接受私生子。虽然他们并不比合法子女身份更低下，根据法律，他们确实是种困扰。你们一定要堤防。"（*fr*. 141 *TrGF*）刻甫斯怀疑安德洛墨达来历不明，更乐意把她献祭给海怪。这种怀疑反过来会证实，为什么安德洛墨达最终决定离开父母亲。①

那么，埃塞俄比亚的安德洛墨达是如何变成白肤色的呢？这个问题本身恐怕就会引起误会。如果安德洛墨达的故事最初发生在阿卡迪亚的忒革亚，那么从最初，她就是白皮肤的。如此，问题该换一个提法：为什么安德洛墨达被搬到埃塞俄比亚时没有变成黑肤色呢？一种答案是保守主义。习惯研究现代政治问题的人可能会想出别的答案吧。

海怪：自然历史

kētos 这个词是希腊人用来指代神秘的海怪，也指代现实中巨型海洋生物，主要是鲸鱼。如果为安德洛墨达的海怪在现

---

① 残篇 141 *TrGF* 在欧里庇得斯戏剧中扮演什么角色，传统的观点参见 Collard 等，2004：165，并不具说服力。

实中找个参照物，那么鲸鱼是不二选择。在古希腊的海域里肯定生活着鲸鱼，甚至巨鲸。约公元前850年，第二大物种长须鲸（fin whale）的肩胛骨曾经出现在雅典的水井中。普罗科匹厄斯（Procopius）讲述了一条30腕尺长的鲸鱼，名叫波菲利（Porphyrios），意思是"紫色男孩"，在最终搁浅之前，曾在公元6世纪的50年间里威胁到拜占庭及其沿岸安全（《战争史》[Wars]，7.29.9—16）。据说，紫色男孩是一只抹香鲸。即使在现代，希腊水域中也曾出现过各种大型鲸鱼，甚至地球上最大的生物蓝鲸也出现过，更不时有抹香鲸搁浅。当然，和我们相比，古希腊人心目中的神秘海怪和现实的鲸鱼之间的距离要短得多。古希腊人鲜有机会平静而不受干扰地亲眼看到完整的鲸鱼身体，无论是死鲸还是活鲸。我们可能已发现，古希腊从未留下任何关于现实世界的鲸鱼的叙述。①

安德洛墨达的神秘海怪究竟长什么样子呢？现存的文献中没有海怪外形的完整叙述，很难说清楚它的样子。原因可能是文学作品中诗意的风格和叙事的连贯，也可能是作者想发挥读者的想象力。也可以理解为，既然是神话传说中的怪物，人人都知道它长什么样子。无论什么原因，古代作家显然对海怪缺

---

① kētos 这个术语及其应用，古代人与鲸鱼的相遇，参见 Boardman 1987，1997 及 Papadopoulos 和 Ruscillo，2002，特别是 199—201，206，216。

乏兴趣，让今天的我们很惊奇，我们以为海怪是安德洛墨达故事中最神奇的部分，而古代作家更感兴趣的话题是安德洛墨达的美丽，她的所思所想，以及佩耳修斯的英雄气概。他们也没有任何同情海怪的想法。这在卢西恩轻讽刺的对话中尤其令人吃惊，在对话中，特里同向海中仙女讲述了佩耳修斯如何杀死她们的海怪（《海上对话》，14）。海中仙女理性，充满同情心，她们同情安德洛墨达，甚至同情挑衅她们的卡西奥佩娅，却无人同情海怪，尽管海怪是她们派去的。而且在艺术作品中，海中仙女和海怪之间关系密切，海中仙女往往欢快地骑在海怪的背上（例如 LIMC Ketos nos. 30—34；比较 no. 35 和特里同在一起的海怪）。①

文学作品中有关安德洛墨达的海怪长相的，最完整的叙述来自奥维德：

看哪！一艘快船分波破浪而来，船头在前，年轻水手的手臂推动着船身向前。与此同时，这只怪兽胸口的力量也破开了波浪。怪兽距悬崖的距离有巴利亚利投石器投掷铅弹的距离那么远。当时，年轻人的脚从地面弹起来，把自己升到空中。他的影子落在海面上，怪兽就开始袭向海面的影子。龙蛇（*draco*）

---
① 艺术作品中涅柔斯和海怪 *kētē* 的亲密关系，参见 Boardman 1997：733—735。

在宽阔的海洋向着腓比斯（Phoebus，即太阳神）露出黑色的背，朱庇特的鸟（雄鹰）见此，从后方向龙蛇进击，用爪子抓住龙蛇脖颈的鳞片，使它无法扭回身、张开凶狠的嘴巴，雄鹰头朝下，从空中猛地俯冲下来。Inachides（佩耳修斯）向怪兽的后背袭来，将剑插入其右肩，剑柄弯曲没入其身，引得它痛苦地咆哮。怪兽受伤严重，一会儿升入空中，一会儿潜入水下，一会儿扭曲着身体，就像被一群猎狗追捕、无路可走的野猪一样挣扎着。佩耳修斯脚下的翅膀迅速躲开怪兽的噬咬。一旦野兽出现，他就不停地用镰刀形的剑刺向它，先是后背，背上覆盖着空心的壳，然后是肋部的肋骨，接下来是尾部——逐渐变细像鱼尾的尾部。怪兽嘴里喷出巨浪，巨浪里夹杂红色的血。浪花打湿佩耳修斯身上的羽毛，踝部的翅膀被浪花打湿，令他渐渐飞不动。他看到一块岩石，风平浪静时，岩石顶部可露出水面，波涛汹涌时，顶部会没入水中。他双脚牢牢地踩在岩石上，左手抓住岩石顶部，另一只手持剑，三次，四次，不断地穿透怪兽的肋部。

（奥维德，《变形记》，4.706—734）

我们从奥维德的描述中可知，海怪有胸口、后背和长着肋骨的肋部，且其身上覆盖着鳞片。此外，海怪有肩部，意思是它有前肢或者类似前肢的上鳍，还有一条鱼尾。海怪还被比作龙蛇，比作野猪虽然不是明喻。马尼吕斯所描述的怪物，焦点在它如山的下盘，遮住了整片海。佩耳修斯从空中飞过时，它能猛然向上，像蛇一样从盘旋的蛇尾立起上身向佩耳修斯袭去（《天文学》，5.584—585，595—597）。阿喀琉斯·塔提乌斯曾描述过画中的海怪："在画中，它身体的阴影笼罩在水下，背脊上有鳞片，有着扭曲的脖颈、颈脊的冠顶、盘旋的尾部。它的下巴又长又大，一直咧开到肩部，再往下是肚皮。"（3.6—7）在同类型故事里，赫西俄涅也遇到了海怪，他对海怪的描写在佩耳修斯的故事里一点儿也不违和，反倒会弥补其未尽之处。瓦莱里乌斯·弗拉库斯一直强调怪物有长尾巴、长脖子和长身体。它双眼闪着凶光，嘴巴咧着，长着三排牙齿，后背粗糙不平（《阿耳戈英雄记》，2.497—549）。小斐洛斯图拉特斯在赫西俄涅的读画诗（12）中不厌其详地描述着故事里的海怪：海怪额头凸起长着刺，双眼很大，发着光，嘴巴很尖，长着三排牙齿，有的牙齿带有倒刺，有的犬牙交错，露出嘴外。它巨硕的身体像蛇一样盘踞在海上，偶有露出的部分像小岛群一样（经典的尼斯湖水怪[Loch Ness Monster]的样子），它的尾巴很长，足以把它送入高空。伪吕哥弗隆的《亚历山德拉》提到赫西俄涅的怪物时，两次使用了"狗"这个词，有趣极了（34，471；

见下面）。①

对怪物的描述从总体上看与艺术作品中海怪的经典形象如出一辙——无论是在安德洛墨达还是赫西俄涅的故事中，无论怪物独自出现，还是出现在广义上的海洋探险故事中。海怪的经典形象始见于约公元前650年，具体描述如下：怪物的身体总体上像蛇，在古代艺术中几乎全部都是蛇的形象，除了一件作品（*LIMC* Ketos no. 18）。在希腊艺术中，怪物还表现出蛇类的其他特征，如舌头及胡须分叉。怪物的头是动物的头，嘴很长，吻部朝上，令我们想起（在我们看来是）狗或者野猪的嘴部，甚至马的嘴部。最初，怪物的头更像狮子的头，古代艺术中，蛇和狮经常一同出现，关系密切。长长的吻部和鳄鱼的吻部较像。通常，海怪的前肢也极像狮子的。它的耳朵也长，甚至类似野兔的长耳朵。海怪有带刺的冠，长着角或者象牙和鬃毛，因为在海里，还长着鱼尾和鱼鳍，或者鳍足。②

安德洛墨达的海怪大小如何，一直没有统一的定论。伪吕

---

① 科尔曼（Coleman，1983）认为马尼吕斯描写的是现实中的一条巨头鲸，不太令人信服。

② 艺术作品中海怪的经典外形，主要参见Boardman 1987，特别是74，78，1997，特别是731—735；Papadopoulos 和 Ruscillo，2002，特别是216—222。更广义的海怪，还可参见薛帕德（Shepard），1940；Vermeule 1979：179—209。

弗哥隆笔下的怪物硕大无比,佩耳修斯足以钻进其体内(《亚历山德拉》,834—846)。马尼吕斯的怪物应该是最大的,无论生死,大得惊人,身体大得能遮住整片海,它喷出的泡沫直达星宇(《天文学》,5.834—846)。帝国时期,海怪相关的艺术作品最明显的变化是艺术家对它缺乏兴趣,文学作品同样对它兴趣不高。因此,海怪出现时,无论是把它降级到遥远的背景板中,还是在前景中,都是很小的一只。在不少画像里,海怪就像溺水的宠物,根本没什么震慑力,摊在安德洛墨达的脚下(*LIMC* Andromeda I nos. 69,73,75,84,86,89,91)。这个时期的艺术家对于刻画这种怪物似乎颇感尴尬,并且对怪

图8:赫拉克勒斯用射箭赶跑海怪,赫西俄涅用石头(Heracles drives off the kētos with arrows, Hesione with stones)

物需要什么精湛技艺和艺术创新也漠不关心。艺术家再次与同期的作家不谋而合，都对刻画佩耳修斯的外形特别是安德洛墨达的外形乃至所思所想更感兴趣。

佩耳修斯用什么手段杀死海怪是随着时代不断变化的。最早的证据是约公元前575—前550年的科林斯黑陶双耳细颈瓶（*LIMC* Andromeda I no. 1=图6），如前所述，佩耳修斯把石块或者鹅卵石砸向怪物。约公元前575—前550年的科林斯圆形大酒碗（*LIMC* Hesione no. 3=图8）上是现存最早的赫西俄涅的故事，赫西俄涅所用的武器和佩耳修斯一样。

约公元前520—前510年的卡朗唐（Caeretan）**双柄瓮**（*hydria*）上画的是英雄手持镰刀（剑）直面华丽的海怪，海怪旁边是活泼的海豹、章鱼和海豚（*LIMC* Ketos no. 26=Perseu no. 188=Herakles no. 2844）。这位英雄是佩耳修斯、赫拉克勒斯，还是另一位无名英雄，我们不得而知。如果不是佩耳修斯，那么佩耳修斯用镰刀（剑）对付海怪最早的证据是一对约公元前350—前340年（*LIMC* Perseus nos. 189—190）的意大利花瓶。在奥维德和马尼吕斯的叙事中，佩耳修斯就是（独自）这样使用武器的（《天文学》，5.834—846）。①

---

① 卡朗唐双柄瓮，参见 Boardman 1987: 80，1997 在此处，Papadopoulos 和 Ruscillo, 2002: 218。

佩耳修斯何时开始启用趁手的超级武器——戈耳工的头颅的？大概是从佩耳修斯的化星故事开始的吧，化星故事中，海怪和挥舞着戈耳工头的佩耳修斯结合在一起。佩耳修斯利用戈耳工的头对付海怪最早的证据出现在公元前4世纪的伊特鲁里亚酒杯（*LIMC Perseus no. 192*）上。酒杯上，佩耳修斯右手挥舞镰刀（剑）向海怪示威，左手挥舞着戈耳工的头。佩耳修斯用戈耳工头颅对付海怪在文学中最早的证据出现在时代之交时科农的叙述中，科农隐晦地提到，佩耳修斯攻击"海怪"号船时用戈耳工的头把全部船员变成了石头（*FGH* 26 *fr.* 1 在佛提乌的《群书摘要》，no. 186）。公元后，希腊文学热切地继承了这一说法，据说佩耳修斯至少把海怪的部分身体变成了石头（安提非勒斯，《希腊文选》，16.147；阿喀琉斯·塔提乌斯，3.6.3—3.7.9；卢西恩，《大殿》，22；《海上对话》，14；利巴尼奥斯[Libanius]，《叙述集》[*Narrationes*]，35，收于福斯特[Förster]，viii. 55页；诺努斯，《狄奥尼索斯记》，30.264—277，31.8—25）。公元3世纪的科英布拉（Coimbria）马赛克上可见，佩耳修斯右手持戈耳工的头，左手持长矛，对面是可怜兮兮的海怪。由马赛克的颜色可知，海怪的前半身已经石化（*LIMC Perseus no. 194*）。[1]

---

[1] 狄龙（1990：134）认为，从公元1世纪开始，应该是把化石当作海怪，他提出的时间是错的。

公元前 2 世纪的《亚历山德拉》是博学的蒙昧主义诗歌，据说是吕哥弗隆的匿名创作，在诗中，佩耳修斯所用的击杀手法与赫西俄涅故事里一样，即让怪物把自己吞进肚里，然后他用武器自内向外破开怪物的内脏。卡桑德拉（Cassandra）曾预言道：

> 墨涅拉俄斯（Menelaus）守卫刻甫斯的防御工事，赫耳墨斯·拉弗里乌斯（Laphrius）留下两只足印——两块岩石，怪物以岩石为跳板跳向自己的祭品（食物）。不过，怪物用嘴巴捉到的不是女人（安德洛墨达），而是男人（佩耳修斯），黄金是其父的"雄鹰"，他穿着飞靴撕开怪物的肝脏。收割庄稼的镰刀能将内脏剖开，将讨厌的鲸鱼杀死。
>
> （吕哥弗隆，《亚历山德拉》，834—842）[①]

安德洛墨达故事的背景：赫西俄涅和龙

佩耳修斯从海怪手中救出安德洛墨达的故事不是孤立存在的。佩耳修斯的故事与赫拉克勒斯从海怪手中解决赫西俄涅的

[①] 米尔恩（Milne 1956：301）认为，公元前 5 世纪阿提卡时期的花瓶（已不可考）上佩耳修斯只用长矛来攻击海怪，这种观点只是猜测。

故事几乎同时发生、发展,在文学叙事及艺术作品中,两个故事不断相互影响着。①

典型的赫拉克勒斯和赫西俄涅的故事发展如下(荷马,《伊利亚特》,20.145—148;赫拉尼库斯,*FGH* 4 *fr.* 26b;吕哥弗隆,《亚历山德拉》,31—36,470—478;狄奥多罗斯,4.32,42;奥维德,《变形记》,11.199—215;瓦莱里乌斯·弗拉库斯,《阿耳戈英雄记》,2.451—578;阿波罗多洛斯,《书目》,2.5.9.2.6.4;许吉努斯,《神话指南》,31 及 89;小斐洛斯特拉图斯,《画记》,12)。波塞冬帮助国王拉俄墨冬(Laomedon)修筑特洛伊城墙,但拉俄墨冬欺骗了波塞冬没有兑现他当初承诺的报酬。为了报复他,波塞冬派出海怪对付特洛伊城,海怪喷出海水,引发洪灾,摧毁了那里的人民和土地(或者,据奥维德所说,先是洪灾,然后是海怪)。阿波罗给拉俄墨冬指点迷津说,想除掉海怪须献祭出特洛伊城的女儿。拉俄墨冬本打算让福诺达玛斯(Phoenodams)献出一个女儿,未果,迫于众人的压力,拉俄墨冬不得不献出自己的女儿赫西俄涅。身着皇室服装的赫西俄涅被绑在岩石上,准备献给海怪。与此同时,拉俄墨冬悬赏说,谁能杀死海怪,就把仙马送给谁。赫拉克勒斯接了悬赏,设法进入怪物的身体。他在怪物身体内停留了三

---
① 比较布劳默(Brommer),1955,Oakley 1997:628—629。

天，最后，他捣毁了怪物的肝脏，或者破肚而出。不过他出来后，怪物的消化液溶化了他所有的头发。赫拉克勒斯进入怪物的身体有两种可能，一是引诱怪物把头伸进防御工事的门，二是换上赫西俄涅的衣服，李代桃僵。拉俄墨冬竟然也欺骗了赫拉克勒斯，报酬不是仙马，反而是凡马。为了报复，赫拉克勒斯一怒之下将特洛伊城洗劫一空，并杀死了拉俄墨冬及其所有子女，除了赫西俄涅。他把赫西俄涅作为战利品赏给了冠军士兵特拉蒙（Telamon）。赫西俄涅为特拉蒙生下儿子透克尔（Teucer），还有她用镜子或者面纱和赫拉克勒斯进行交易生下（*epriato*）的儿子波达尔刻斯（Podarces），所以波达尔刻斯后来改名为普里阿摩（Priam）。与安德洛墨达的故事不同，赫拉克勒斯和赫西俄涅的故事中，情欲的色彩并不浓，仅出现在狄奥多罗斯的作品中。①

赫西俄涅和安德洛墨达的故事有十分明显的巧合（共性）之处，即无辜的处女被绑在岩石上献祭给海怪，而英雄出现杀死了海怪。赫西俄涅可能在《伊利亚特》时期发展为完整的故事，比安德洛墨达最早的证据早一个世纪。这可能说明，赫西俄涅

---

① 赫西俄涅的神话故事和画像，参见 Drexler 1886—1890；Robert 1920：ii, 349—358；魏克尔（Weicker），1912；Brommer 1955；Milne 1956；莱斯基（Lesky），1967；伯克（Burck）1976；Gantz 1993：400—402, 442—444；Oakley 1997，最后一个文献中，可提供更多参考文献。

的故事也不一定更早一些。《伊利亚特》中没有直接提到赫西俄涅,而是隐约暗示说,海怪把赫拉克勒斯从海边追赶到平原时,雅典娜和特洛伊人修建了城墙供赫拉克勒斯躲藏。大抵是因为赫西俄涅与安德洛墨达的故事太雷同,优秀的特策利指责说,《亚历山德拉》的作者一定没少喝他的赞助人托勒密(Ptolemy)的葡萄酒,才把两个故事混为一谈,让佩耳修斯也钻进海怪的身体内,把其肝脏劈开,冲出体外,才杀死了海怪,我们不知作何感想(吕哥弗隆,《亚历山德拉》,839)。此作者是将安德洛墨达的故事融入赫西俄涅的故事,如其书所讲?是刻意强调两个故事之间有相似之处,还是为我们讲述佩耳修斯故事的另一版本,年代虽久,却鲜为人知的版本?

需要留意的是三个花瓶的图案上有赫西俄涅的故事。赫西俄涅的海怪最早出现的证据是之前提到过的约公元前575—前550年科林斯圆形双柄大碗(*LIMC* Hesione no. 3=图8)。图中,战车由伊俄拉俄斯(Iolaus)驾驭,赫拉克勒斯刚下战车,大步奔向海怪,好像已经一口气射出三支火箭。安德洛墨达站在他前面面对着海怪,正把手里五颜六色的石头投向海怪。而海怪呢,我们只看到它白色的头怪异细长,眼睛极大,几排长牙,舌头(tongue)耷拉在外。对手射出的箭和扔出的石头落在它身上。传统观点认为,怪物头下面,竖直的黑色涂漆是洞穴口,它刚从洞里冒出来就被赫拉克勒斯和赫西俄涅赶回去。不过,文学作品中从未提到海怪生活在洞穴里,还有个问题,单独一个头颅漂浮着露出来,好像海怪没有身体一样。近来,阿德里安娜·梅约(Adrienne Mayor)在书中提出一个观点是对上述画面的最新解读,争议性很大。她认为,骷髅状的海怪头颅应该是头骨化石,下面的黑色涂漆是含有化石(fossils)并凸出的岩石表面。她甚至提出,头骨化石应该属于一只巨大的中新世长颈鹿("萨摩麟"[Samotherium])。如果她所言属实,艺术家极可能从古生物学的视角来解读自己看到的化石头骨,并尝试把化石头骨当作赫拉克勒斯和赫西俄涅遭遇的神秘海怪,那么海怪的画像就会变得复杂起来。古希腊人如何理解海怪,她的解读可能是其中的一种。不过,她的解读过于专业,反倒引起争议。最简单的解读方法其实是,黑色涂漆表达的是翻涌的海浪,是波塞冬派来摧毁特洛伊城的洪水引发的,洪水总是和海怪同时出现(可将黑色涂漆与最早的安德洛墨达花瓶上海怪头颅下方的海浪进行比较,*LIMC* Andromeda I no. 1=图 6)。这一解读尊重文学作品中的情节,不再是肢解下来单独的海怪头颅,而是海怪从汹涌的海浪中探出头来。[1]

---

[1] 参见 Boardman 1987: 77, 1997: 732; Mayor 2000: 158—162; Papadopoulos 和 Ruscillo, 2002: 219。

约公元前520年的黑陶酒杯也极有趣。蛇形的海怪对着赫拉克勒斯张大嘴巴，而赫拉克勒斯揪住它的舌头根，正准备用镰刀割下它的舌头（*LIMC* Hesione no. 4=Ketos no. 25）。公元前4世纪伊特鲁里亚的红陶大碗上标有赫西俄涅画师的名字，赫拉克勒斯戴着面纱，迈步走进海怪张开的血盆大口中，同时手里拔剑出鞘（*LIMC* Hesione no. 6）。面纱显然是致敬《亚历山德拉》叙事中提到的情节，赫拉克勒斯将自己假扮成赫西俄涅的模样，代替她进入怪物的口中，更方便行事。①

更广义地来看，安德洛墨达和赫西俄涅的故事与一系列希腊神话传说有共同之处：英雄从陆生怪龙手下解救出无辜的牺牲品。最不容忽视的相似之处，最早记载都是在公元2世纪，讲述的无辜牺牲品不是女孩，而是男孩，故事中的英雄把男孩解救出来，还遵循套路对他产生了爱欲。保塞尼亚斯为我们讲述了塞斯比阿（Thespiae）城邦的明尼斯特拉杜斯（Menestratus）的故事：

> 塞斯比阿城中，有一座救世主宙斯的青铜雕像。他们解释说，

---

① *LIMC*中赫西俄涅4号，参见并比较亚历克西亚德斯（Alexiades），1982：51—53；Boardman1987：80；Papadopoulos和Ruscillo，2002：216—217。*LIMC*中赫西俄涅6号，参见Papadopoulos和Ruscillo，2002：218。

佩耳修斯

从前有一条龙蛇在城中兴风作浪,神命令说,每年抽签选取一个男青年献祭给龙蛇。他们已经不记得龙蛇吃掉了多少年轻人。不过,有一年,命运选中了克雷斯特拉杜斯(Cleostratus),他的情人明尼斯特拉杜斯想了个计划。他有一副青铜胸甲,每一块甲上带有向上刺的鱼钩。他穿上特制胸甲并把自己主动献给龙蛇。他的动机是,把自己献给龙蛇并被龙蛇吃掉,反过来,也可以杀死怪物。作为回报,宙斯得名"救世主"。

(保塞尼亚斯,9.26.7—8)

安东尼努斯·莱伯拉里斯(Antoninus Liberalis)在其《变形记》(8)中留下了一个类似的故事,不过结局更好,故事出自公元前2世纪尼坎德(Nicander)的《变形记》中关于德尔斐城的欧里巴图斯的故事。当地蛇怪名叫拉米亚(NB)或锡巴里斯(Sybaris),它经常从洞穴出来袭击德尔斐人和他们的羊群。阿波罗命令德尔斐人从市民中选一个少年献给它。命运选中了帅气的阿尔库俄纽斯。在阿尔库俄纽斯被献祭的路上,欧里巴图斯不小心看到他并爱上了他。于是,欧里巴图斯主动代替男孩,戴上祭品的花冠,战胜了女怪,把她扔到山下。受伤的怪物消失了,取而代之的是一湾泉水,当地人称之为锡巴里斯。[①]

[①] 明尼斯特拉杜斯,比较 Hartland 1894—1896:iii, 37。

值得注意的是，安德洛墨达最初可能来自阿卡迪亚地区的内陆忒革亚，因此，她面对的怪物最初肖似塞斯比阿地区的龙蛇，或拉米亚 – 锡巴里斯（半人半蛇）。

同类型民间传说

在主题及结构方面，其他国家有大量民间传说，与我们前面提到的是同类故事。屠龙者的主题重复出现，他佩戴盔甲，盔甲上点缀着刀片或铁钩，把自己喂给龙，最后从怪物体内摧毁它。屠龙者常常出现在英国的龙传奇中，比如在柯库布里（Kirkudbright）的莫特山（Mote Hill）的白蛇故事，还有比斯特恩龙（Bisterne Dragon）的故事。（苏格兰）设得兰群岛（Shetland）也有阿西帕特尔（Assipattle）从海怪处解救公主杰德洛弗利（Gemdelovely）的传说，他驾着一艘船冲进名叫斯托尔虫（Stoorworm）的巨型海怪嘴里，在海怪肝脏上凿了个洞并把燃烧的煤泥塞进洞里。海怪临死前痛苦地将他吐了出来，并且他最终娶了公主。[1]

---

[1] 英雄从龙爪下解救少女的民间故事目录，参见赫茨纳（Hetzner），1963：12—21。文中提到的英国龙传奇故事，参见 Hartland 1984—1986：iii，14—15 及 Simpson 1980：40—41，61—64，70—75，78—81，109，118，133—141。

民间传说中最有趣的一点，无论是安德洛墨达的故事，还是更广义的佩耳修斯的故事，当属公元1210年《特里斯坦》（*Tristan*）的故事，其最出名的版本出自格特弗里德·冯·斯特拉斯堡（Gottfried von Strassburg）（12卷，14卷；阿尔奈-汤普森故事类型索引，no. 300）。故事如下：韦克斯福德（Wexford）的国家和人民遭到一只可怕的喷火龙破坏。爱尔兰国王承诺说，谁杀死喷火龙，就把女儿伊索尔德（Isolde）嫁给谁。特里斯坦和喷火龙展开恶战，龙甚至吃掉了他马匹的一半，最终，特里斯坦追踪并杀死了喷火龙，割掉了它的舌头，并把嘴重新合上。他跌跌撞撞地离开怪物，但因为过度劳累、喷火龙喷出的热浪和舌头散发的毒气，不支昏倒。这时，国王手下胆小的管家发现了龙的尸体，他砍下龙头并跑回去说是自己斩杀了龙，要求伊索尔德做自己的新娘。最终，特里斯坦和管家在宫廷上展开决斗，管家拿出龙头证明自己杀死了龙，而特里斯坦拿出龙的舌头打败了管家。特里斯坦最终赢得伊索尔德，而管家受到众人耻笑。还有一个版本是更广义的佩耳修斯的故事，见于瑞典民间故事《白银王子和小看守》（*Silverwhite and Littlewarder*）。白银是一位年轻人，他的母亲是一位被锁在高塔上的公主，因一只魔法苹果而受孕，生下了白银（请参照达那厄的故事）。在旅途中，他解救了被献给海怪（sea-trolls）的三个公主,而不是一个公主,他打败海怪,并挖出海怪的眼球。公主父亲的侍臣声称自己解救了公主,作为回报,他将娶最小的公主为妻。婚礼当天,白银王子拿出海怪的眼球,证明自己才是合法的新郎,才配得到公主。①

这类型的民间故事不仅是主要情节,而且结尾都和菲纽斯的故事(不合法却要求得到新娘)惊人的相似。有没有可能安德洛墨达的故事曾经和这一类型更贴近?也许是这样。显然,这个故事类型早在古代就已经广为人知。公元前4世纪墨伽拉(Megara)的杜契达斯(Dieuchidas,*FGH* 485 *fr*. 10,保塞尼亚斯1.41曾扩写)残篇中讲到,墨伽拉遭到西塞隆狮(Cithaeronian lion)的肆虐,很多人都遭到它的毒手。国王墨伽拉乌斯(Megareus)承诺说,谁能制服狮怪,就把女儿和王国都送给谁。阿尔卡托斯(Alcathous)杀死了狮怪并割下其舌

---

① 《白银王子和小看守》的故事,参见卡瓦利乌斯(Cavallius)和斯蒂芬斯(Stephens),1848:78;吕蒂(Lüthi),1976:47—57。安德洛墨达的同类型民间故事,参见Hartland 1894—1896:i, 20—21, iii, 32—33, 47—49, AT 300, Bolte和波利夫卡(Polívka),1913—1932:i 547—556(同类故事参见格林[Grimm]《两兄弟》[*Die zwei Brüder*], no. 60);Schmidt 1958;龙曼(Liungman),1961:38—47;Röhrich 1981;Alexiades 1982(现代希腊故事);谢尔夫(Scherf),1982:61—64;阿什利曼(Ashliman),1987:51—53(英语故事);Hansen 2002:119—30。米尔恩(1956:301—302)猜想,佩耳修斯可能也想到先把海怪的舌头割掉。

头放入口袋。国王派去的其他人，声称是自己杀掉了狮怪。双方激辩时，阿尔卡托斯拿出了狮怪的舌头。此外，在赫西俄涅主题的画作中，明显可以看到赫拉克勒斯割下海怪的舌头，赫西俄涅与安德洛墨达的故事极其相似。尤其引人入胜的是，有个主题重复出现：把头从身体上割下（美杜莎），把眼睛从头上取下（格赖埃），白银王子的故事也是如此，在佩耳修斯探险的其他部分也会出现。我们已经留意到，在结构和主题上，格赖埃和美杜莎极其相似，而美杜莎和安德洛墨达极其相似（参见第三章）。有没有可能，这个故事类型深藏于佩耳修斯故事之下？有没有可能起初只有一个母题，随后分化并分开传播成为两个不同的故事？还是说佩耳修斯是一个故事，只不过被当地的民间故事所吸引感染，但并未被完全同化？

小结

安德洛墨达故事的最早证据出现于公元前6世纪，在古代一直流传甚广。在古代流传的故事深受索福克勒斯和欧里庇得斯悲剧的影响。令当时的作家和艺术家更感兴趣的是安德洛墨达的不幸中带有的情欲色彩，而非蛇形海怪的样子。希腊有不少同类型的故事，比如赫拉克勒斯和赫西俄涅，明尼斯特拉杜斯和阿尔卡托斯,其他国家也有屠龙的民间传说,比如特里斯坦和白银王子,都让我们从更宽广的视角,而不仅仅局限于近东的原型故事来解读安德洛墨达的故事及其母题。

五、佩耳修斯故事的流传及演义

佩耳修斯在阿戈里德

一直以来,不同的城市、各地的人民,甚至个别人千方百计地想宣称自己和佩耳修斯的关系由来已久,或者自己与佩耳修斯有直接关系,结果是佩耳修斯的故事不断地被借用、改编。诺努斯(《狄奥尼索斯记》,30.264—277)曾指出,无论在东方还是西方,佩耳修斯都是英雄。古典时期临近尾声时,古代社会已有相当多的地区宣布自己和佩耳修斯多少沾亲带故。

最初的佩耳修斯是迈锡尼古代的一个国王,当时的一座城市就是因他而得名,这种说法过于简单粗暴。不过,佩耳修斯的家乡为阿戈里德,尤其是阿耳戈斯和迈锡尼,估计是最早和最有力的说辞,如果希腊的哪个城市可以成为佩耳修斯的故乡,恐怕就是这里吧。公元前468年(狄奥多罗斯,11.65;保塞尼亚斯,2.16.5),迈锡尼被消灭,公元前3世纪到2世纪,迈锡尼短暂地复苏过。因此，毋庸置疑，从现存材料可知，阿耳戈斯为佩耳修斯的故乡说没有中断过。有人认为，阿耳戈斯利用公元前5世纪迈锡尼毁灭的机会，趁机把佩耳修斯的故事挪用到自家。不过，佩耳修斯和阿耳戈斯的联系在公元前6世纪中叶已经得到证实（赫西俄德，《列女传》，*frs* 125，129.10—15 MW），而佩耳修斯和迈锡尼的关联直到公元前500年才出现在文学及碑文里。致力于把佩耳修斯和阿耳戈斯城关联在一起的阿耳戈斯人只能找到一位——公元前3世纪的历史学家丹尼亚斯，他不仅支持老观点——波斯因佩耳修斯的儿子珀耳塞斯而得名，而且支持新观点——红海（包括现在的红海、波斯湾和印度洋）因佩耳修斯的另一个儿子埃吕斯拉斯而得名（*FGrH* 306 *fr*. 7）。①

约公元2世纪，保塞尼亚斯到阿耳戈斯旅行时在城中发现了大量佩耳修斯留下的痕迹和记号。当时，地下铜室还留有遗迹，就是阿克里休斯囚禁达那厄的铜室，据说是暴君培利拉欧斯

---

① 佩耳修斯是迈锡尼国王：尼尔森（Nilsson），1932：26，40—43；米洛纳斯（Mylonas），1957：15（确定佩耳修斯统治时间为"公元前1310，或公元前1340"！）；Schauenburg 1960：137—138；Napier 1992：79—80。佩耳修斯故事源头在阿尔戈德：Glotz 1877—1919b：400；Halliday 1933：116，126。Howe 1952：76—78，1954：217。阿耳戈斯从迈锡尼处借用了佩耳修斯：West 1985：152（在黑暗的中世纪），Jameson 1990：213（古典主义时期）。培利拉欧斯的时间：贝尔夫（Berve），1967：35—36。

（Perilaus）命人毁掉的（2.23.7）。约公元前6世纪，暴君派人毁掉铜室，由此推断，在阿耳戈斯贵族中的对手眼中，佩耳修斯具有象征意义。有人设想，地下铜室可能是青铜时代的圆顶墓（tholos-tomb，阿尔戈德地区也有类似的发现），墙上装饰有玫瑰花，顶上突出的三角形开口据说是强盗破开的天窗。佩耳修斯的库克罗普斯（独眼巨人）曾在城里留下了一个石制的美杜莎头颅（保塞尼亚斯，2.20.7）。而据说美杜莎本人的头颅（似乎是从雅典娜的羊皮盾上逃出来的）埋在城里集市旁边的土堆里，据说，土堆旁边是佩耳修斯的女儿戈耳工福涅（Gorgophone）的坟墓（2.21.5—7）。阿耳戈斯声称，舞蹈病女人（Choreia）和"哈利埃"（Haliae）女人也埋在当地，就是狄奥尼索斯率领的疯狂女人部队中被佩耳修斯杀死的女人们（2.20.4和2.22.1）。据诺努斯说，阿里阿德涅也死于那场战争，她的棺木被埋在克里特岛的狄奥尼索斯神庙下面的城市（保塞尼亚斯，2.23.8；比较诺努斯，《狄奥尼索斯记》，25.98—112，47.664—713）。在帝国时期，阿耳戈斯城从安东尼·庇护（Antoninus Pius，公元138—161年）到瓦莱里安（Valerian，公元253—260年）等一系列皇帝统治下铸造的硬币上始终有佩耳修斯的头像（*LIMC*

Perseus nos. 23 和 58）。①

毫无疑问，到罗马时期，甚至罗马时期之前，佩耳修斯在阿耳戈斯受到狂热的崇拜。一篇铭文纪念了当地某个名叫提比略·克劳迪斯·迪奥多托斯（Tiberius Claudius Diodotus）的大人物，庆祝他赞助体育比赛——塞巴斯蒂安（Sebasteia）和内梅亚（Nemeia），并授予他"佩耳修斯和赫拉克勒斯的荣誉，以及穿戴紫色和金色的特权"（IG iv. 606）。佩耳修斯和赫拉克勒斯的荣誉是对他最优雅的致敬，因为两位英雄是这两个赛事的创建者（许吉努斯，《神话指南》，273）。②

迈锡尼也坚信，佩耳修斯创立了该城，迈锡尼就是因佩耳修斯的神秘历险而得名（Pausanias 2.15.4）。约公元前 500 年，赫卡泰乌斯已得知佩耳修斯创建了**迈锡尼**（*Mukēnai*），佩耳修斯剑柄顶端的**圆球**（*mukēs*）恰好掉落在这里（*FGH* 1 *fr*. 22）。尼坎德添枝加叶地说：迈锡尼也是水中仙女宁芙为佩耳修斯指路兰盖亚（Langeia）泉的地方，佩耳修斯在城中种植了刻甫斯送给他的一种树，所以树名被称为佩耳塞艾（*perseai*，《毒与

---

① 达那厄监禁处可能是圆顶墓：Halliday 1933：120，127—128；Howe1952：79—80；Napier 1992：83；扬科（Janko），1994：14.319—320。所铸硬币更多的细节：参见伊姆胡夫－布鲁默（Imhoof-Blumer）和加德纳（Gardner），1888；Glotz 1877—1919b：400 n.8；Frazer 1898：2.18.1；里德（Head），1911：440。

② 参见 Jameson 1990：222。

解毒剂》[*Alexipharmaka*],98—104,约公元前 130 年)。这种树可能就是**香榄树**(*Mimusops Schimperi*)。保塞尼亚斯也提到了剑柄圆球和泉水。他说,**佩耳西亚**(*Perseia*)泉是以佩耳修斯的名字命名的,并补充说,泉水是佩耳修斯口渴想摘蘑菇时发现的(又是 *mukēs*;保塞尼亚斯,2.16.3;比较拜占庭的斯特凡努斯[Stephanus],此词条 *Mukēnai* 下)。以弗所的克特西亚斯以为,迈锡尼修建于当初戈耳工姐妹斯忒诺和欧律阿勒追赶不上佩耳修斯而停下来休息的小山上,绝望之下她们发出**吼叫声**(*mukēma*),迈锡尼因此而得名(以弗所的克特西亚斯引自 - 普鲁塔克,《在河边》,18.6)。我们肯定非常想了解克特西亚斯及其作品。他的《珀耳塞伊斯》是献给英雄佩耳修斯的史诗,除此之外,我们一无所知,甚至他生活于什么年代也不知道。一部伪普鲁塔克的作品《在河边》曾提到克特西亚斯,不过《在河边》的日期也不确定,大概不早于公元 2 世纪吧,克特西亚斯至少在其之前。①

---

① 《珀耳塞伊斯》:Davies 1986: 97—98 及 Dillon 1990: 3, 158 坚信,很有趣,根本就没人创作过《珀耳塞伊斯》一诗。Yialouris(1953: 320—321)争辩说,以画像为出发点,史诗《珀耳塞伊斯》在公元前 7 世纪末曾经兴旺一时。但他没有提到克特西亚斯,反而以为此诗可能是欧墨罗斯(Eumelos)所作。哈利迪(1933: 122)推测,存在着一部遗失的"阿耳戈斯"史诗。Perseai 是一种香榄树,在此处参见 Gow 和 Schollfifield,1953。

公元前 6 世纪末 5 世纪初的一对碑文证实了迈锡尼城对佩耳修斯的狂热崇拜。碑文是关于古早时期的一间泉水屋，建于青铜时代要塞的废墟之上，在希腊化时期重建，也是后来保塞尼亚斯所参观的佩耳西亚泉。碑文残缺不全，早期的碑文隐约可见"即将当法官"的字眼。后来的碑文，显然是补充说明，明确规定，"如果没有巨匠造物主（demiurge）的办公场所，佩耳修斯的神圣记录者（sacred-recorders）将根据造物主的决定担任父母亲的法官"（IG iv 493）。以此推断，先前的碑文已经规定，巨匠造物主担任日常法官之责。詹姆森（Jameson）的推测远远超越了这个证据，他重构了一项戏剧性极强的**过渡仪式**[*rite de passage*]，即青少年重演戈耳工的任务，在父母亲和法官面前证明自己已经成人。在仪式上，青年们不得不抓住美杜莎的头颅，并逃避戈耳工姐妹的追捕。这种假设引发了很多问题，最根本的问题是，在以佩耳修斯为主人公的仪式中，为什么会破例利用佩耳修斯的神圣记录者？[①]

尽管迈锡尼在希腊化时期的复兴以失败而告终，重建的佩耳修斯泉水屋却存活到公元 2 世纪，使保塞尼亚斯得以一见（2.16.3）。那时，保塞尼亚斯在从迈锡尼去往阿耳戈斯的路上发现了一所庙形坟墓（heroon）或英雄神庙，是当地人用来向

---

① Jameson 1990.

佩耳修斯致敬的，即使当地人对佩耳修斯的敬意不如塞里福斯岛或者雅典人那么大（2.18.1）。在那之前一个世纪，斯塔提乌斯（Statius）曾想象，英雄的迈锡尼人竖立了一尊佩耳修斯的崇拜雕像，雕像曾经流泪预示会有厄运出现，古代雕像常常会这样（《底比斯战纪》，7.418）。在斯塔提乌斯时代，庙形坟墓的确有过这么一尊雕像吗？至少从公元前1世纪到公元2世纪，狄奥尼索斯受到阿耳戈斯以及附近的勒那人的崇拜，因为狄奥尼索斯杀死了佩耳修斯（参见第二章）。在崇拜仪式中，佩耳修斯本人也受到膜拜吗？①

迈锡尼的古代要塞可能是青铜时代的"巨石"墙，因此，另外两座阿尔戈德城市——提林斯和米迪亚（Midea）——也宣称佩耳修斯建造了自己的城市。无疑，同在阿尔戈德地区的这些城市强力主张说，佩耳修斯在独眼巨人的陪伴下从塞里福斯岛返回了阿尔戈德（巴库利德斯，11.77—81；弗雷西底，*FGH* 3 *fr.* 26；欧里庇得斯，《伊菲吉尼亚在奥利斯》[*Iphigenia at Aulis*]，152，1498—1501；阿波罗多洛斯，《书目》，2.4.4；保塞尼亚斯，2.16.4—5，8.25.6；拜占庭的斯特凡努斯，此词条 *Midea* 下；特策利论[吕哥弗隆]《亚历山德拉》，838）。佩耳修斯如何遇到这些凶残的独眼巨人，在哪里遇到的，他是如

---

① 斯塔提乌斯：在此处比较斯莫勒纳尔斯（Smolenaars），1994。

何对付他们的？已知的文献中对此并无详细的说明，很遗憾，不过可能本来就如此吧。另一个版本的故事说，独眼巨人是他的叔祖父普罗托斯从利西亚（Lycia）带回来专门守卫提林斯的（阿波罗多洛斯，《书目》，2.2.1）。佩耳修斯因为误杀了阿克里休斯，所以用阿耳戈斯的王位交换了提林斯的王位，原因可能是两个城市都要争夺佩耳修斯的所有权，这个说法是无奈之下的妥协吧（阿波罗多洛斯，《书目》，2.4.4；特策利论［吕哥弗隆］，838；保塞尼亚斯，2.16.2—3）。想一想公元前7世纪，在这里发现了一系列赤陶土头盔式面具，部分与戈耳工头颅比较相像（第三章）。詹姆森也把这些面具与过渡仪式联系起来。阿尔戈德地区的另一城市锡努拉（Cynoura）声称自己是由佩耳修斯的儿子西努罗斯（Cynouros）创建的（拜占庭的斯特凡努斯，此词条 *Cynoura* 下）。在帝国时期，亚辛（Asine）的佩耳修斯头像硬币是根据阿耳戈斯自己的模具铸造的。①

保塞尼亚斯提到，阿耳戈斯边境附近的两个城镇也宣称佩耳修斯是当地人。向北走的夫利西亚西（Phliasia）的尼米亚（Nemea）坚信，佩耳修斯第一次向阿匹萨斯山的宙斯献祭就

---

① 基克洛普斯作用成谜：Gantz 1993：310。普罗托斯和提林斯：参见 Dugas 1956：6—8。提林斯发现的面具：Jameson 1990：218—219。亚辛的硬币：Glotz 1877—1919b：iv, 400 n.8；Imhoof-Blumer 和 Gardner, 1888：；plate I 17—21, plate GG 23, Head 1911：432。

是在该城的阿匹萨斯山（Mt Apesas）上，佩耳修斯从山顶让自己升到空中（保塞尼亚斯，2.15.3；斯塔提乌斯，《底比斯战纪》，3.464，此山毗邻勒那湖的说法是错的）。

往西走的阿卡迪亚的忒革亚的情况更为复杂。在雅典娜卫城的一个称为"堡垒"（Bulwark）的神庙（Athens Poliatis）中，忒革亚保存着一个防御护身符，假托是来自佩耳修斯故事的核心，以及一把戈耳工头发制成的锁（保塞尼亚斯，8.47.5）。赫拉克勒斯和斯巴达人对战时来过阿卡迪亚，于是将护身符赠给忒革亚：

> 他请求刻甫斯带领20个儿子与自己结盟。但刻甫斯害怕如果赫拉克勒斯放弃忒革亚的话，阿耳戈斯人会冲过来，于是刻甫斯拒绝参战。雅典娜送给赫拉克勒斯一把装在青铜水罐里的戈耳工的锁，赫拉克勒斯把它送给刻甫斯的女儿丝黛罗普（Sterope）并告诉她，如果敌军来袭，她应该在城墙上把锁高举三次，但自己不能看锁，就能彻底打败敌军。丝黛罗普照着做了，果然击溃了敌军。于是刻甫斯和儿子们参加了战争。
>
> （阿波罗多洛斯，《书目》，2.7.3）

青铜水罐显然能够克制锁的魔力，和佩耳修斯的神袋作用类似。故事最惊人的部分是，这里有我们熟悉的佩耳修斯的同伴：雅典娜、刻甫斯和戈耳工，而佩耳修斯却没有出现。这位刻甫斯——忒革亚的国王是阿略斯的儿子（参见阿波罗多洛斯《书目》，3.9.1），他们父子深深地扎根于阿卡迪亚，因为阿卡迪亚的两个城镇卡菲伊（Caphyae）和阿列亚（Alea）分别因他们父子而得名。我们也无法怀疑，这个刻甫斯不是佩耳修斯故事中的刻甫斯，而且刻甫斯还漂洋过海到了埃塞俄比亚、波斯、腓尼基和印度。合理怀疑，在上述故事里，赫拉克勒斯已经取代了佩耳修斯，因为战争中对抗的不是别人，恰恰是佩耳修斯的家乡阿耳戈斯，需要戈耳工的锁合情合理。把佩耳修斯作为敌对的阿耳戈斯代表之前，好像忒革亚已经把佩耳修斯融入自己的故事中。赫拉克勒斯的形象也能用来抗衡斯巴达的佩耳修斯。有趣的是，忒革亚的故事表明，佩耳修斯故事中最经典的刻甫斯就是来自阿卡迪亚本地，而非埃塞俄比亚或者腓尼基，且可能性最大。对阿耳戈斯的王子来说，还有哪里比忒革亚更能顺理成章地寻找新娘呢？①

---

① 戈耳工（头发制成）的锁：参见 Krauskopf 和 Dahlinger，1988：286；法拉奥尼（Faraone），1991：138。两位刻甫斯最初的身份：Halliday 1933：141—142；West 1985：83—84，147—148。

佩耳修斯在塞里福斯岛和拉里萨

其他许多城市也竞相在佩耳修斯的故事中求得一席之地，第一个就是塞里福斯岛，就是狄克堤斯把佩耳修斯母子救上岸的地方。公元前300年始，塞里福斯岛所铸造的硬币上面就有佩耳修斯，意味着在那时候，佩耳修斯已然在当地的国家意识形态中扮演着主要角色。邻近的伊亚罗斯岛（Gyaros）和米洛斯岛也如法炮制。保塞尼亚斯讲到，和雅典一样，塞里福斯岛表现出对英雄佩耳修斯的敬意远超迈锡尼（2.18.1）。众多地方宣传佩耳修斯曾在其地形地貌上留下永久印记，塞里福斯岛就是其中之一。塞里福斯岛上怪石嶙峋，据说是戈耳工的头颅导致的，应该是佩耳修斯对波吕德克忒斯展开报复的结果（尤斯塔修斯，《旅行者狄奥尼索斯译注》，525）。公元3世纪初，史学家艾利安保留了佩耳修斯对塞里福斯岛更有趣的影响。他说，塞里福斯岛的青蛙（frogs）不会叫，如果从岛上把它们带走，它们就会发出尖锐刺耳的叫声。青蛙不会叫的原因据说是佩耳修斯冒险归来后筋疲力尽，青蛙打扰了他的美梦，于是他祈祷说让青蛙停下叫声，他的父亲宙斯满足了他的愿望（《动物本性》，

3.37）。①

"拉里萨"，即佩耳修斯归来前夕，阿克里休斯为了自身安全离开的地方，恰恰是他自己严加守护的卫城，因为阿尔戈德卫城的名字也叫"拉里萨"（保塞尼亚斯，2.24.1，阿波罗尼乌斯注疏，1.40，等等）。事实上，公元5世纪的希茜溪认为，阿克里休斯是以雅典娜·阿克利亚（Akria）（"山峰"）的名字命名的，雅典娜在拉里萨也有神庙。不过，有两座城市，而非一座，抓住了阿克里休斯离开的机会，让自己融入佩耳修斯的故事。文学作品中更认同色萨利（Thessaly）的拉里萨，因为该城的城墙外有号称阿克里休斯的庙形坟墓（弗雷西底，*FGH* 3 *fr.* 26；索福克勒斯，《拉里萨人》，*frs* 378—383 *TrGF*；阿波罗多洛斯，《书目》，2.4.4；阿波罗尼乌斯，《阿耳戈英雄记》译注，4.1091；特策利论［吕哥弗隆］《亚历山德拉》，838），还有更奇怪的说法，说阿克里休斯的坟墓在其卫城的雅典娜神庙之内（亚历山大港的克莱门特，《劝勉篇》，39页，波特）。赫拉尼库斯提出，是阿克里休斯创立了拉里萨，言外之意是他将此城用自己家乡卫城来命名（赫拉尼库斯，*FGH* 4

---

① 塞里福斯岛和佩耳修斯：克龙（1955）甚至假定说，塞里福斯岛是古代佩耳修斯崇拜的中心。硬币：Glotz 1877—1919b：400，Head 1911：490，*LIMC* Perseus nos. 18 和 40。

fr. 91）。距离阿耳戈斯略近的是位于弗西奥蒂斯（Phthiotis）的克里马斯特（Cremaste）·拉里萨，它坚信本城和佩耳修斯有关，并也在硬币上铸造了佩耳修斯的肖像。①

佩耳修斯在雅典和斯巴达

希腊的其他城市也渴望共享佩耳修斯的荣光，其中就有最伟大的城市。在经典的佩耳修斯故事里，雅典本没有一席之地，不过雅典十分迷恋他，也许部分原因是他在他们的保护女神的羊皮神盾或者盾牌上装饰着戈耳工的头颅。目前已知的古代遗留下来的佩耳修斯及其故事中，相当一部分出现在雅典造的水罐上，这充分表明雅典对英雄佩耳修斯的兴趣极大，尽管现代流行的一个解释是，佩耳修斯之所以出现在阿提卡时期的水罐上是顺应市场的需求。已确认最早的两幅佩耳修斯像之一出现在约公元前675—前650年阿提卡时期的水罐上（*LIMC Perseus* no. 151）。在公元前5世纪中叶，佩耳修斯已成为热门的主题。此外，雅典市中心的公共艺术作品中也在纪念佩耳修斯。保塞尼亚斯报告说，迈伦（Myron）的佩耳修斯雕像"在他完成美杜

---

① 阿克里休斯的拉里萨最初是阿尔戈德的卫城：Glotz 1877—1919b: 400。
克里马斯特的拉里萨硬币：Head 1911: 300。

莎任务后",就展示在雅典卫城(1.23.7)。建立他的雕像大概是为了庆祝公元前461年雅典和阿耳戈斯结盟。如前所述,约公元前456年,雅典神话作者费雷西底详尽讲述了佩耳修斯的故事,费雷西底的侧重点在古典时期的阿提卡舞台上。①

雅典的幸运之处在于,本地有个和阿耳戈斯的佩耳修斯同名的英雄。雅典的这位英雄用阿提卡方言发音叫佩尔休斯(Perrheus),是和佩尔休蒂(Perrhidae)市区及港口同名的英雄(哈玻克拉奇翁[Harpocration]在此词条"蒂尔戈尼代伊"[Thyrgōnidai]下;希茜溪在这两个词条 *Perrheus*,*Perrhidai* 下;拜占庭的斯特凡努斯在此词条 *Perseus*,*Perrhidai* 下)。保塞尼亚斯留意到,雅典及塞里福斯岛,对佩耳修斯的致敬远超迈锡尼,雅典人将一个神圣的辖区命名为佩耳修斯,还修建了狄克堤斯和克吕墨涅(Clymene)的神坛,后两者被称为佩耳修斯的救命恩人(2.18.1)。狄克堤斯的神坛说明,到了此时,雅典已经完全认同阿耳戈斯的佩耳修斯。不过,只在这里和佩耳修斯有关联的克吕墨涅是谁?她有可能是海中仙女涅瑞伊得,荷马(《伊利亚特》,18.47)和赫西俄德(《神谱》,351)为她起了这

---

① 公元6世纪雅典花瓶(水罐)上的佩耳修斯图案十分流行:Milne 1956:300,Sparkes 1968,以及 Roccos 1994a。迈伦和阿耳戈斯结盟:Glotz 1877—1919b:401。

个名字，有可能是她把佩耳修斯的箱子平安地送到狄克堤斯的渔网里，在卢西恩迷人的小品中，忒提斯和海中仙女多里斯就是这样做的（《海上对话》，12）。①

在斯巴达，佩耳修斯可能更具争议。约公元前 500 年，斯巴达人已经很崇拜他，当地著名的雅典娜神庙铜殿就装饰有佩耳修斯图案的青铜浮雕（保塞尼亚斯，3.17.3）。此外，有些斯巴达人已经把佩耳修斯当作祖先。公元前 5 世纪中叶，希俄斯岛（Chios）的伊翁（Ion）祝贺斯巴达国王阿奇达姆斯（Archidamus）时说起过，"以酒祭奠赫拉克勒斯和阿尔克墨涅，以酒祭奠普罗克勒斯（Procles）和佩耳修斯（Perseids），以酒祭奠最初的宙斯"（*fr. eleg.* 27.5—7，韦斯特／坎贝尔＝阿忒纳乌斯［Athenaeus］，463a—c）。公元 2 世纪，斯巴达的一篇铭文致敬了一位卢修斯·沃卢塞努斯（Lucius Volusenus），因为他对斯巴达的德行和善意，并且文中说他是"赫拉克勒斯和佩耳修斯的后裔"（托德［Tod］和韦斯［Wace］，1906：no. 281=IG v.1 477）。佩耳修斯，往往和其曾孙赫拉克勒斯相提并论，被斯巴达人当作值得一提的祖先。不过，与斯巴达自己的"赫拉克利德"（Heraclids）不同，有时候，"波斯人"

---

① 佩尔休斯（Perrheus）：Glotz 1877—1919b：401；法奈尔（Farnell），1921：337。克吕墨涅：Dugas 1956：2—3。

（Perseids）代表的不是斯巴达的内在力量，而是外在威胁。就像希罗多德保留下来的神谕，据说是公元前480年波斯人入侵之前交给斯巴达的（7.220.3）："广阔土地上的斯巴达民众，命中注定，你们伟大著名的城市要么被波斯人洗劫一空，要么拉栖代蒙（Lacedaimon）的领土会因失去赫拉克勒斯家的国王而悲泣。"希罗多德还提到，大概是因为听从了上述神谕，国王利奥尼达斯（Leonidas）牺牲了自己，将波斯人挡在了塞莫皮莱（Thermopylae）。合理怀疑，神谕和其后利奥尼达斯的故事创作于事件发生之后。不过，更可信的说法是，神谕比波斯战争更加古老，神谕的说法里，"Perseids"这个词最初指的不是波斯人，而是阿耳戈斯人。7世纪以来，阿耳戈斯一直是斯巴达在伯罗奔尼撒半岛（Pelopennese）的宿敌，每一代斯巴达人都设法和阿耳戈斯开战。任何以阿耳戈斯为思想创作神谕的人，都有理由相信神谕最终会实现。

公元前366年，伊索克拉底（Isocrates）提到，斯巴达人宣称自己是阿耳戈斯的领主，因为自己是佩耳修斯唯一幸存的后代，这种说法很有趣，表明佩耳修斯既象征着外部敌人，也象征着内部祖先（《阿奇达姆斯》[*Archidamus*]，17—19）。斯巴达人宣布自己是佩耳修斯的后代可能只是把扩张主义的种种行为合理化而已。斯巴达宣称和佩耳修斯唯一的女儿有关，他女儿名叫戈耳工福涅（Gorgophone），意为"杀死戈耳工的人"，据说她是第一个再婚的寡妇。她的第一任丈夫——美塞尼亚（Messenia）的佩里厄瑞斯（Perieres）——去世后，她嫁给斯巴达人欧巴勒斯（Oebalus）为妻（阿波罗多洛斯，《书目》，1.9.5、2.4.5、3.10.3—4；保塞尼亚斯，2.21.7、4.2.4）。美塞尼亚是她的嫁妆吗？无疑，赫洛斯（Helos）是佩耳修斯最小的儿子赫利俄斯（Heleios）创建的，这一说法完美诠释了斯巴达人的扩张野心（保塞尼亚斯，3.20.6）。

萨摩斯岛（Samos）也设法挤入佩耳修斯的故事中。特策利留下的说法是，雅典娜为佩耳修斯画了一幅画，给他解释戈耳工长什么样子，画画的地方就成为德克特里昂（Deikterion）——意思是"演示"——的萨摩斯城（论［吕哥弗隆］《亚历山德拉》，838）。

佩耳修斯在波斯

佩耳修斯和波斯的名字从表面上看极为相似，不可能不引起波斯人的关注，尤其是波斯人占领吕底亚（Lydia，约公元前550年）之后，当然，两个词之间的关联不仅仅是文字游戏。至少在公元前472年埃斯库罗斯创作的时候，两个词之间已产生神秘的关联。波斯国王薛西斯（Xerxes）被刻画为"黄金生出的种族",即佩耳修斯的后裔(79—80)。上一节里提到希罗多德的神谕,他在公元前425年出版的作品中提到,在公元前480年波斯入侵的准备过程中,斯巴达人得到了神谕。他讲述的同一时期的另一个故事也至关重要(7.150)。故事说,薛西斯派遣使者到阿耳戈斯,告诉阿耳戈斯人他是亲人,是佩耳修斯和安德洛墨达的儿子珀耳塞斯的后代,希罗多德在另外的故事里提到,佩耳修斯和安德洛墨达把珀耳塞斯留给刻甫斯是为了让他有一个男性继承人(7.61)。因此,薛西斯建议阿耳戈斯人按兵不动,并承诺战争胜利后给他们嘉奖。阿耳戈斯人深思熟虑后真的按兵不动。可以确定,佩耳修斯和波斯人的关联来自希腊人,而非波斯人。公元前6世纪,小亚细亚的希腊人已经炮制出两者的关联以向波斯人表示臣服吗?如希罗多德所说,在公元前480年期间或之后,阿耳戈斯提出这种关联,为在波斯人入侵时保持中立而道歉吗?希腊联军击退波斯人的进攻后向波斯人开战,这是他们要求夺回自己领土而炮制的理由吗?显然,珀耳塞斯是佩耳修斯派生出来的词。佩耳修斯的故事不允许他本人留在波斯,于是一代从母系几乎同名的儿子显然是最合理的权宜之计。希罗多德还提到另一个传统,显然是出自希腊,不过被他归因于埃及人,即佩耳修斯本是亚述人,后来成为希腊人（6.54；比较卡普利翁，*FGH* 93 *fr.* 1）。[1]

在希腊人看来，波斯是拜火教（Zoroastrianism，祆教）、术士（magi）和魔法（magic）的故乡。因此，在适当的时候，佩耳修斯也应该成为拜火教和术士的创始人，他本人应该是一位伟大的魔法大师。大概是把佩耳修斯和他儿子珀耳塞斯（Perses）与另一位神秘人物——陶利安（Taurians）国王珀耳塞斯——混为一谈的结果。陶利安的珀耳塞斯是太阳神赫利奥斯（Helios）的儿子，埃厄忒斯（Aietes）的兄弟，女祭师赫卡忒（Hecate）的父亲。赫卡忒和埃厄忒斯生下了最伟大的女巫喀耳刻（Circe）和美狄亚。美狄亚是美杜斯（Medus）的母亲，美杜斯是魔法一族玛代人（Medes）的先祖，另一位珀耳塞斯是玛代人的后裔（赫西俄德，《神谱》，409；狄奥尼索斯·斯库托伯拉齐奥，*FGH* 32 fr. 1a 引自阿波罗尼乌斯《阿耳戈英雄记》译注，3.200；狄奥多罗斯，us 4.45—46 和 56；拜占庭的斯特凡努斯在此词条 *Persai* 下）。笔名吕哥弗隆的《亚历山德拉》（公元前 2 世纪初）认为赫卡忒的父亲是佩耳修斯，大概是同化利用已有英雄的典故（1175）。12 世纪，尤斯塔修斯尝试整理古代以来混淆的故事："波斯人因美杜斯的儿子珀耳塞斯而得名，不过，据希罗多德说，波斯人因佩耳修斯或佩耳修斯和安德洛墨达的儿

---

[1] 2 世纪尼多斯的阿伽撒尔基德斯（在福提乌斯《文库》250 号）认定佩耳修斯和波斯无关，因为两词的重音不同。

子珀耳塞斯而得名。"(《旅行者狄奥尼索斯译注》,1059)①

另外一种神话的突变产生了佩耳修斯会魔法的说法。神话史实说的希腊-罗马作家("神话史实说"[euhemerism]表示神话的历史化)设法把佩耳修斯的父亲宙斯与意大利的一位小神皮库斯(Picus,"皮库斯,又名宙斯",*Pikos ho kai Zeus*)联系起来,并在宙斯和皮库斯的神话中发现了一位死亡已久的亚述王子的历史故事,王子是尼诺斯(Ninus)的兄弟。狄奥多罗斯讲到,这位亚述王子如何来到意大利,用近东的"神秘幻象"引诱当地的良家妇女,并生育了许多子女的故事。应该融合了另一希腊-罗马神祇法乌诺斯-赫耳墨斯(Faunus-Hermes)神的故事。王子死后,儿女们根据他的嘱咐,把他埋葬在克里特岛的坟墓里,上面有皮库斯和宙斯的名字(6.5)。②

公元5—6世纪,基督教的史学家约翰·马拉拉斯在4世纪安条克(Antioch)的保塞尼亚斯作品的基础上,阐释了佩耳修斯是如何创造拜火教的。佩耳修斯来到叙利亚(Syria)的伊奥波利斯(Iopolis)城(也称为艾奥尼[Ione]),发现当地有阿

---

① 特策利论[吕哥弗隆]《亚历山德拉》,1175谴责了诗人这种因为诗歌节奏而来的鲁莽。神话故事中名叫Perses的各色人物,参见Wüst 1937a, 1937b, 1937c。
② 皮库斯-宙斯,参见Cook 1914—1940:ii, 693—696; Harris 1916; 罗德(Rohde),1941:1217。

耳戈斯的后代——他的亲人。奥龙特斯河（Orentes）当时也被称为龙河（Drakon，"龙"），洪水肆虐，佩耳修斯提议让当地人祈祷。因为他们的祈祷，一个大火球从天而降，将洪水烘干。佩耳修斯为当地人建立了"永恒之火"神庙，并把一些天火带回波斯，他在波斯有一座宫殿，在那里教会波斯人崇拜火焰，任命信赖的人照料火焰，他称照料天火的人为术士（马拉拉斯，38页，丁道夫＝安条克的保塞尼亚斯，*fr*. 3 at *FHG* iv，467—468）。这个故事重构了早期的传统，即宙斯发出雷电击杀上古怪龙提丰时，产生了奥龙特斯河流的河床。当提丰逃逸时，他的尾巴刻（划）出了河床，他钻进土地后变成河流源头。这条河最初把提丰作为自己的名字（斯特雷波，C750—751；参见保塞尼亚斯《希腊志》，8.29）。像其父宙斯一样，佩耳修斯，著名的喜欢屠杀蛇怪的英雄，用天火与河龙怪搏斗。[①]

马拉拉斯不厌其详地讲述了佩耳修斯在魔法上的野心，大概也是借鉴了安条克的保塞尼亚斯吧（马拉拉斯，35—39，丁道夫；参照安条克的约翰，*fr*. 1.8，*fr*. 6.10，*fr*. 6.18 [*FHG* iv pp. 539—544]；[卢西恩]腓罗帕底 [Philopatris]，9；乔治·塞德里努斯 [George Cedrenus]，1.30—41）。他讲述的美杜莎故事，

---

① 佩耳修斯主题在遥远的国度也能找到失散很久的亲人，可以追溯到希罗多德的埃及佩耳修斯（2.91.2—5）；见下面。

有些合理化，却不招人喜欢，估计是受到当时魔法文化的影响，见于希腊魔法纸莎草的书中（Greek Magical Papyri）。佩耳修斯的父亲皮库斯-宙斯教会他可恶的"**头骨杯**"（skull-cup，即 skyphos）法术。佩耳修斯造了不少头骨杯，其中一只就是一个名叫美杜莎的利比亚女孩的头骨制成的，女孩完全是无辜的，他随机用镰刀斩下了头发凌乱、眼球充血的女孩头颅。佩耳修斯用神秘仪式将美杜莎的头骨献祭，这样就创造了可以用来压制并杀掉自己对手的魔法工具。佩耳修斯用头骨杯夺取了垂涎已久的亚述王位，并把头骨杯的仪式教给了波斯人，用"**美杜莎**"（Mědousa）的名字称呼他们为"**玛代人**"（Mēdoi）。戈耳工头颅与公元4世纪纸莎草上所记载的头骨杯的用法高度一致（PGM iv，2006—2125），这些用法大概就是马拉拉斯所设想的仪式吧。头骨杯的用法出现在虚构的一封信中，信是波斯术士奥斯塔尼兹（Ostanes）写给塞萨利（Thessalian）术士庇堤斯（Pitys）的，在信中，奥斯塔尼兹对头骨杯法术大加赞赏，称之为过去伟大术士传下来的魔法秘诀。头骨杯的用法之一是取一个死者的头盖骨，念几句魔法咒语来召唤死者的鬼魂（ghost），然后鬼魂会出现于某人的睡梦中，且鬼魂的用途很广。鬼魂能引发人的性欲、托梦，或令人生病。戈耳工头颅的魔法用途大概可以追溯到什么时候呢？奥维德的《变形记》已经有暗示，

佩耳修斯

菲纽斯的追随者之一俄依克斯（Eryx），说到戈耳工头颅时，用词是"魔法武器"（5.197，of 8 AD）。

佩耳修斯在之后的发展中成为可以召唤而来的魔法人物。帝国时期的修道院中出现了克制痛风的缠丝玛瑙宝石护身符，护身符的一面是佩耳修斯手持镰刀和戈耳工头颅从空中飞过，护身符的背面刻有铭文："痛风（gout），逃吧，佩耳修斯追着你！"[1]

尚有争议的是，佩耳修斯是否影响到拜火教的衍生品——密特拉神教（Mithraic mysteries），最早出现于公元前67年的基利西亚（Cilicia）（普鲁塔克，《庞培》[*Pompey*]，24），该地区在随后的几个世纪里虔诚地崇拜着佩耳修斯。密特拉神教最核心的形象是密特拉神（Mithras）杀死公牛的"公牛祭"（tauroctony）：密特拉神杀死公牛时把头扭向一边，就像佩耳修斯杀死戈耳工时那样，密特拉神头戴弗里吉亚帽子，也像佩耳修斯一样。整体上看，密特拉神教反映的是佩耳修斯化成的星座盘旋在金牛座（Taurus）上方的事。"珀耳塞斯"这个名字是成长的第五级。据说，佩耳修斯的故事还影响到密特拉神的其他方面，包括手持的镰刀、狮头的神祇，据说令人回想到早期的戈耳工以及地下室。[2]

---

[1] Glotz 1877—1919b: 402；朗洛茨（Langlotz），1960: 35, 43（带插图）；Schauenburg 1960: 127。

[2] 尤兰西（Ulansey），1989: 25—45，基于 Will 1947。

佩耳修斯在埃及

希罗多德及其他希腊人,被埃及的伟大及古老所触动,设法从埃及神话及宗教中汲取营养。佩耳修斯号称是埃及人,不仅因为他是古代的大英雄,而且因为他已然和非洲产生关联。约公元前425年希罗多德创作的时候,戈耳工的故事已经和利比亚联系起来,至少从约公元前450年索福克勒斯的《安德洛墨达》以来,安德洛墨达的故事就已经在埃塞俄比亚发生(参见第三章和第四章)。

希罗多德记载了尼罗河(Nile)三角洲坎诺比克(Canobic)河口附近的"佩耳修斯瞭望塔"(Watchtower of Perseus,2.15;比较欧里庇得斯,《海伦》[Helen],769,斯特雷波,C801)。无论瞭望塔修建于什么时候,性质是什么,但提到佩耳修斯的名字就意味着希罗多德的信息来源于公元前5世纪初爱奥尼亚(Ionian)的记事散文家。希腊人在凯姆米司——现在的阿克米姆(Ahkmîm)(2.91)——崇拜的太阳神荷鲁斯(Horus)身上发现了佩耳修斯,表明希腊的思想已投射到埃及人身上。佩耳修斯在凯姆米司拥有一座有着巨大门楼的方形寺庙,四周树木环绕,他的雕像被供奉在庙内。希腊人按照他们的方式来纪念他（无疑，是一种身份识别的线索），纪念他创建了体育竞赛，各种项目的竞赛，动物、斗篷和兽皮，是竞赛获胜的奖品。据说，凯姆米司人声称佩耳修斯在当地出生，随后从海上到达希腊，显然是婴儿时期和他母亲在一起（参见：经典的箱子桥段）。因为戈耳工任务，佩耳修斯回到非洲拜访了凯姆米司，应该是从母亲处听说过这里，并把凯姆米司人认为亲戚。从此，凯姆米司听从佩耳修斯的指令，为他举办体育比赛。凯姆米司为佩耳修斯举办的体育比赛得到证实，或再次得到证实是罗马时期的一条广告词："天上的佩耳修斯（荷鲁斯）的神圣的奥林匹亚竞赛，欢迎所有人，为获胜者庆祝，伟大的潘（Pan）神（Min）运动会。"希罗多德还记录，佩耳修斯经常在凯姆米司人面前显灵，在自己的庙中，往往会留下一只鞋（带翅膀的？），对埃及人来说代表着好兆头。[①]

佩耳修斯在马其顿和希腊化时期

马其顿的阿吉德王朝国王至少从亚历山大一世（Alexander

[①] "瞭望塔"的提法出自爱奥尼亚的记事散文家：Lloyd 1969：81。斯特雷波认定瞭望塔位于波比蒂尼河嘴和塞宾尼都斯河嘴之间。希罗多德提到凯姆米司神荷鲁斯的身份，参见 Lloyd 1969，逐渐取代了希罗多德所谓的"Min"神信仰。铭文（碑文）广告词，参见 Iconomopoulos 1889 = Lloyd 1969：84。

I of Macedon，约 498—454 年在位）开始就宣称自己来自阿耳戈斯，当时他们要求参加奥运会（Olympics）以获取希腊人的认同（希罗多德，5.22）。"阿吉德"和"阿耳戈斯"两个姓氏听起来相像，可能激发了阿吉德人的灵感。

据希罗多德记载，在阿吉德建国传说中隐藏着佩耳修斯的形象（8.137—139）。前朝的最后一个国王受到凶兆的困扰，解雇了自己的仆人佩尔狄卡斯（Perdiccas）。佩尔狄卡斯索要报酬，国王轻蔑地把从排烟口照到地上的一小块阳光（sunlight）给了他。出乎意料的是佩尔狄卡斯表示认可，掏出小刀把地面的阳光割下，并分三次把阳光收入自己袍中。这样，他才有权利回来索要王国。这里，顺着头顶天窗落到地面的阳光被佩尔狄卡斯捧起收入自己袍中，令人联想到佩耳修斯的父亲宙斯化身金子，从达那厄囚室的天窗倾泻而下，落入达那厄的**下摆**（kolpos）、她的"腿"或者衣襟处。阳光和宙斯都赋予的是王位。极有可能，马其顿人从皇家人名中专门选取了神秘的创建人佩尔-迪卡斯（*Per*-diccas），会令人联想到佩耳修斯的第一个音节。①

407/408 年，欧里庇得斯将他赞助人的名字——国王阿基劳斯——改写为阿吉德王朝的创立者。《阿基劳斯》现存一个极具价值的纸莎草残篇，保留了王朝创立者阿基劳斯开场白的一

---

① 故事中丰富的国王建国意象，参见 Ogden 1997：119—123。

部分,他骄傲地追溯了自己阿耳戈斯的先祖,特别强调了佩耳修斯的名字,以及其曾孙赫拉克勒斯的名字(*fr.* 228a *TrGF*=*P. Hamburg* 118a)。公元前332—前331年,亚历山大大帝拜谒锡瓦(Siwah)绿洲的宙斯–阿蒙神谕所时,这两位英雄似乎也成为他的重要标准:

> 从此他渴望去利比亚的阿蒙神谕所,部分是要向神请教,因为阿蒙神的神谕绝对可靠,据说佩耳修斯和赫拉克勒斯都曾请过神谕。波吕德克忒斯派佩耳修斯对战戈耳工时,佩耳修斯请过神谕。赫拉克勒斯到利比亚的安泰俄斯(Antaeus)家和埃及的布西里斯(Busiris)家时也请了神谕。亚历山大想和佩耳修斯、赫拉克勒斯一较高下。他是这两位的后代,他认为自己出生的部分原因是阿蒙神,就像神话故事所说佩耳修斯和赫拉克勒斯的出生要归功于宙斯一样。无论如何,他启程前往阿蒙神谕所,心里的想法有两个,一是对自己的事情更有把握,二是宣布自己得到了神谕。
>
> (亚利安,《亚历山大东征记》,3.3.1—2〔参照斯特雷波,C814;普鲁塔克,《道德论集》,332a〕)

亚历山大紧跟佩耳修斯和赫拉克勒斯的步伐。他宣称自己是佩耳修斯和赫拉克勒斯的后代,就像他的先辈曾经做的那样。更特别的是,他宣称自己也是宙斯-阿蒙神的儿子,就像前两位一样,据说他俗世的父亲菲利普(Philip)化身大蛇与他的母亲奥林匹亚斯(Olympias)睡在一起(普鲁塔克,《亚历山大》,2;贾斯汀[Justin],11.11.3)。"自己出生的部分原因是阿蒙神"这个说法很新奇,大概要表明他认为自己是菲利普(自己的波斯血统来自菲利普)和宙斯共同的儿子。亚历山大对佩耳修斯的热忱,还表现在他能凭记忆背诵欧里庇得斯的《安德洛墨达》(妮可布勒,*FGH* 127 fr. 2),此外,他穿戴的胸甲上饰有戈耳工头颅,在庞培古城的法翁(Faun)神庙里著名的马赛克画上,亚历山大就是如此穿着,据说此画精准保留了历史细节。对亚历山大而言,佩耳修斯是阿耳戈斯的老子弟,是征服波斯的人,具有重大的象征意义,用莱恩·福克斯(Lane Fox)的话说,"他是东西方融合的英雄"。佩耳修斯和埃及的关联也不会给埃及的征服者带来不便。①

亚历山大之后不久,阿吉德王朝的故事线宣告结束,不过最终取代阿吉德王朝的安帝哥尼斯(Antigonids)也逐渐把佩耳修斯当作偶像。最后两位安帝哥尼斯国王——菲利普五世(公

---

① 亚历山大的马赛克画:Naples, Museo Nazionale 10020;比较 Stewart 1993 特别是 130—150。Lane Fox 1973:201。

元前221—前179年在位)和佩耳修斯（公元前179—前168年在位)——铸造的硬币，上面的图案是英雄佩耳修斯戴着飞帽的头像，或者他手持镰刀的全身像（*LIMC* Perseus no. 18)。菲利普给自己的儿子和继承人起名叫佩耳修斯，是比什么都更有力的证明。佩耳修斯这个名字再适合这个孩子不过了，因为他的母亲好像是阿耳戈斯的波吕克拉忒亚（Polycrateia)（普鲁塔克,《阿拉托斯》,49.2和51.2及《克莱奥梅涅斯》[*Cleomenes*],16.5,李维[Livy],27.31.3,32.21和32.24及艾利安,《杂史》[*Varia historia*],12.42)。硬币上使用佩耳修斯的图案，意味着安帝哥尼斯王朝也宣称自己是佩耳修斯的后裔，虽然不清楚他们是如何产生关联的细节的。①

安帝哥尼斯王朝并非希腊化诸王朝中唯一宣称继承佩耳修斯遗产的王朝。塞琉古（Seleucids)王朝最终接手了亚历山大征服波斯，也接手了佩耳修斯和波斯的关联，具有特殊的意义。马拉拉斯说，作为公元前300年伟大的城市安条克在筹建阶段，塞琉古王一世（Seleucus)尼卡特（Nicator)登上瑟尔佩恩山（Mt Silpion)的伊奥波利斯，在雷电之主宙斯神庙中祭拜，神庙是佩耳修斯为自己的阿耳戈斯亲人修建的（37—38页[融合

---

① 安帝哥尼斯的佩耳修斯硬币：还参见哈蒙德（Hammond)和沃尔班克（Walbank),1988 plates m和n, Dillon 1990:175—176。波吕克拉忒亚:Glotz 1877—1919b:402和Ogden 1999:183—187。

了安条克的保塞尼亚斯，F3 在 *FHG* iv，467—468 页］，199—200，丁道夫）。极有可能，佩耳修斯和该地区的渊源起源于塞琉古王朝，虽然我们无法确定，因为从约公元前 800 年起，希腊人就频繁造访奥龙特河口地区，那时候，神秘的贸易港阿尔米娜（Al Mina）已经建好。塞琉古纪念佩耳修斯还有一个方式，安条克铸币厂生产的硬币装饰有戈耳工头像。后来，塞琉古的对手，同时代的叙利亚安条克二世提阿斯（Antiochus II Theos）和安条克·伊厄拉斯（Antiochus Hierax）所打造的大奖章上面也装饰有英雄佩耳修斯本人的画像。塞琉古王朝真的宣称自己是佩耳修斯的后代吗？如果是真的，可能是因为阿帕玛（Apama）——塞琉古一世尊贵的波斯妻子（亚利安［Arrian］，《亚历山大东征记》［*Anabasis*］，7.4.5—6；斯特雷波，C578）。①

亚历山大死后，接替他的埃及托勒密（Ptolemaic）王朝对佩耳修斯也颇感兴趣，大概是因为他和亚历山大、埃及，当然还有希腊建立了良好的联系。佩耳修斯和埃及的关联被托勒密二世的宫廷诗人卡利马库斯（Callimachus）接手，他讲到，托勒密二世为佩耳修斯种植了一种名叫佩耳塞艾的树（*fr.* 655，菲

---

① 佩耳修斯、伊奥波利斯、安条克建立，参见唐尼（Downey），1961：49—55，67—68，75（硬币在 50—51）；格兰杰（Grainger），1990：47—48，55—56。皇家大奖章：Glotz 1877—1919b：402。

弗；比较马拉拉斯，37 页，丁道夫）。公元 4 世纪前，演说家阿夫索尼乌斯（Aphthonius）隐晦地提到，（希腊化王朝？）亚历山大卫城的宫廷装饰有佩耳修斯的伟大成就的图案（12.48）。托勒密王朝过去很久之后，在安东尼·庇护统治期间（公元 138—161 年），首都亚历山大城仍然认为应该发行印有佩耳修斯和海怪在一起的图案的硬币（*LIMC* Perseus no. 213）。①

佩耳修斯引起塞琉古王朝和托勒密王朝的兴趣恐怕还因为双方长期以来在边境的领土争端，事关佩耳修斯故事中经典的地点：腓尼基的约帕。如前所述（参见第四章），公元前 4 世纪，伪司库拉克斯（Pseudo-Scylacian）创作《伯里浦鲁斯游记》的时候，安德洛墨达的故事已经和约帕产生关联。约帕人也认可故事在当地发生，证据是托勒密二世（前 282—前 246）和托勒密三世（前 246—前 222）都曾在该城铸造过饰有佩耳修斯镰刀图案的硬币。公元前 58 年，马库斯·斯考卢斯（Marcus Scaurus）为了庆祝自己担任市政官（一年一度的民选行政官），在罗马举办了一场演出，其中就有约帕人展出的骨骼，据说是佩耳修斯时代的海怪骨骼（普林尼，《自然历史》，9.11）。海怪骨架据说长 40 英尺，脊柱厚 1.5 英尺，肋骨比印度象还大。骨架应该是搁浅的抹香鲸残骸，或者史前动物的骨骼化石。公元 43—44 年，

---

① 亚历山大城硬币还参见 Head 1911：862。

彭波尼斯·梅拉（Pomponius Mela）出版的作品中再次提到约帕展出的海怪骨骼（1.11）。可能斯考卢斯市政官庆典后已将骨架归还，或者当地化石资源丰富，另外找到一副替代品。梅拉还留意到，约帕人心怀敬畏，为刻甫斯和菲纽斯修建了神坛。①

我们应该留意到，佩耳修斯的冒险故事在各地的景观上也都留下印记。他在约帕就留下了丰富的印记。70年代，约瑟夫斯（Jesephus）发现海边悬崖上还能观察到安德洛墨达被缚的锁链痕迹（《犹太战记》[*Jewish War*]，3.420）。此后一个世纪里，保塞尼亚斯记载，佩耳修斯杀死海怪后曾在泉水中洗手，因此"希伯来人的土地上的"泉水永远变成了红色（4.35.9）。佩耳修斯用戈耳工头颅把海怪身体的大部分化为石头，似乎意味着某种震撼人心的海岸特征就代表着海怪。然而，石化的母题和约帕的关联并不明显。卢西恩却把石化的海怪和埃塞俄比亚关联起来（《大殿》，22）。普林尼，与约瑟夫斯同时期的作家，也发现安德洛墨达的锁链在雅法岩石上留下的印记，还说到"故事中的刻托是那里崇拜的对象"（《自然历史》，5.69；比较5.128和6.182）。当地崇拜的女神称为**刻托**（*Kētō*），据

---

① 约帕硬币：Head 1911：803。骨架：Mayor 2000：138—139，Papadopoulos 和 Ruscillo，2002：213，梅约试探性地提出，化石骨架可能和被佩耳修斯石化的海怪有关。

说是阿施塔特神（Astarte）/阿塔伽神（Atargatis），在希腊语中也叫作 *Der-kĕtō*，长相肖似美人鱼（狄奥多罗斯，2.4；卢西恩，《叙利亚女神》[*Syrian Goddess*]，14）。约拿的鲸鱼（Jonah 1:3 和 1:17）和约帕-雅法有关联，如今在当地还用青铜雕像进行庆祝，可能和佩耳修斯故事的关联并不大。①

不奇怪，米德拉底特（Mithradateses）的庞塔斯王朝（Pontic）也乐于接受佩耳修斯。佩耳修斯是庞塔斯王朝野心勃勃想取而代之的东西方两个伟大王朝——安帝哥尼斯和塞琉古——所推崇的英雄，佩耳修斯是波斯的神秘创建者，而米德拉底特正是根植于波斯。米特拉底特四世（前169—前150；*LIMC* Perseus no. 41）和米特拉底特六世（前121—公元63；*LIMC* Perseus nos. 19, 20, 42, 123）统治时期，铸造的硬币上都饰有佩耳修斯，后者所造硬币图案花色更丰富。②

佩耳修斯在罗马和意大利

罗马以北的佩耳修斯堪称伊特鲁里亚（Etruria）艺术的一

---

① 海怪在此的身份：Glotz 1877—1919b：401, Fontenrose 1959：282—283。约拿在约帕：Schmidt 1907, Boardman 1987：77, Mayor 2000：138—139。
② 更多米德拉底特六世的硬币细节，参见 Head 1911：501—502；还可参见 Ulansey 1989：38—39。

个流行主题。公元前6世纪到公元前3世纪，佩耳修斯出现在青铜小雕像（cistae）、青铜镜、青铜器皿、凹雕（intaglios）、甲虫形雕饰（scarabs）和涂漆匾额等艺术作品中（*LIMC* Perseus nos. 4，46—49，74—75，97—99，107—110，126—129，150ab，164ab，170—171，192）。一些艺术品如镜子、甲虫形雕饰和小箱子腿上刻有铭文 *Pherse* 及 *Perse*，意为伊特鲁里亚语的佩耳修斯（*LIMC* Perseus nos. 47—48，75，97，110，127）。罗马以南，公元前4世纪阿普利亚（Apulia）及意大利南部其他地区的赤陶花瓶上已饰有佩耳修斯的图案（*LIMC* Perseus nos. 32—35，66—72，93—95，180—184，189—190）。

因罗马诗人的改编，佩耳修斯作为希腊神话的重要一员，受到罗马学界的欢迎。罗马悲剧虽已遗失，但主题已涉及佩耳修斯人生旅程的不同阶段，剧作家包括李维乌斯·安德罗尼克斯、奈维乌斯（均为公元前3世纪下半叶）、恩尼乌斯（Ennius，公元前2世纪）和阿西乌斯（公元前2世纪晚期）（*TRF* i, pp. 3，30—32，172—174）。自此，在现存的拉丁语诗人的作品中，佩耳修斯得到重点关注，尤其是贺拉斯、奥维德、马尼吕斯和卢坎，如前所述。公元前1世纪末至公元79年庞培城被毁，佩耳修斯和安德洛墨达深得人心：庞培居民喜用壁画装饰自己的家园，壁画上这两位的肖像不计其数（*LIMC* Andromeda I nos.

33—41, 67—72, 91—93, 100—101, 103—112, 129—131, 147）。[1]

罗马人更积极主动，力图把佩耳修斯变成自己的。维吉尔的《埃涅阿斯纪》（公元前19年）提到达那厄故事的另一版本：阿克里休斯把怀有身孕的达那厄扔到一只船上，她漂流在海上时生下了佩耳修斯。达那厄母子一漂流到意大利，名字接近波吕德克忒斯的国王皮鲁姆纳斯（Pilumnus）就娶了达那厄。两人一起建立了阿尔代亚（Ardea），成为埃涅阿斯在意大利的主要对手图努斯（Turnus）的祖先（维吉尔［Virgil］，《埃涅阿斯记》，7.372，塞尔维乌斯论在此处，日耳曼尼库斯《阿拉托斯传》注疏，147页，布雷希）。梵蒂冈神话作家持有一种观点，虽然无疑来自更古老的传统，却更好地把佩耳修斯编织进意大利半岛的历史文化之中：佩耳修斯是以那个把他从海上救下来的意大利渔夫狄克堤斯的名字命名的（第一位梵蒂冈神话作家，137 Bode=2.55 Zorzetti，第二位，110 Bode）。到马拉拉斯的时代（5—6世纪），佩耳修斯已经完全意大利化，他的父亲宙斯已被同化为意大利小神皮库斯（马拉拉斯，35—36, 199，丁道夫；乔治·塞德里努斯，1.30—32；安条克的约翰，*fr.* 6.18, *FHG* iv p. 544）。

---

[1] 文中的壁画，参见 Phillips 1968。

佩耳修斯在罗马时期的小亚细亚

公元前500年，佩耳修斯首次出现在基齐库斯（Cyzicus）的硬币上（*LIMC* Perseus no. 16）。随后的600年间，佩耳修斯在小亚细亚的硬币上消失不见。公元65年，当卢坎的《内战纪》（*Pharsalia*）出版时，佩耳修斯早已成为基利西亚地区塔索斯（Tarsus）城的创建者，卢坎送给该城一个绰号："佩耳修斯的。"（3.255；比较阿米阿努斯·马塞里努斯［Ammianus Marcellinus］，14.8.3）哈德良统治期间（117—138年），佩耳修斯的形象开始出现在硬币上，这个做法一直坚持到德修斯（Decius）统治时期（249—251年）。塔索斯城在很多场合下展示了他：他可以被赋予 *boēthos* 的绰号，意为"帮手"；他可以和渔夫（狄克堤斯？）一起出现；他可以举着公牛向吕开俄斯山（Lycaeus）的阿波罗致敬，或者在皇帝的陪同下向阿波罗献祭（*LIMC* Perseus nos. 5，6和59）。在基利西亚地区的其他城市，佩耳修斯同样受人欢迎，他曾经出现在以下城市的硬币上：哈德良统治下的埃加伊（Aigai）、阿伊塔普（Iotape）、阿尼莫哈格（Anemourion）和莫索（Mopsos）等地。利考尼亚（Lycaonia）地区的伊康（Iconium）、老底嘉（Laodicea）和科罗皮索斯（Coropissos）等地；伊苏利亚（Isauria）地区的卡拉利亚（Carallia）、卡帕多西亚（Cappadocia）地区的泰安那（Tyana）；弗里吉亚（Phrygia）地区的塞巴斯蒂（Sebaste）；吕底亚（Lydia）地区的希罗凯撒（Hicrocaesarea）和达尔迪斯（Daldis）（*LIMC* Perseus nos. 22，60，111，215）。[①]

一段铭文、一个文学文本，为干瘪的货币丰满了一些血肉。帝国时期阿耳戈斯出台了一条法规，向基利西亚地区埃加伊的一位普布利乌斯·安提乌斯·安提阿哥（Publius Antius Antiochus）致敬，法规明确说明，自古以来，阿耳戈斯和基利西亚两个地方就有关联，因为"佩耳修斯在完成戈耳工任务时，曾路过基利西亚，即亚洲最东边的地方"。约翰·马拉拉斯把佩耳修斯在小亚细亚的经历描述为希腊化时期的征服和建城之旅，在神话中的投射（36—37页，丁道夫；比较安条克的约翰，*fr.* 6.18，*FHG* iv p. 544，乔治·塞德里努斯，1.40—41）。抵达利考尼亚后，佩耳修斯在阿曼德拉（Amandra）村的遗址上建立了一座城市。他还在城市里竖立了一根纪念柱，上有戈耳工头颅的"**画像**"（*eikōn*），这座新城市因此而得名伊康（现代叫

[①] 库济库斯硬币：Head 1911: 526。帝国时期的硬币：细节参见 Glotz 1877—1919b: 401—402，Head 1911: 716—717，721（基利西亚），733（塔索斯），713，720（吕高尼），753（伊苏利亚），684（弗里吉亚），650—651，650（吕底亚）。

科尼亚［Konya］）。继续穿过伊苏利亚，佩耳修斯来到基利西亚地区的安德拉苏斯（Andrasus）村，他在那里下马时，脚底（*tarsos*）磨坏了。神谕曾说，这预示着胜利。随后，他顺利斩下戈耳工头颅，并在下马的地方修建了城市塔索斯，为了净化该城，他将淳朴的女孩帕耳忒诺珀（Parthenope）献祭。可以假设，塔索斯保留了佩耳修斯下马时的足印供大家参观，进一步说明佩耳修斯对当地的现实环境产生了久远影响。①

公元 2 世纪初，阿博努提奇奥斯（Abonouteichos）的亚历山大（位于帕夫拉果尼亚［Paphlagonia］）恰恰就诞生在满是佩耳修斯及其印记的小亚细亚。卢西恩在传记里严厉批评了（他眼中）无耻的骗子先知，先知作为格利孔（Glycon）"甜心"（Sweety）的人类代言人而知名，格利孔是长有人头的蛇，具有讲话和预言的天赋，是医师始祖阿斯克勒庇俄斯的化身。卢西恩讲到，在伟大骗局的第一阶段，亚历山大手拿**镰刀**（*harpē*），同时声称他的母亲是佩耳修斯的后裔（《亚历山大》，11）。有趣的是，在后世故事里，挥舞镰刀的佩耳修斯竟然和一条蛇和睦相处。显然，在该地区施魔法召唤出佩耳修斯是伟大壮举，使亚历山大的骗局具有相当的合法性。卢西恩接着讲到，亚历

---

① 铭文：*BCH* 28［1904］421—424 lines 20—21。佩耳修斯在塔索斯：更多细节参见 Burkert 1983：210 n.26，1987：28，1992：85。

山大成名后，甚至说服罗马皇帝把自己家乡由阿博努提奇奥斯改名为伊奥尼奥波利斯（Ionopolis），还铸造了硬币，硬币一面是格利孔像，另一面是他自己手持佩耳修斯镰刀的图像（《亚历山大》，58）。亚历山大扮作佩耳修斯的硬币没有流传下来，不过带有格利孔像的硬币流传至今，其中一种硬币是路奇乌斯·维鲁斯（Lucius Verus）统治期间（161—169年）铸造的，与"伊奥尼奥波利斯的格利孔"传说相关，与卢西恩的说法比较接近。城市之所以更名，到现代城市名叫伊内博利（Ineboli）的目的是显示阿博努提奇奥斯是伊奥尼亚（Ionia）的母亲城。可以推测，伊奥尼奥波利斯居民号称和佩耳修斯有亲缘关系，是因为佩耳修斯是这座城市最出名的儿子，就像佩耳修斯于叙利亚的伊奥波利斯或伊俄涅的居民一样。①

佩耳修斯合理化演义

下面我们要谈到一个完全不同的佩耳修斯——更冷漠无情的佩耳修斯。佩耳修斯的故事作为活生生的神话不断发展，与此并行发展的是对佩耳修斯故事的一系列合理化解释。就像故事本身一样，合理化演义也形成自身的传统，也有不断重复出

---
① 亚历山大和格利孔，参见 Victor 1997, 169—170 和 plates 2—5 是关于硬币。

现的主题，也在不断变化创新。有趣的是，有一些演义主题进而反作用于佩耳修斯的故事本身。

最先引起演义作者兴趣的是戈耳工的故事。公元前4世纪末，亚里士多德同时期的作家帕莱法托斯就留下了一个细节丰富的佩耳修斯演义故事（《论不可思议之事》，*FGH* 44 *fr*. 31）。福耳库斯是克尔涅（Cerne）富产黄金的埃塞俄比亚国王，克尔涅是极西之地，是比赫拉克勒斯之柱还遥远的一个岛，他还统治着周边几个岛，其中一个岛名叫萨佩多尼亚（Sarpedonia）。福耳库斯造了一座雅典娜的黄金雕像，雕像别称"戈耳工"，可惜，没有来得及把雕像献给雅典娜，他就去世了。福耳库斯有三个女儿：斯忒诺、欧律阿勒和美杜莎，每个女儿负责治理一个岛，三人平均分配福耳库斯的财产，不过雅典娜的黄金雕像共同保存。佩耳修斯——一个阿尔戈德的海盗，听说克尔涅很富裕，而且由相对较弱的女人统治——于是来到这里。他在几个岛之间穿行，设计捉到了几个女人信赖的顾问——奥夫萨尔莫斯（Ophthalmos），即"眼睛"，逼迫顾问告诉自己雕像存放处，然后，佩耳修斯要求女人们用雕像作赎金来换回奥夫萨尔莫斯，斯忒诺和欧律阿勒接受佩耳修斯的条件，他把顾问还了回去，而美杜莎拒绝接受，于是他杀死了美杜莎。佩耳修斯把雕像的头安装到自己船上，并将船改名为"戈耳工"。从此，他横行于岛屿之间，进行敲诈勒索。塞里福斯岛人受到他的勒索，主动放弃了自己的岛，在市集处留下不少人形石块。此后，佩耳修斯恐吓受害者，让他们不要和塞里福斯岛人一样，岛上的人因为看到戈耳工的头颅已经变成了石头。

至此，我们已经发现佩耳修斯故事的合理化解释具有四个鲜明的特点。第一，新的故事线曲折随意：比如，为什么塞里福斯岛人把石块放在市集处？第二，与一相关，没有任何仰慕英雄人物的打算，故事中的人物动机不足，是非不分，不讲道德，野蛮残暴。第三，原来的故事细致入微，而新故事只是提到了一些人名：能取下来的眼睛变成人名；怪物戈耳工变成女神像的别称。第四，细节描写都是出自参与者或旁观者的讲话，或夸张，或隐喻的话，比如佩耳修斯在塞里福斯岛后威胁恐吓其他受害者的讲话。需要指出的是，帕莱法托斯把格赖埃和戈耳工合二为一。两者合二为一，不知道是否是向考古学意义上的佩耳修斯故事致敬（参见第三章），在此后的合理化演义中始终广受欢迎，甚至影响到梵蒂冈的神话作者（第一位梵蒂冈神话作家，130 Bode = 2.28 Zorzetti；第二位，112—114 Bode；第三位，14.1—4 Bode）。[1]

---

[1] 梵蒂冈神话作家，第三位的具体时间，参见 Elliot 和 Elder, 1947, 及 Zorzetti 和 Berlioz, 1995。

公元前4世纪的作者赫拉克利特在帕莱法托斯的主题和技巧上继续合理化创作。他把格赖埃和戈耳工区分开,认为格赖埃是赫斯帕里得斯那样守卫金苹果的人。他们也是盲人,让一个叫"眼睛"的人像导盲犬一样给自己带路(《论不可思议之事》,13)。赫耳墨斯被刻画成佩耳修斯的谦逊的田径教练,旁观者说翅膀粘在他的脚上(9;比较约翰·马拉拉斯,34页,丁道夫,乔治·塞德里努斯,1.39—41)。美杜莎成为高等妓女(courtesan),美艳异常,看见她的人不由得停下脚步,所以比喻的说法是他们被"变成石头"。不过,美杜莎爱上了佩耳修斯,日益消瘦,美貌逐渐消失,慢慢变成了马的样子。佩耳修斯夺去了她的美貌青春,也就是说夺去了她的"头"(1)。这里所说的美杜莎慢慢变成马的样子,大概是解释为什么会生下佩伽索斯的母题,不过不禁令我们回想到,美杜莎故事有一个古老的版本,其中她变成了半人半马怪(*LIMC* Perseus no. 117= 图3)。

美杜莎的美貌令男人们石化成为隐喻,也成为合理化演义比较流行的说法(例如保塞尼亚斯,2.21.5—7,下文引用安条克的约翰,*fr.* 1.8,*FHG* iv p. 539)。卢西恩笔下的吕西诺斯(Lycinus)给出了更下流的曲解,说一个令男人产生勃起的美丽女人,肯定是令男人石化的戈耳工(《肖像画》[*Portraits*],1)。公元3世纪的拉丁诗人塞普提米乌斯·塞莱纳斯(Septimius

Serenus)借鉴了这种说法,创作了一部小说来解释格赖埃的眼睛,再次和戈耳工融合在一起:"戈耳工是有着单纯美貌的女孩子,年轻男人看到她们的美貌会呆若木鸡。"(塞莱纳斯,*fr*. 25,比希纳;比较日耳曼尼库斯的《阿拉托斯传》注疏,147页,布雷希,第一位梵蒂冈神话作家,130 Bode = 2.28 Zorzetti,第二位,112 Bode,第三位,14.1 Bode)令人石化的美貌这一说法越来越流行,又反过来影响到佩耳修斯的故事本身的文学演义。马尼吕斯在公元前1世纪初写道,"佩耳修斯没有被戈耳工石化,反倒因看到安德洛墨达而石化"(《论天文学》,5.570)。[①]

理性化神话学家狄奥尼修斯·斯库托伯拉齐俄(Dionysius Scytobrachion)写于公元前2世纪的作品映射在作家狄奥多罗斯写于约公元前30年的著作中(3.52.4—55.3;比较普林尼,《自然历史》,6.36)。狄奥多罗斯详尽地描述了与佩耳修斯对战的戈耳工姐妹。本来是三位戈耳工女怪,被引申成为利比亚女勇士一族。女勇士一族生活在利比亚以西,毗邻阿特拉斯和克尔涅城的地方。然而,与帕莱法托斯的说法不同,戈耳工女勇士没有住在克尔涅。虽然她们打算把克尔涅据为己有,但可惜,克尔涅人和另外一个女勇士种族——利比亚的亚马逊人(Amazons)——联盟,在大战中打败并消灭了戈耳工军。后来,

---

① 对于卢西恩的文献,我要感谢我的同事蒂姆·惠特马什(Tim Whitmarsh)教授。

在王后美杜莎的领导下，戈耳工军再次壮大，不过却被佩耳修斯打败。最终，当赫拉克勒斯向西穿越利比亚去修建"支柱"时，把两支娘子军全部消灭。这种合理化演义最有趣的点是，它似乎吸收了佩耳修斯故事中重复出现的母题，即佩耳修斯与娘子军对战，就像他与狄奥尼索斯的疯狂娘子军的对垒。

在接下来的一个世纪里，明多斯（Myndos）的传奇作家（paradoxographer）亚历山大讲述了一段截然不同的戈耳工故事（阿特纳奥斯[Athenaeus]，《欢宴的智者》[*Deipnosophists*]，211）。他笔下的戈耳工是一种野羊（sheep），生活在利比亚的努米底亚（Numidians）。平时，野羊的眼睛被厚厚的刘海遮住，盯着地面，所以野羊也被叫作"向下观察者"（downward-looker）。如果野羊摇头甩开刘海，眼睛里射出的光能杀死任何看到光的人。野羊的呼吸也能杀人。在此，一方面，戈耳工离本来的面目越来越远：甚至已不再是广义的人形动物，而是非洲外来物种的一部分。另一方面，此处提到的物种过于怪异，已经背离合理化的解读。①

公元2世纪晚期的保塞尼亚斯成功地融合了赫拉克利特、帕莱法托斯和狄奥多罗斯三人的故事，即美杜莎拥有惊人的美貌（赫氏），美杜莎是继承了父亲福耳库斯的王位的女王（帕氏），

---

① 威尔克（2000：90—92）考虑过，这种描述是否是牛羚或蛮羊。

佩耳修斯

美杜莎是彪悍、骁勇善战的女勇士之王(狄氏)。

美杜莎是福耳库斯的女儿,父亲去世后,她继位统治着住在特里同尼斯湖(lake Tritonis)周边的子民。她外出打猎,率领利比亚人作战。故事中,美杜莎的军队驻扎在佩耳修斯军队的对面(佩耳修斯率领的是来自伯罗奔尼撒的精兵强将),夜晚,美杜莎死于对方的诡计。虽然她已经死掉,但佩耳修斯对她的美貌惊诧不已,遂斩下她的头展示给希腊人看。迦太基人(Carthaginian)普罗克勒斯——欧克拉提斯(Eucrates)的儿子——讲述的故事似乎更为合理(*FHG* iv, 484 页, *fr.* 1)。利比亚的沙漠地区盛产各种各样的野兽,这些报道令人难以置信。其中就有疯狂的男人和疯狂的女人。普罗克勒斯说,他曾亲眼看到疯人族的人被带往罗马。所以,他推断说,有一位疯狂的女人与族人走失,流落到特里同尼斯湖,摧毁了当地人,后来佩耳修斯杀死了她。

(保塞尼亚斯,2.21.5—7)[①]

我们可以再次回顾公元 5 到 6 世纪的作家约翰·马拉拉斯所讲述的佩耳修斯和美杜莎的故事(35—39 页,丁道夫)。合

---
① 普罗克勒斯的时间不得而知。

理化的一步是否是用神秘怪物替代魔法工具仍悬而未决，但可以肯定地说，马拉拉斯改写了佩耳修斯的行为，使其在自己的时代更加合理。不过马拉拉斯的作品也反映出合理化过程中约定俗成的一面：佩耳修斯冷漠无德，随意屠杀无辜的女性美杜莎，美杜莎是疯女人。合理化过程中隐含着佩耳修斯残酷无情的一面，正好为马拉拉斯所用，败坏这个异教徒英雄的名声，否则佩耳修斯会更受人尊敬、受人欢迎。

约公元前 23 年，贺拉斯的一首颂歌中最早出现了宙斯令达那厄怀孕的合理化演义，贺拉斯在歌中用黄金雨的意象表达出有人用金钱贿赂了达那厄及其守卫，以换取性接近（《颂歌集》，3.16.1—11；比较约翰·马拉拉斯，34 页，丁道夫，乔治·塞德里努斯，1.39—41）。从文艺复兴全盛期开始，贺拉斯关于达那厄故事的演义为主流观点所接受，特别是诸位画家，比如提香（Titian）、丁托列托（Tintoretto）、提埃波罗（Tiepolo）、布歇（Boucher）和克里姆特（Klimt），均在画作中将黄金雨描绘为倾泻而下的金币雨，于是达那厄的形象从被亵渎的无辜女孩转变为阅人无数、要价昂贵的高级妓女。①

---

① 提香：《达那厄接纳金雨》（1560 年）；丁托列托：《达那厄》（1578 年）；提埃波罗：《宙斯和达那厄》（1733 年）；布歇：《达那厄接纳金雨》（1740 年）；克里姆特：《达那厄》。参见 Reid 1993：i, 319—323。

公元前后，科农对安德洛墨达的故事进行合理化演义（*FGH* 26 *fr.* 1 引自佛提乌，《群书摘要》，no. 186）。刻甫斯的女儿安德洛墨达有两个追求者，一个是刻甫斯的兄弟菲纽斯，另一个是菲尼克斯（Phoenix）。刻甫斯选中了菲尼克斯，但是不想受到兄弟菲纽斯的责难，于是安排菲尼克斯乘他的名为"Kētos"——"海怪"——的船将女孩抢走。船名为海怪，"或者是因为船外表像海怪，或者是随意取了一个名字"。佩耳修斯恰好乘船经过，看到哭泣的女孩便产生了恻隐之心，于是击沉"海怪"船，杀死了船上的船员——"船员因为吃惊而变成了石头"——并将女孩带回希腊成为自己的妻子。这里把海怪解释为船只颇为有趣。可能最初只是无意之举，从古代晚期以来，古代的船只往往会使用海怪的头作为攻城锤。古代艺术作品中保留下来的船只像上述故事中一样装饰有海怪图案：古代船只往往肖似我们心目中的北欧海盗船（Viking ship）（例如 *LIMC* Ketos nos. 46—50）。这反过来又证明了对帕莱法托斯的古怪的戈耳工船进行的考古学分析：他的解读是否是对已有的海怪船传统的再修改、再加工？[①]

[①] "海怪"号船，参见 Boardman 1987: 81 和 1997: 734—735。

小结

佩耳修斯的形象可以被不同的王国、王朝和个人以不同的方式来装扮、粉饰自己。他还能被用来协调种种相同和不同的归属之争，无论是希腊人之间，还是希腊人和希腊之外其他地区的人之间。一方面，佩耳修斯是最具希腊特色的英雄，他的冒险故事给希腊当地的风景留下了不可磨灭的印记，当地的树木、墙、石头乃至动物，都和他密不可分。另一方面，他是波斯人的祖先，波斯人是给希腊人带来最大威胁的民族。佩耳修斯是性格张扬的希腊英雄，不得不到处游历，希腊化时期的希腊人因大流散而流离失所，佩耳修斯无疑是最理想的希腊象征。他曾经游历到波斯和叙利亚，使塞琉古王朝统治下的来自希腊的外籍居民有归属感，而他曾经游历到埃及和利比亚，安抚了托勒密王朝中希腊人的心灵。合理化作家以不同的方式解读了佩耳修斯的故事。他们创立了自己的传统——与佩耳修斯的故事并行不悖的传统，不过有时他们的演义会直接反作用到佩耳修斯故事本身。合理化作家的演义解读为中世纪佩耳修斯的寓言化奠定了基础。而佩耳修斯故事的寓言化，以及古代之后佩耳修斯故事在更广泛的空间内的流传，是我们下章即将讨论的。

佩耳修斯效应

Perseus Afterwards

六、古代之后的佩耳修斯

从傅箴修到弗洛伊德：美杜莎故事寓言化的三个时期

前面几章概括介绍了古代文学及艺术作品中的佩耳修斯故事。佩耳修斯对其后的西方传统影响深远，无法展开概括介绍，因此，本章重点在三个主题：第一，中世纪初开始，不知疲倦地对佩耳修斯故事的寓言化处理，至今仍方兴未艾。第二，佩耳修斯突变为基督教骑士圣乔治和罗杰（Roger）。第三，佩耳修斯在西方艺术中的高光时刻，伯恩-琼斯创作的《佩耳修斯系列画作》。

中世纪早期到 12 世纪，拉丁文学繁荣兴旺、欣欣向荣。佩耳修斯在拉丁文学中自相矛盾地发展，对他的合理化演义与寓言化处理并驾齐驱。无论是合理化还是寓言化，背后共同的理念是佩耳修斯故事的原文本模糊不清，需要进行合理性解读，当然合理化和寓言化往往背道而驰。合理化演义坚信，神话故事传递的是一系列历史事件，只不过就像传话游戏一样，在传递的过程中走上歪路。寓言化则假定，神话故事忠实传达着神秘抽象的真理，只不过真理外包裹着神话华丽的意象。要是神话故事解读成功（无论是合理化还是寓言化），那么就不应受到其他解读的影响。此外，如前所述，合理化寻求的是主题之中的平庸无奇，而寓言化追求的是主题之中的异乎寻常。

公元5世纪末，作家傅箴修（Fulgentius）开始对戈耳工故事进行合理化演义，他沿袭了帕莱法托斯的传统，而后者的观点要归功于提奥尼德斯（Theocnidus，《神话学》[*Mitologiae*]，1.21）。国王福耳库斯去世后，给三个女儿留下巨额财富。其中一个女儿美杜莎能力非凡，通过农业（farming）活动不断累积财富，并因而被称为"戈耳工"，希腊语单词 *geōrgoi* 的仿词，意为"农夫"。因为她的狡猾而被描述为有一个蛇形的头。佩耳修斯乘船而来，于是传说中他"长了翅膀"，他贪图美杜莎的土地，于是杀死了美杜莎并将她的土地据为己有。他抢走了她的财产，于是传说中他带走了她的头颅。佩耳修斯的财富因为占领美杜莎的国家而扩张，他还入侵了阿特拉斯的国家，阿特拉斯被迫到山中躲避，于是传说中他使用戈耳工的头把阿特拉斯石化成为山脉。至此，傅箴修转而寓言化去解释希腊人为佩耳修斯故事"添枝加叶"（embroidering）的意义何在？戈耳工象征着三种恐惧（terror）。斯忒诺象征着令人脆弱的恐惧，斯忒诺的名字来源于 *asthenia*，意为"**脆弱**"。欧律阿勒象征着思想广度的恐惧，欧律阿勒名字的意思是"宽广"。美杜莎象征着遮蔽思维、遮蔽视线的恐惧，美杜莎的名字来源于词组"**看不见**"（*mē idousa*）。佩耳修斯，象征着美德或男性勇气，他在雅典娜——智慧的象征——的帮助下，摧毁了上述三种恐惧。他把脸扭开是因为美德从不轻视恐惧。他手持镜子是因为恐惧从人的外表中可以反映出来。佩伽索斯——美杜莎的骨血，象征着名声，因此"长着翅膀"。佩伽索斯为缪斯创造了赫利孔山（Hippocrene）的灵泉，象征着名声进入纪念艺术。

佩耳修斯故事的寓言化处理，把故事中的各色人等当作了抽象道理的象征。不过，神话中的某个人物象征着哪种品质，却有不同的说辞。雅典娜象征着智慧，缪斯象征着艺术，因为她们本来就是智慧和艺术的主宰女神。佩耳修斯不是男性勇气的主宰，戈耳工也不是恐惧的主宰，但是，男性勇气和恐惧正是佩耳修斯和戈耳工身上体现出来的品质，这一点毋庸置疑（赫西俄德的《列女传》已然将佩耳修斯刻画为战胜恐惧的大师[Master over Terror]，*fr.* 129.15 MW）。但是，即使把故事当作寓言，佩伽索斯被赋予的象征和故事中的他并没有必然联系。戈耳工姐妹的名字如何派生出象征意义也是有趣的话题。美杜

莎的名字改写为 *mē idousa*，被拿来直接传达她的重要意义。欧律阿勒名字的意思是"宽跳"（Broad Jump）。第二个字"跳"直接被忽略，直接取了第一个字"宽"的意义。简言之，斯忒诺本身的意思是"脆弱"，希腊语单词 *asthenia* 被用来表示支持。其实，斯忒诺的意思正好相反，即"**力量**"（来源于 *sthenos*，*asthenia* 恰恰是它的否定反义词）。可以推断，傅箴修的演义背后的逻辑是从反义词的角度来表述。傅箴修的解读得到西方社会的热烈追捧，三位梵蒂冈的神话作家活跃在 9 到 12 世纪，受到傅箴修的深刻影响，其中第三位神话作家甚至直接引用了傅箴修的名字（第一位梵蒂冈神话作家，130 Bode=2.28 Zorzetti；第二位，112—114 Bode；第三位，14.1—4 Bode）。

特策利与第三位梵蒂冈神话作家是同时代作家，他延续的是希腊传统，而非拉丁语传统，他对戈耳工故事作出截然不同的合理化演义（论［吕哥弗隆］《亚历山德拉》，17）。特策利笔下，戈耳工故事所蕴含的不是道德真理，而是气象学（meteorology）上的知识。太阳（佩耳修斯）被空气（雅典娜）用来蒸发（斩首）海洋的精华（美杜莎），蒸发的精华很像空气。但是，却无法蒸发（斩首）海洋中更稳固（不朽）、更重的元素（斯忒诺和欧律阿勒）。水分蒸发后较重的部分以雨的形式又"**流**"（*pēgazein*，佩伽索斯）回地球，而较轻的部分变成闪光的苍穹（手持"金剑"的克律萨奥耳）。

意大利文艺复兴是美杜莎故事被寓言化的第二个关键时期。文艺复兴的寓言并非完全从头开始，而是至少有一部分根植于傅箴修的演义。14 世纪末，佛罗伦萨议政官（Chancellor of Florence）科卢乔·萨卢塔蒂（Coluccio Salutati）把戈耳工故事当作散文文体的寓言（《赫拉克勒斯的试炼》[*On the Labours of Hercules*]）。和傅箴修一样，斯忒诺仍然指代的是脆弱，不过在此特别指代的是虚弱无力的文风。美杜莎仍然指代的是一种盲目，或者忘却，因为她象征着让人们忘记初心的修辞手法。她的蛇象征着狡黠的修辞论辩，能传达智慧。15 世纪 90 年代晚期，在莱昂内·埃布雷奥（Leone Ebreo）的心目中（《爱的哲学》[*The Philosophy of Love*]），佩耳修斯战胜美杜莎象征着灵性战胜了世俗的罪恶，傅箴修曾把"戈耳工"和地球的创造相关联，莱昂内的解读应该是借自傅箴修。英格兰伊丽莎白女王统治时期，弗兰西斯·培根（Francis Bacon）巧妙地将戈耳工解读为战争的寓言，与傅箴修的解读相距甚远（《论古人的智慧》[*The wisdom of the ancients*]，1609 [拉丁语版]，1619 [英语版]）。美杜莎，作为戈耳工姐妹中唯一会死掉的凡人，代表了一场能够打完并打胜的战争，和另外两个姐妹不一样。想战胜戈耳工，需要的是灵敏（飞靴）、隐蔽（隐形帽）和侦察（镜面／反光盾牌）。①

---

① 本节讨论的所有作品，为了方便，全部选自 Garber 和 Vickers，2003。

美杜莎故事寓言化的第三个时期就是现在。美杜莎不仅是她自己，还一定象征着什么，这种认知一直方兴未艾。戈耳工的故事及其代表的意象来自古代费解的谜题，需要目光如炬的洞察力解释清楚，需要破解背后深奥的真理。破解谜题的心态从学者的文章题目中可见端倪，如埃尔沃西（Elworthy）的《戈耳工神话之解》（"A Solution of the Gorgon Myth"）和威尔克的《美杜莎：解开戈耳工的神秘》（*Medusa: Solving the Mystery of the Gorgon*）。这些见解明了、洞察力强的观点，有些是根植于古代文本或更早的寓言，如戈耳工象征着恐惧、太阳、月亮、海洋、火山、沙漠、风暴云（storm-clouds）、狮子、山羊、猫头鹰、大猩猩、章鱼（octopus）和冥界恶魔。其中，我们最先留意到的是荒谬的章鱼理论，虽然无法解释这种理论是怎么流行开来的，其次，风暴云理论更合理、更得体，超乎最初的想象。[1]

戈耳工故事的现代寓言中，弗洛伊德的解读影响最大。

---

[1] 19—20世纪关于戈耳工理论的综述，参见Howe 1952：7—32，1954：209—212，Croon 1955：12，及Wilk 2000：93—95，特别是Hughes 和Fernandez Bernades，1981：58—69。章鱼理论：埃尔沃西（Elworthy），1903，其后是雷特温（Lettvin），1977，Wilk 2000：100—104还增添了鱿鱼、墨鱼。风暴云理论：Roscher 1879，一个很好的案例，其后是Furtwängler 1886—1890。月亮理论（最近的研究是苏尔［Suhr］，1965），压力山大港的克莱门特观察发现，俄耳浦斯派把月亮称为"戈耳工"，因为月亮上的脸（《杂思录》［Stromata］，5.8.49.4）。Kaiser Wilhelm II 1936（是的：就是那个威廉二世收集整理了一系列人类学象征，不加区别，令读者忍俊不禁。

1922年，弗洛伊德撰写了一篇主题为戈耳工的短文，文章直到1940年才正式发表。弗洛伊德提出，戈耳工故事的作用是减轻男性对于阉割的恐惧。砍头动作本身就象征着阉割，而美杜莎的头颅象征着成年女性的外阴，男孩初次见到会产生阉割的恐惧。美杜莎的蛇象征着女性的阴毛，但同时也象征着数量可观、令人宽慰、有着代偿作用的阴茎。美杜莎令人石化的凝视会进一步宽慰男孩，让他们勃起时仍然能坚挺。弗洛伊德的理论太随意，让人想起卢西恩低俗的笑话（参见第五章），两者都没什么价值。弗洛伊德的理论，虽然没有提供有效的解释，却仍然受到精神分析（psychoanalysis）信徒、人类学家、历史学家和女性主义者（feminism）的热烈追捧。女性主义者西克苏（Cixous）辩白说，美杜莎的故事不仅仅讲述了男性的阉割焦虑，还讲述了与此对应的女性的砍头焦虑：男人为了回应阉割焦虑就企图剥夺女人的话语权和身份。令人惊讶的是，弗洛伊德的作品甚至说服了一些古典学者，他们用不同的方式细化了他的理论。斯莱特（Slater）把美杜莎的蛇重新比作外阴，而非代偿作用的阴茎。韦尔南（Vernant）把戈耳工与鲍波（Baubo）进行了比较，鲍波是古代某不知名人士，他的肖像确实把人脸和外阴合结合在一起。在弗洛伊德的代偿作用的阴茎之外，科萨波（Csapo）又增加了戈耳工头像所表现出来的野猪牙和耷拉的舌头，还有美杜莎的孩子克律萨奥耳——"金剑"和"喷射出来"的飞马佩伽索斯。①

弗洛伊德的短文发表不久之后，萨特（Sartre）于1943年出版的美杜莎故事的另一寓言解读也影响深远。在《存在和虚无》（*L'ête et le neant / Being and Nothingness*）中，萨特认为美杜莎的头象征着他的一种理论：一个人——一个"主体"——会被别人的凝视"物化"。换言之，一个人本没有反思、没有自我意识，但别人的凝视使人的自我意识瘫痪。萨特之后，凝视成为艺术理论家、电影理论家关注的焦点问题。美杜莎的意象始终是他们关注的中心。有些艺术理论反过来影响到经典考古学的诠释。②

---

① Freud 1940。弗洛伊德的学生：比如费伦奇（Ferenczi），1926：360（最早1923）；科里亚特（Coriat），1941；埃尔温（Elwin），1943，比较 Glenn 1976。人类学家：比如奥贝耶塞克尔（Obeyesekere），1981。历史学家：比如赫兹（Hertz），1983。女性主义者：比如 Cixous 1975（比较艾尔伯格·施瓦茨［Eilberg-Schwartz］，1995：6—8）；孔夫曼（Kofman），1983：84—85；沃纳（Warner），1985：108—114；乔普林（Joplin），1991；Wilk 2000：217—224。古典学者：Feldman 1965；斯莱特（Slater）1968：17—18，319—336；Vernant 1991：112—116；Csapo 2005：97—103。科学波还发现佩耳修斯杀死所谓的"父亲角色"——波吕德克忒斯和菲纽斯背后的俄狄浦斯行为（虽然，奇怪的是，他杀死外祖父阿克里休斯反而不是俄狄浦斯行为）。

② Sartre 1943，与 H.E. 巴恩斯（Barnes）合著见 Sartre 1956。艺术理论：马林（Marin），1977；克莱尔（Clair），1989；欧文斯（Owens），1984。克莱尔的观点由贝尔纳迪尼（Bernardini），1993扩展到音乐理论。电影理论：斯蒂芬·希斯（Stephen Heath），1978；德·劳瑞蒂斯（de Lauretis），1984。经典考古学：Frontisi-Ducroux 1993，1995，Mack 2002。最后的文献很有趣（是否冗长啰唆），试图用萨特的方法分析古代美杜莎画像。却不知作者是否意识到自己应该感谢萨特。

基督教时期的佩耳修斯：圣·乔治和萨布拉公主、罗杰和安吉莉卡

佩耳修斯以不同的样貌仍然生活在希腊世界。19世纪莱兹波斯岛（Lesbos）的民间故事似乎就来自这个异教徒的故事（虽然不确定是否直接来自古代希腊）。故事是这样的：有个年轻人拥有一头奇特的小马驹，他征服了40条龙，打败了一只七头怪兽，并割下了怪兽的舌头。一个女巫（sorceress）预言说，他会去到另一个女巫的城堡，另一个女巫会让他喝下魔法酒，之后变成石头。他到达城堡，发现自己的兄弟已经被石化，他避开不喝魔法酒，并迫使女巫救活自己的兄弟，最后杀死了女巫。这个故事的有趣之处在于，它似乎将不少古老的故事融为一体：佩耳修斯的神助手、对抗海怪的任务、对抗戈耳工的任务和佩伽索斯。此外，还融合了奥德修斯与女巫基尔克的相遇桥段，奥德修斯避开不喝女巫端上的浓汤，没有被浓汤变成一头猪，他还迫使女巫把已成猪的同伴变回人形（荷马，《奥德修纪》，10）。[①]

安德洛墨达的故事可能最终演变成为我们最爱的屠龙传奇，即圣乔治和龙的故事。广义的圣乔治传奇故事可以追溯到

---

① 乔治亚基斯（Georgeakis）和皮诺（Pineau），1894：84；Hartland 1894—1896：iii, 100。

公元6世纪，但他和龙的关联直到12世纪的《圣乔治传奇》（*Miracula Sancti Georgii*）才得以证实（《罗马天使法典》[*Codex Romanus Angelicus*]，46，pt. 12，以希腊语写就），彼时，其他基督教的圣人已经屠龙八百年了。总而言之，美丽的城市拉西亚（Lasia）的国王塞尔比乌斯（Selbius）崇拜的是偶像，不是基督教，于是上帝决定施以惩罚。他命一条恶龙生在该城附近的湖中，并吃掉前来湖边打水的人。国王的军队对恶龙无能为力，于是国王和市民们决定，为了安抚恶龙，将城中的一个孩子献祭给它，国王唯一的女儿被选中（后续的故事中女儿有了名字，叫萨布拉）。女儿被盛装打扮，身着紫色亚麻衣服，戴着金饰珍珠，父亲含着泪水把她送走，虽然他曾提出用金银赎回女儿，但子民们不同意。乔治准备返回家乡卡帕多西亚（Cappadocia），正好路过此处，看到女孩坐在那里哭泣，等待着被巨龙吞食的命运，于是乔治上前询问女孩哭泣的缘由。听女孩讲述了缘由，乔治向上帝祈祷，希望获得上帝的帮助能消灭巨龙，祈祷的同时手里画着十字。恶龙倒在他脚下。乔治把女孩的腰带和自己的马笼头给巨龙带上，让女孩牵着龙返回城里。国王和市民，乍见巨龙感到恐惧，得知原因后，马上高声宣布开始信仰基督教的上帝。乔治用剑杀死巨龙，把女孩还给国王。乔治唤来亚历山德拉的主教为国王及其子民施洗礼。国王他们修建了一所教堂，冠之以乔治的名字，在教堂中，乔治的呼唤产生了一口圣泉。再向外发展，圣乔治的传奇以巴勒斯坦（Palaestine）为中心，重点描述的是约帕，及邻近城市吕大（Lydda）和推罗（Tyre）。屠龙的地点——拉西亚，应该是虚构的地名，意思是"陡峭的地方"。之后，故事的修订本也明确说明故事发生在巴勒斯坦，不过作者最初想象故事发生在哪里，仍然不确定。有相当的证据证明，圣乔治的探险故事在某种意义上是佩耳修斯故事的重写。当然，佩耳修斯的传说在希腊东部一直流传着，12 世纪学者特策利和尤斯塔修斯对他的故事异常熟稔，拉丁语地区也一样，梵蒂冈的神话作家也十分熟悉他的故事。13 世纪雅各布斯·德·佛拉金（Jacobus de Voragine）所著《金色传奇》（*Legenda Aurea / Golden Legend*，58）使乔治屠龙的传说在拉丁语地区也成为经典，书中屠龙的地点恰恰是利比亚。[①]

1516 至 1532 年间，路多维其·阿里奥斯托（Ludovico Ariosto）出版发表了意大利文艺复兴时期最伟大的史诗《疯狂的奥兰多》（*Orlando Furioso*）的几个版本。史诗自然借

[①]《罗马天使法典》的相关部分由奥夫豪斯（Aufhauser），1911：52—69 再现，其中 74—76 页为拉西亚的问题，202—206 页为《金色传奇》的相关部分。最后一个文献的翻译可见于瑞恩（Ryan），1993。圣乔治来自佩耳修斯，参见 Hartland 1894—1896：iii, 38—47, Fontenrose 1959：515—520。

鉴了经典故事，特别是其最广为流传的一段：罗杰（Roger/Ruggiero）从海怪手中救出安吉莉卡（Angelica）的那段（cantos 10.92—11.9）。史诗的叙事五彩纷呈，令人目眩神迷，再现了传统佩耳修斯故事的母题。布列塔尼（Breton）海中的眼泪之岛（Isle of Tears）住着一群海盗，他们为非作歹，强抢民女后献给来袭的海怪，海怪被称为杀人鲸（orca）。罗杰乘着鹫马（hisppogryph，马－狮鹫）从岛上空飞过，刚好看见安吉莉卡，安吉莉卡赤裸着被绑在岸边的石头上。乍一看，他先把安吉莉卡当作了石膏或者大理石雕像。罗杰立刻爱上了她，把老情人布拉达曼特（Bradamant）抛诸脑后。他刚向安吉莉卡求爱，海怪就跑来准备吃掉祭品。海怪的样子完全效仿古代的叙事，它长着巨大的尾巴，头像野猪。罗杰乘着鹫马升入空中，然后俯冲下来用长矛攻向怪物，但长矛无法刺穿怪物的甲壳。海怪在水里翻来滚去，溅起巨浪，罗杰的鹫马不知道是在空中飞还是在水中游泳。他决定要使用魔法盾牌的夺命闪光来对付海怪。他先让安吉莉卡戴上护身符戒指，以免受到盾牌影响，然后揭开盾牌，盾牌发出的光芒像太阳一样强烈，一旦击中海怪的双眼，就会让它眩晕。罗杰还是无法刺穿海怪的皮肤，于是不再对付它，转而去解救安吉莉卡，把她送上鹫马的背上，带着她飞到邻近的海岸，他准备在那里满足自己的欲望。但他还没来得及脱下盔甲，安吉莉卡就把护身符戒指放入嘴中，让自己隐形，从他身边逃开了。在此，他的魔法盾牌替代了佩耳修斯的反光盾牌和戈耳工的头颅，而隐形护身符戒指显然是向佩耳修斯的隐身帽致敬。

佩耳修斯和安德洛墨达、圣乔治和萨布拉公主、罗杰和安吉莉卡，彼此命运纠缠不休，特别是在美术作品中，三个故事相互融合、相互作用。中世纪早期，柏勒洛丰和佩耳修斯两者混淆不清，再加上骑士应该拥有坐骑的基本要求，意味着在画中，佩耳修斯一定是骑在佩伽索斯背上去拯救安德洛墨达。因此，罗杰一定要骑在鹫马背上。

伯恩-琼斯的《佩耳修斯系列画作》

自文艺复兴以来，佩耳修斯的故事在西方的文学、戏剧和音乐中自然地再次引人注目，特别是在艺术领域。相比美杜莎被砍头，达那厄受孕和安德洛墨达获救这两个主题更受画家们欢迎，原因无非是这两个主题的主人公恰恰是古典主义所青睐的裸女形像。从古代开始，佩耳修斯始终是艺术作品描绘的对象。虽然在黑暗的中世纪，佩耳修斯主要出现在拉丁语天文学著作的手抄本插画中，如由西塞罗翻译为拉丁语的阿拉托斯的

《物象》，日耳曼尼库斯和许吉努斯的《论天文学》（参见第四章）。精美的插画可以一直追溯到加洛林王朝（Carolingian）时期。在手抄本上，尽管有基本的限制——星座图案和身体部分、身体特性的关系是固定不变的，但画家的想象力得以自由发挥。这些插画点燃了艺术家的灵感，才有了世界上最著名的佩耳修斯单人像——1545—1554年切利尼（Cellini）创作的佩耳修斯青铜雕像，位于佛罗伦萨的佣兵凉廊（Loggia dei Lanzi）。①

西方艺术中最值得详细描述的佩耳修斯作品是爱德华·伯恩–琼斯没有完成的《佩耳修斯系列画作》。伯恩–琼斯最初接触佩耳修斯主题时，是打算给同事威廉·莫里斯（William Morris）的英雄双韵体（heroic-couplet）史诗《俗世的天堂》（*The Earthly Paradise*）中"阿克里休斯的命运"片段创作28副木刻插画作品。史诗的开场令人印象深刻，达那厄好奇心起，观赏着贺拉斯式的铜塔，她出于好奇，进入铜塔后，突然被锁在了

---

① 篇幅所限，根本不可能列举完文本和手工制品。最有帮助的（虽然不是最完整）是按照时间顺序整理的目录，参见 Reid 1993: i, 319—323, ii, 870—883（在"达那厄"和"佩耳修斯"词条下）。中世纪法典中的星图，参见 Langlotz 1951, 1960, Phinney 1971: 461, Schauenburg 1960: 129—130, Phillips 1968: 16—23 和 plates 16—20, 戈特尔（Götter），1990: 148—151，洛克斯（1994a: 348）和威尔克（2000: 107—128）也探讨了希腊–阿拉伯传统下的星图。切利尼的佩耳修斯：布劳恩贽尔斯（Braunfels），1948。

其中（172—173）。诗中描述宙斯由阳光变成黄金雨，令达那厄怀孕，是维多利亚时期为数不多的对女性性高潮的描述（180—182）。莫里斯的史诗有亚瑟王故事的影子，毋庸置疑，前来救人的狄克堤斯由卑微的渔夫化身为持鹰打猎的骑士（188）。佩耳修斯对付戈耳工的过程极其精炼：雅典娜，最初装扮成老妇人，是他唯一的神祇帮手，直接把装备送给他，没有提到纽墨菲，也没有水中仙女。诗中的美杜莎也别具一格：美杜莎命运悲惨，她很美丽，但受到雅典娜摧残，头发上盘着一窝（好像没有固定在头上的）蛇。佩耳修斯砍掉她的头被描述为富有同情心之举，拯救她于水火（200—205，217）。对付"甜美的安德洛墨达"（名字与"玩耍"押韵，228）的海怪身体是"蛇形"，一条"蠕虫"，佩耳修斯仅仅挥出一剑，就轻松地打发了它（211，214—215）。对年迈的阿克里休斯的刻画动人心弦，特别是他意外死亡前，心怀焦虑地凝视前方，好像在寻找敌人（235）。

伯恩-琼斯放弃了为史诗创作木刻的计划，但莫里斯诗歌对他的影响仍在。1875年，他答应为未来的英国首相巴尔弗爵士（Lord Balfour）创作10副以佩耳修斯为主题的系列画作装饰一个房间。这系列画作还有为石膏浮雕作品准备的草稿，一直到1898年，画家去世时仍未完成。大量准备阶段的材料流传下来，但该项目最重要的残余作品包括十幅水彩画及不透明色的草图

（1885），现存于南安普顿城市艺术馆（Southampton City Art Gallery），以及6幅油画，其中4幅已完成，现存于斯图加特（Stuttgart）的国家美术馆（Staatsgalerie）(1885—1888)。伯恩-琼斯的画作跳过了"家族传奇"部分，重点关注怪物部分，虽然他曾经创作过一幅《达那厄》或《铜塔》的画（1888），显而易见，莫里斯史诗引人入胜的开篇对他的画影响深远。[①]

伯恩-琼斯的画作和莫里斯一样，在许多方面带有明显的中世纪风格。画中的主要人物头部上方空间极低，呈现出中世纪艺术中显著的"低天花板"（low-ceiling）效果。典型的中世纪技法还有把次要情节置于背景之中，重新布局前景人物（画1）。群体人物的结构向文艺复兴早期艺术作品致敬：比如，他的三位"海中纽墨菲"（画3：海中仙女和涅柔斯要么是同一批人物，要么已经混为一谈）令人联想到波堤切利（Botticelli）的《春》（Primavera）中的美惠三女神（Graces）。伯恩-琼斯画中人物的服饰绝对出自中世纪的精工巧匠，一部分是向文艺复兴初期的意大利风情致敬，一部分是向亚瑟王风情致敬：佩

[①] 佩耳修斯系列画作，首先参见洛伊赫尔（Löcher），1973，以及安德森（Anderson）和卡森（Cassin），1998。还应关注克斯特纳（Kestner），1984；布鲁克米勒-根洛特（Bruckmuller-Genlot），1985；威尔德曼（Wildman）和克里斯蒂安（Christian），1998：221—233。《达那厄》或者《铜塔》，可比较 Morris 1968：172—173。

耳修斯被刻画为亚瑟王骑士（只不过没骑马）。

伯恩-琼斯的画充满浓厚的象征主义（symbolism），这在本来设计为石膏浮雕的画 5 中尤其突出，该图刻画了佩伽索斯和克律萨奥耳从美杜莎被砍断的脖子上出生的场景。画家千方百计让观者不要把画看作一个整体。首先，画中人物的旁边都标有姓名，典型圣像画（icon）的作风。第二，每个人物草图都是风格迥异、质地不同，试图表明人物将出现在各自不同的色布上，并且用剪贴簿技法生硬地重叠起来。显然，在石膏浮雕上效果会更加明显。无论如何，佩伽索斯那肌肉饱满的马蹄正从无头的美杜莎那萎弱的身体中出来，美杜莎的身体采用了画家阿尔伯特·摩尔（Albert Moore）细腻的画风，似乎属于另一个世界。这幅画中还有美杜莎头颅滴下的血生成利比亚毒蛇的画面，是为数不多的利比亚毒蛇的画作，也非有意为之吧。①

安德洛墨达（画 8—10）似乎是伯恩-琼斯兴趣的焦点。当佩耳修斯和蛇形或鳗鱼形的海怪搏斗时（画 9，参见图 9），被它蔓藤花式的尾巴缠住，似乎与海怪融为一体。他的盔甲和海怪的皮肤颜色相同（在草图中更深些，在画中更绿些），呈现金属质感，佩耳修斯修长的四肢和海怪的尾巴相互交错。他脚上所穿的飞鞋、鳞状甲胄、精致的头盔，和海怪长有倒钩的

---

① 鲜血生成毒蛇，被误解为切断的蛇锁：Anderson 和 Cassin，1998：28。

头在造型上相呼应。伯恩-琼斯在1868年的《圣乔治系列画作》（*St. George Series*）中采取同样的手法，画中，巨龙似乎穿着闪闪发光的黑色护甲，和圣乔治的铠甲相呼应。

佩耳修斯、海怪和弱化的背景都呈深色，与之对比鲜明的是赤裸苍白的裸女安德洛墨达，她背对观者，人物鲜明突出。伯恩-琼斯显然延续了奥维德的说辞（《变形记》，4.675），即安德洛墨达裸露着，像一尊大理石雕像，令人联想到伯恩-琼斯的《皮格马利翁系列画作》（*Pygmalion Series*，1868—1870）中的加勒提阿（Galatea）。她手上的锁链精巧细致，令人联想到亚历山德拉发现的希腊化时期罗马人创作的安德洛墨达躯干雕像，雕像上的锁链遮盖到她大腿根部，两者出奇地一致（*LIMC* Andromeda I no. 157）。①

有人发现，赤裸着身体的安德洛墨达被绑的岩石上有阴茎的意象（画8—9），特别是佩耳修斯似乎与之融为一体的蛇形怪物（画9），如图所示。怪物硕大的尾巴穿过佩耳修斯双腿间并高高地竖在他肩头。面对赤身裸体、无依无靠的安德洛墨达，看来佩耳修斯已经做好准备，用他那怪物一样、巨大的那块儿夺去她的贞操。有些人在系列画作中读出些许雌雄同体

---

① 安德洛墨达是伯恩-琼斯突出的焦点：Löcher 1973：105—106。

图 9：爱德华·伯恩 – 琼斯爵士（1833—1898），《佩耳修斯系列画作：使命完成》[Sir Edward Burne-Jones （1833—1898）, *Perseus Series: The Doom Fulfilled*]

（androgyny）的味道，在此大概可以消除吧。①

安德森（Anderson）得意扬扬地观察道，"即使（伯恩－琼斯的）骑士身着闪亮的盔甲，落难少女看起来始终心情'倦怠'，一种厌倦的冷漠，哪怕身陷困境，马上要被海怪吃掉"。的确，纵观佩耳修斯系列画作，佩耳修斯、戈耳工和安德洛墨达无论是脸庞、身体还是动作，都弥漫着伯恩－琼斯特有的品质，似乎融合了淡定、安静、被动、倦怠、厌世、悲哀、失恋和精神上的蔑视。从这个意义上看，画中人物奇怪地与其所处的场景格格不入：他们只是象征符号，而非全情投入的演员。②

显然，伯恩－琼斯心系佩耳修斯，1877 年回去创作了以圣乔治为主题的《圣乔治》，结果是让这两位屠龙英雄完美地融合了。在这幅圣乔治的全身像中，圣乔治呈站位、淡定从容、不慌不忙，靠着自己的长矛休息，身前举着一张佩耳修斯式的镜面盾牌。在盾牌反光中，可以看到萨布拉公主，她身边盘绕着一条蛇形巨龙。萨布拉公主双手举起，手腕被缚，她的体态

---

① 阴茎的意象：Kestner 1984：113（96 页，而雌雄同体见 116 页），Bruckmuller-Genlot 1985：61—62，慕尼里（Munich），1989：123—125（最后一个文献充满恶意、冷漠无情）。

② Anderson 和 Cassin，1998：6；比较 Bruckmuller-Genlot 1985：61—62，Wildman 和 Christian，1998：222。

和裸体都令人联想到安德洛墨达。[1]

小结

从古至今,佩耳修斯的传奇故事一直不断地被讲述着。当然,最吸引我们的是不解谜团——戈耳工的本性是什么。但最终的结论是,佩耳修斯只是一个故事,或者说是层层嵌套的故事集,具有故事所有的迷人之处:一个完美的英雄、一个经典的冒险结构、令人满意的报复、充满情欲色彩的浪漫爱情、引人入胜的民间故事母题,最后但同样重要的是,一对可怕却迷人的怪物。

---

[1] 比较 Munich 1989:127—129。

结语：佩耳修斯的个性

佩耳修斯作为英雄很容易令人崇拜，但极难令人喜欢。在希腊诸位英雄中，佩耳修斯是唯一一位个性难以概括的人。大部分时候，我们只能把他当作动作英雄的代号。由两个相关现象造成。其一，现存的文本极少提到，英雄佩耳修斯是否曾经陷入困境或者情感的挣扎，使他能表现出自己的个性。与阿克里休斯不同，他无须面对难题：唯一的女儿所生的儿子命中注定要杀死自己。与刻甫斯不同，他无须牺牲亲生女儿才能拯救自己的子民。他的爱情生活简单明了、乏善可陈，没有单相思，没有被爱人拒绝，无须作出什么选择。佩耳修斯只不过做了该做的，轻轻松松就打败了讨厌的怪物，打败了敌对的神祇（在对战前他是否会紧张胆怯，不得而知），最后，带着可爱的妻子返回故乡。在他身上，最接近两难的选择是是否接任阿耳戈斯王位的问题，因为他不小心误杀了自己的外祖父。不过，王位问题竟然轻松得到解决。其二，没有任何古代的文学作品流传下来，能让我们构建出他的个性。他不是《伊利亚特》中的阿喀琉斯，不是《疯狂的赫拉克勒斯》中的赫拉克勒斯，也不是《美狄亚》中的伊阿宋。原因可能是，古代史诗作者或者古代悲剧作家发现很难为佩耳修斯找到第三个表达维度。佩耳修斯的经典冒险故事中，唯一添枝加叶和经久不衰的艺术处理是奥维德的《变形记》很值得一读，不过佩耳修斯的个性并非奥维德关注的焦点。[1]

---

[1] 关于坚持一夫一妻的佩耳修斯"乏善可陈"，参见 Schauenburg 1960：16，Dillon 1990：3，156—157。

附 录

Appendices

佩耳修斯故事的文学渊源

佩耳修斯故事主要的文学史料,及古代人对它的操纵处理,大致按照时间顺序列在下面。很多文献的时间是近似的或猜测的。大部分文本都有英译本,主要见于洛布古典丛书(Loeb Classical Library)。费雷西底残本的翻译参见第一章。更重要或更有价值的文本,标记了星号。所录条目,奥维德给出了最好的解释。图像文献借鉴了洛可斯(Roccos, 1994a)的排序。

约公元前 700 年

荷马,《伊利亚特》,8.348—349,14.319—320;《奥德修纪》,11.633—635

约公元前 700 年

* 赫西俄德,《神谱》,270—294

公元前 6 世纪中叶

* 赫西俄德,《赫拉克勒斯之盾》(《盾牌》),216—237

公元前 6 世纪中叶

赫西俄德,《列女传》残篇,129,135,137

公元前 6 世纪末

《塞浦路亚》残篇,30,韦斯特

约公元前 500 年

赫卡泰乌斯 *FGH* 1 残篇,22

约公元前 500 年

*西摩尼德斯,残篇,543,坎贝尔

公元前 498 年

品达,《皮提亚人》,10.29—48

公元前 490 年

*品达,《皮提亚人》,12.6—26

公元前 5 世纪初

埃斯库罗斯,《福耳库斯的女儿们》残篇,261—262,*TrGF*

公元前 5 世纪初

埃斯库罗斯,《渔网人》(*Dictyoulkoi*)残篇,46a—47c,*TrGF*

公元前 467 年

普拉提那斯,《佩耳修斯》,见埃里斯提亚斯 9 号 T1 *TrGF*

公元前 5 世纪中叶

埃斯库罗斯(?),《被缚的普罗米修斯》,792—809

约公元前 456 年

*雅典的费雷西底，*FGH*，3，残篇，26

公元前 468—前 406 年

索福克勒斯，《阿克里休斯》残篇，60—76，皮尔森/*TrGF*；《拉里萨人》残篇，378—383，皮尔森/*TrGF*；《达那厄》残篇，165—170，皮尔森/*TrGF*

约公元前 450 年

索福克勒斯，《安德洛墨达》残篇，126—136，皮尔森/*TrGF*

公元前 431 年

欧里庇得斯，《狄克堤斯》

约公元前 425 年

*希罗多德，2.15，91，6.53—54，150，220

约公元前 423—前 422 年

克拉提努斯，《塞里福斯岛人》残篇，218—232，K-A

公元前 5 世纪末

赫拉尼库斯，*FGH*，4，残篇，59，60，91

公元前 5 世纪末

欧里庇得斯，《达那厄》残篇，316—330a，*TrGF*

公元前 412 年

*欧里庇得斯，《安德洛墨达》残篇，114—156，*TrGF*

公元前 411 年

* 阿里斯多芬，《雅典女人在妇女节》，1009—1135

公元前 408—407 年

欧里庇得斯，《阿基劳斯》残篇，228a，*TrGF*

约公元前 389 年

波吕伊多斯，残篇，837，坎贝尔

公元前 4 世纪

司库拉克斯（化名），104 = *GGM*，79

公元前 4 世纪或之前

提洛岛的狄纳尔科斯，*FGH*，299，残篇，1

公元前 4 世纪末

* 帕莱法托斯，《论不可思议的故事》，*FGH*，44，残篇，3

公元前 4 世纪后？

赫拉克利特，《论不可思议的故事》，1，9.13

约公元前 276—前 274 年

阿拉托斯，《物象》，248—253，484，685，711

约公元前 270—前 240 年

阿波罗尼乌斯，《阿耳戈英雄记》，4.1513—1517

公元前 3 世纪

阿耳戈斯的丹尼亚斯，*FGH*，306，残篇，7

公元前 3 世纪末

欧佛里翁,残篇,18,鲍威尔 =《希腊化时期文稿增补》残篇,418.

公元前 3 世纪末

李维乌斯·安德罗尼克斯,《达那厄》《安德洛墨达》

公元前 3 世纪末

奈维乌斯,《达那厄》

公元前 3 世纪—前 2 世纪

* 埃拉托色尼,《星座神话》,1.15,16,17,22 及 36

公元前 3 世纪末 / 2 世纪初

恩尼乌斯,《安德洛墨达》

公元前 2 世纪初

* 吕哥弗隆,《亚历山德拉》,834—846

公元前 2 世纪初

尼多斯的阿伽撒尔基德斯,收于弗提乌斯《文库》,250 号

公元前 2 世纪

《希腊文选》,3.11(塞西卡斯神庙铭文诗)

约公元前 130 年

尼坎德,《毒与解毒剂》(*Alexipharmaka*),98—105

公元前 2 世纪末

阿西乌斯,《安德洛墨达》

公元前 1 世纪初

菲洛泽穆斯,《希腊文选》,5.132.8

约公元前 30 年

狄奥多罗斯,3.52—55

约公元前 23 年

贺拉斯,《颂歌集》,3.16.1—11

公元前 19 年

维吉尔,《埃涅阿斯纪》,7.372

公元前 1 世纪 / 公元 1 世纪

科农,*FGH*,26,残篇,1,收于弗提乌斯《文库》,186 号

公元 8 年

* 奥维德,《变形记》,4.607—5.268 及 6.119—120

约公元 20 年

斯特雷波,C19,42,759,814

约公元 20 年

* 马尼吕斯,《天文学》,5.504—634

约公元 43—44 年

彭波尼斯·梅拉,1.11

公元 1 世纪

安提菲勒斯,《希腊文选》,16.147

公元 65 年

* 卢坎,9.619—699

公元 75—79 年

约瑟夫斯,《犹太战记》,3.420

公元 79 年

普林尼,《自然历史》,5.69,128,6.182,9.11

公元 91/2 年

斯塔提乌斯,《底比斯战纪》,3.460—465

公元 1/2 世纪

* 阿波罗多洛斯,《书目》,2.4.1—5,2.7.3

公元 2 世纪初

吉诺比乌斯,《百人队》,1.41

公元 130 年代—150 年代

亚利安,《亚历山大东征记》,3.3.1—2

公元 2 世纪中叶

阿喀琉斯·塔提乌斯,3.6.3—3.7.9

公元 2 世纪中叶

* 保塞尼亚斯,1.21.3,1.22.6—7,1.23.7,2.15.3—4,2.16.2—6,

2.18.1, 2.18.7, 2.20.4, 2.20.7, 2.21.5—7, 2.22.1, 2.27.2, 3.1.4, 3.2.2, 3.17.3, 3.18.11, 3.20.6, 4.2.4, 4.35.9, 5.18.5, 8.47.5, 10.10.5

公元 2 世纪

许吉努斯,《论天文学》,2.9—12, 31;《传说集》,序 9, 63, 64, 151, 244, 273

公元 170 年

*卢西恩,《海中对话》,12, 14;《亚历山大》,11, 58;《大殿》(De Domo / The Hall), 22, 25;《论撰史》, 1

公元 2 世纪末

达尔迪斯的阿特米多鲁斯,《梦典》, 4.63

公元 190 年

亚历山大港的克莱门特,《劝勉篇》, 39, 波特

公元 200 年

阿特纳奥斯(Athenaeus), 211, 537d

公元 212 年后不久

奥本,《犬儒学说》, 2.8—13

公元 3 世纪初

西波吕托斯(Hippolytus),《辩谬篇》(*Refutations*), 4.35

公元 3 世纪

艾利安,《动物本性》, 3.28, 3.37, 13.26

公元 2 世纪

*斐洛斯特拉图斯,《画记》,1.29

公元 3 世纪

赛普提米乌斯·塞维鲁,残篇,25,比希纳 = 维吉尔《埃涅阿斯纪》中的赛尔维乌斯,6.289

公元 3 世纪

日耳曼尼库斯,《物象》拉丁译文注疏,77—78,82,98,137—139,147,173 页

公元 4 世纪

赛尔维乌斯,《埃涅阿斯纪》,6.289,7.372

公元 4 世纪

大马士革的 *FGH*,854,残篇,3

公元 4 世纪末

赫利俄多洛斯,《埃塞俄比亚人》,4.8,19.6,10.14

公元 4 世纪或 4 世纪末

利巴尼奥斯,《叙述》,35—36,收于福斯特《利巴尼奥斯》viii,55—56

公元 450—470 年

*诺努斯,《狄奥尼索斯记》,25.31—142,30.264—277,31.8—25,47.498—741

公元 5 世纪末

*傅篯修,《神话》,1.21

公元 5 世纪—6 世纪

拉克坦提乌斯·普拉西德,《斯塔提乌斯〈底比斯战纪〉评述》,1.25.5

公元 5 世纪—6 世纪

拉克坦提乌斯·普拉西德,《叙述》,4.19—20,5.1—2

公元 5 世纪—6 世纪

*约翰·马拉拉斯,《编年史》(*Chronicle*),34—39,199,丁道夫

公元 6 世纪

安条克的约翰,残篇,1.8,6.10,6.18(*FHG* iv,539—544)

公元 6 世纪

拜占庭的斯特凡努斯,参看以下词条:*Kynoura*, *Midea*, *Mykēnai*, *Persai*, *Perseus*, *Thasos*

约公元 875—1075 年

*第一位梵蒂冈神话作家,71,73,130,131,137

公元 9 世纪—11 世纪

第二位梵蒂冈神话作家,110—114

公元 11 世纪

乔治·塞德里努斯，1.30，32，39—41

公元 10 世纪

苏达，参看词条：*monokrēpidi*

公元 12 世纪

*特策利论（吕哥弗隆）《亚历山德拉》，836，838，839，842—846，879，1175

公元 12 世纪

尤斯塔修斯，《旅行者狄奥尼索斯评注》，38，211，525，767，857，910，1059

公元 12 世纪末

第三位梵蒂冈神话作家（= 伦敦的阿尔伯里克先生版），14.1—4

年代不可考

以弗所的克特西亚斯，《珀耳塞伊斯》见于（普鲁塔克）《河畔》，18.6

荷马，《伊利亚特》注疏，14.319，19.116

阿波罗尼乌斯，《书目》注疏，1.747，3.200，3.1035，4.1091

佩耳修斯

族　谱

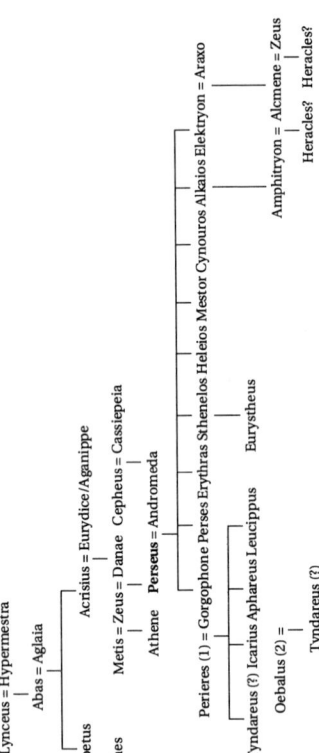

神名注释：

阿巴斯（Abas）、阿格莱亚（Aglaia）、阿克里休斯（Acrisius）、阿伽尼佩（Aganippe）、雅典娜（Athene）、安德洛墨达（Andromeda）、阿尔凯奥斯（Alkaios）、阿拉克索（Araxo）、阿法雷乌斯（Aphareus）、安菲特律翁（Amphitryon）、阿尔克墨涅（Alcmene）、刻甫斯（Cepheus）、卡西奥佩娅（Cassiepeia）、西努罗斯（Cynouros）、达那厄（Danae）、欧律狄克（Eurydice）、埃吕斯拉斯（Erythras）、厄勒克特吕翁（Elektryon）、欧律斯透斯（Eurystheus）、戈耳工福涅（Gorgophone）、许佩耳涅斯特拉（Hypermestra）、赫利奥斯（Heleios）、赫拉克勒斯（Heracles）、林叩斯（Lynceus）、留西帕斯（Leucippus）、伊卡里俄斯（Icarius）、墨伽彭忒斯（Megapenthes）、墨提斯（Metis）、美斯托（Mestor）、欧巴勒斯（Oebalus）、普罗托斯（Proetus）、佩耳修斯（Perseus）、佩里厄瑞斯（Perieres）、珀耳塞斯（Perses）、斯忒涅玻亚（Sthenoboea）、斯忒涅罗斯（Sthenelos）、廷达瑞俄斯（Tyndareus）、宙斯（Zeus）。

拓展阅读

关于佩耳修斯的英语学术文献没有想象中的那么多。埃德温·哈特兰（Edwin Hartland）的三卷本《佩耳修斯传奇》（*The Legend of Perseus*，1894—1896）在出版时即成为经典，是标准的参考文献，现在仍在版，无疑值得一读。可惜，这本书对于佩耳修斯故事的古代语境着墨不多，更多的笔墨在收集大量多民族神话的比较中，到今天仍具有参考价值。哈特兰之后，关于佩耳修斯唯一的英语学术著作是伍德沃德的短篇《佩耳修斯：希腊艺术和传奇研究》（*Perseus: a study in Greek art and legend*，1937）。此书介绍了佩耳修斯的画像艺术，文风温和，读来上口，也包括小部分翻译文献。赫尔斯特（Hulst）的《佩耳修斯和戈耳工》（*Perseus and Gorgon*，1946）是本"怪力乱神"（pyramidiot）的书，可以忽略不计。对佩耳修斯故事分析更完整、更细致的是两篇博士论文，豪（Howe）的《佩耳修斯－戈耳工神话解读》（"An Interpretation of the Perseus-Gorgon myth"，哥伦比亚，1952）、狄龙（Dillon）的《希腊英雄佩耳修斯：成长的神话》（"The Greek Hero Perseus: Myths of Maturation"，牛津，1990）。前一篇博士论文可在数据库UMI（University Microfilms International）中看到，在作者豪之后的文章中也提到过；可惜的是，后一篇博士论文虽然极具出版价值，但却查不到。威尔克（Wilk）的《美杜莎：解开戈耳工的谜题》（*Medusa: solving the mystery of the Gorgon*，2000）的重点不在佩耳修斯，而在戈耳工，虽洞察力十足，却不够专业。

英语中近期关于佩耳修斯的文章，对大多数人而言，最适合开始阶段阅读的可能是詹姆森（Jameson）的文章《佩耳修斯，迈锡尼的英雄》（"Perseus, the Hero of Mykenai"，1990），甘茨（Gantz）的《早期希腊神话》（*Early Greek Myth*，1993：300—311）中关于佩耳修斯故事早期发展沿革的部分，以及在《古代美术词典》（*LIMC*，洛克丛书，1994a）中关于"佩耳修斯"的大量图像学文章。*LIMC* 质量超群，可惜价格昂贵，其中《达那厄》（Maffre 1986，法语版）和《安德洛墨达》（Schauenburg 1981，德语版）的部分也极具参考价值。古代艺术中无所不在的戈耳工形象在 *LIMC* 相当多的词条中涉及到，主要见《戈耳工，戈耳工姐妹》（"Gorgo, Gorgones"，科劳斯科普夫［Krauskopf］和达林格尔［Dahlinger］，1988，德语版），佩耳修斯家族传奇中其他小角色的词条中也有所涉及。

德语写就的佩耳修斯著作中，佳作甚多。强烈推荐肖尔伯格的著作（1960）。还可参见罗伯特（Robert 1920：222—245）、汉佩（Hampe 1935—1936）、布罗默尔（Brommer 1955），及郎洛茨（Langlotz 1960）的著作。德语百科全书中相应的部分也值得一读，《公元前5世纪末前希腊历史铭文选集》（*ML*）和《古典学科百科全书》（*RE*）中关于"佩耳修斯"（Kuhnert 1897—1909，Caterall 1937）、"达那厄"（Stoll 1884—1886，Escher 1901）和"安德洛墨达"（Roscher 1884—1890，Wernicke 1894）的相关文章。法语文献《古希腊罗马词典》（*DA*）中关于"佩耳修斯"的词条质量上乘，值得一读（Glotz 1877—1919b）。

如需了解更多细节，请参考书末的拓展阅读部分、注释及参考文献部分。

参考文献

Aarne, A., and Thompson, S. (1928) *The Types of the Folktale*. Helsinki.

Aélion, R. (1984) . "Les mythes de Bellerophon et Persée, Essai d'analyse selon un schéma inspiré de V. Propp." Lalies, *Actes de sessions de linguistique et de litterature* 4, 195–214.

Alexiades, M.L. (1982) Οί Ελληνικὲς Παραλλαγὲς γιὰ τὸν Δρακοντοκτόνο Ηρωα (Aarne-Thompson 300, 301A καί 301B). Παραμυθολογικὴ Μελέτη. Ph.D. diss., Ioannina.

Anderson, A., and Cassin, M. (1998) *The Perseus Series by Sir Edward Coley Burne-Jones*. Southampton.

Ashliman, D.L. (1987) *A Guide to Folktales in the English Language. Based on the Aarne-Thompson Classifification System*. New York.

Aufhauser, J.B. (1911) *Das Drachenwunder des heiligen Georg in der griechischen und lateinischen Überlieferung.* Byzantisches Archiv 5. Leipzig (Teubner).

Austin, C., and Olson, S.D. (eds.) (2004) *Aristophanes: Thesmophoriazusae.* Oxford.

Baldi, A. (1961) "Perseus e Phersu" *Aevum* 35, 131–135.

Balty, J.-C. (1997) "Kassiepeia" in *LIMC* viii.1, 666–670.

Barnett, R.D. (1960) "Some Contacts between Greek and Oriental Religions" in *Eléments orientaux dans la religion grecque ancienne (Colloque de Strasbourg 22–24 Mai 1958).* Strasbourg. 143–153.

Bauchhenss-Thüriedl, C. (1971) *Der Mythos von Telephos in der antiken Bildkunst.* Würzburg.

Bauchhenss-Thüriedl, C. (1986) "Auge" in *LIMC* iii.1, 45–51.

Belson, J.D. (1980) "The Medusa Rondanini" *American Journal of Archaeology* 84, 373–378.

Belson, J.D. (1981) The Gorgoneion in Greek architecture. Ph.D. diss. Bryn Mawr. Available through UMI.

Benoit, F. (1969) "Gorgone et 'tête coupée' du rite au mythe" *Archivo Español de Arqueología* 42, 81–93.

Bernardini, P. (1993) "Il mito di Medusa come metafora della creazione artistica: Osservazioni in margine a un recente volume di Jean Clair" *Quaderni urbinati di cultura classica* 44, 125–130.

Berve, H. (1967) *Die Tyrannis bei den Griechen.* 2 vols., Munich.

Besig, H. (1937) *Gorgo und Gorgoneion in der archaischen griechischen Kunst.* Berlin.

Billault, A. (1981) "Le mythe de Persée et les Éthiopiques d" Héliodore. Légendes, représentations et fifiction littéraire' *Revue des études grecques* 94, 63–75.

Binder, G. (1964) *Die Aussetzung des Königskinders Kyros und Romulus.* Meisenheim am Glan.

Blinkenberg, C. (1924) "Gorgone et lionne" *Revue archéologique* 19, 267–277.

Boardman, J. (1968) *Archaic Greek Gems: Schools and Artists in the Sixth and Early Fifth Centuries bc.* Evanston.

Boardman, J. (1987) "Very Like a Whale: Classical Sea Monsters" in Farkas, A.E. et al. (eds.) Monsters and Demons in the Ancient and Medieval Worlds. Mainz. 73–84.

Boardman, J. (1997) "Ketos" in *LIMC* viii.1, 731–736, viii.2, 496–501.

Bode, G.H. (1834) *Scriptores Rerum Mythicarum Latini.* Cellis.

Bolte, J., and Polívka, G. (1913–1932) *Anmerkungen zu den Kinder- und Hausm- ärchen der Brüder Grimm.* 5 vols., Leipzig.

Braunfels, W. (1948) *Benvenuto Cellini: Perseus und Medusa.* Berlin.

Brelich, A. (1955–1957) "Les monosandales" *La nouvelle Clio* 7–9, 469–484.

Bremmer, J.N., and Horsfall, N. (1987) *Roman Myth and Mythography.* London.

Breysig, A. (ed.) (1867) *Germanici Caesaris Aratea.* Berlin.

Brommer, F. (1955) *Die Königstochter und das Ungeheuer.* Marburger Winckelmann-Programm.

Bruckmuller-Genlot, D. (1985) "Saint Georges et Persée dans la peinture Victorienne" RANAM (*Recherches anglaises et américaines*) 18, 33–65.

Brunel, J. (1934) "Jason μονοκρπι" *Revue archéologique* 4, 34–43.

Büchner, C. (ed.) (1982) *Fragmenta Poetarum Latinorum Epicorum et Lyricorum praeter Ennium et Lucilium.* 2nd edn. Leipzig.

Burck, E. (1976) "Die Befreiung der Andromeda bei Ovid und der Hesione bei Valerius Flaccus" *Wiener Studien* 10, 221–238.

Burkert, W. (1979) *Structure and History in Greek Mythology and Ritual*. Berkeley.

Burkert, W. (1983) *Homo Necans*. Berkeley. Trans. of *Homo Necans*. Berlin, 1972.

Burkert, W. (1985) *Greek Religion*. Translation of *Griechische Religion der arcahischen und klassichen Epoche*. Stuttgart, 1977.

Burkert, W. (1987) "Oriental and Greek Mythology: The Meeting of Parallels" in Bremmer, J.N. (ed.) *Interpretations of Greek Mythology*. London. 10–40.

Burkert, W. (1992) *The Orientalizing Revolution: Near-Eastern Inflfluence on Greek Culture in the Early Archaic Age*. Cambridge, MA. Translation of *Die orientalisierende Epoche in der griechischen Religion und Literatur*. Heidelberg, 1984.

Caillois, R. (1964) *The Mask of Medusa*. New York.

Campbell, D.A. (ed.) (1982–1993) *Greek Lyric*. Loeb Classical Library. 5 vols., Cambridge, MA.

Carpenter, T.H. (1991) *Art and Myth in Ancient Greece*. London.

Caterall, J.L. 1937. "Perseus" in *RE* xix.1, 978–992.

Cavallius, G.O.H., and Stephens, G. (1848) *Schwedische Volkssagen und Märchen*. Vienna.

Chantraine, P. (1968–1980). *Dictionnaire étymologique de la langue grecque: Histoire des mots*. 2 vols., Paris.

Chase, G.H. (1902) "The Shield Devices of the Greeks in Art and Literature" *Harvard Studies in Classical Philology* 13, 61–127.

Cixous, H. (1975) "Le rire de la Méduse" *L'Arc* 1975, 39–54. Revised and translated as "The laugh of the Medusa" *Signs* 1 (1976), 875–893.

Clair, J. (1989) *Méduse: Contribution à une anthropologie des arts du* visuel. Paris.

Coleman, K.M. (1983) "Manilius' Monster" *Hermes* 111, 226–232.

Collard, C., Cropp, M.J., and Gibert, J. (2004) *Euripides:Selected Fragmentary Plays*. ii. Oxford.

Collard, C., Cropp, M.J., and Lee, K.H. (1995) *Selected Fragmentary Plays*. i. Warminster.

Cook, A.B. (1914–1940) *Zeus: A Study in Ancient Religion*. 3 vols., Cambridge.

Cook, R.M. (1937) "The Date of the Hesiodic Shield" *Classical Quarterly* 31, 204–214.

Coriat, I.H. (1941) "A Note on the Medusa Symbolism" *American Imago* 2, 281–285.

Croon, J.H. (1955) "The Mask of the Underworld Demon: Some Remarks on the Perseus-Gorgon Story" *Journal of Hellenic Studies* 75, 9–16.

Csapo, E. (2005) *Theories of Mythology*. Oxford.

Daremberg, C., and Saglio, E. (eds.) (1877–1919) *Dictionnaire des antiquités grecques et romaines (DA)*. 5 vols., Paris.

Davies, M. (1986) "Prolegomena and Paralegomena to a New Edition (with Commentary) of the Fragments of Early Greek Epic" *Nachrichten der Akademie der Wissenschaften in Göttingen* 2, 91–111.

Deacy, S. (Forthcoming.) *A Traitor to her Sex? Athena the Trickster*. Oxford.

De Griño, B., et al. (1986) "Atlas" in *LIMC* iii.1, 2–16.

De Lauretis, T. (1984) *Alice Doesn't: Feminism, Semiotics, Cinema*. Bloomington.

Delcourt, M. (1938) *Stérilités mystérieuses et naissances*

maléfifiques dans l'antiquité classique. Liège.

Deonna, W. (1935) "Monokrépides" *Revue de l'histoire des religions* 89, 50–72.

Detienne, M. (1979) *Dionysus Slain*. Baltimore. Translation of *Dionysos mis à mort*. Paris, 1977.

Dillon, J.E.M. (1990) The Greek Hero Perseus: Myths of Maturation. Oxford D.Phil. diss.

Dindorf, L. (ed.) (1831) *Ioannis Malalae Chronographia*. Bonn.

Downey, G. (1961) *A History of Antioch in Syria: From Seleucus to the Arab Conquest*. Princeton.

Drexler, W. (1886–1890) "Hesione" in *ML* i.2, 2591–2594.

Drexler, W., and Rapp, A. (1886–1890) "Graiai" in *ML* i.2, 1729–1738.

Dugas, C. (1956) "Observations sur la légende de Persée" *Revue des études grecques* 69, 1–15.

Edmunds, L. (1984) "Thucydides on Monosandalism (3.22.2)" in Dow, S., hon., *Studies Presented to Stirling Dow on his Eightieth Birthday*. Greek, Roman and Byzantine monographs no. 10. Durham, NC. 71–75.

Eilberg-Schwartz, H., (1995) "Introduction" in Eilberg-

Schwartz, H., and Doniger, W. (eds.) *Off with her Head! The Denial of Women's Identity in Myth, Religion and Culture*. Berkeley. 1–13.

Elliott, K.O., and Elder, J.P. (1947) "A Critical Edition of the Vatican Mythographers" *Transactions of the American Philological Association* 78, 189–207.

Elwin, V. (1943) "The Vagina Dentata Legend" *British Journal of Medical Psychology* 19, 439–453.

Elworthy, F.T. (1903) "A Solution of the Gorgon Myth" *Folklore* 14, 212–242.

Escher, J. (1901) "Danae (2)" in *RE* 4, 2084–2087.

Faraone, C.A. (1991) *Talismans and Trojan Horses: Guardian Statues in Ancient Greek Myth and Ritual*. New York.

Farnell, L. (1921) *Greek Hero Cults and Ideas of Immortality*. Oxford.

Feldman, T.P. [= T.P. Howe] (1965) "Gorgo and the Origin of Fear" *Arion* 4, 484–494.

Ferenczi, S. (1926) "On the Symbolism of the Head of Medusa" in his *Further Contributions to the Theory and Techniques of Psycho-analysis*. London. 360. Originally drafted 1923.

Floren, J. (1977) *Studien zur Typologie des Gorgoneion*.

Münster.

Fontenrose, J. (1959) *Python:A Study of the Delphic Myth and its Origins*. Berkeley.

Förster, R. (ed.) (1903–1927) *Libanii Opera*. 12 vols., Leipzig.

Fowler, R.L. (2000) *Early Greek Mythography* i. Oxford.

Frazer, Sir James G. (1898) *Pausanias' Description of Greece*. 6 vols., London.

Frazer, Sir James G. (1921) *Apollodorus*. 2 vols., Loeb Classical Library. Cambridge, MA.

Freud, S. (1940) "Medusa's Head" *International Journal of Psychoanalysis* 25, 105–106. Reprinted in *The Standard Edition of the Complete Psychological Works of Sigmund Freud*. London, 1953–1974. xviii, 273–274. Originally drafted in 1922.

Frisk, H. (1960–1972) *Griechisches etymologisches Wörterbuch*. 3 vols., Heidelberg.

Frontisi-Ducroux, (1989) "In the Mirror of the Mask" in Bérard, C., et al. A City of Images. Princeton. 151–165.

Frontisi-Ducroux, (1993) "La Gorgone, paradigme de création d'images" *Les cahiers du College Iconique: Communications et débats I*. Paris. 71–86. A partial English translation: "The Gorgon,

Paradigm of Image-Creation" in Garber, M., and Vickers, N.J. (eds.) *The Medusa Reader*. New York, 2003. 262–266.

Frontisi-Ducroux, (1995) *Du masque au visage: Aspects de l'identité en Grèce ancienne*. Paris. 65–80.

Frothingham, A.L. (1911) "Medusa, Apollo and the Great Mother" *American Journal of Archaeology* 15, 349–377.

Furtwängler, A. (1886–1890) "Die Gorgonen in der Kunst" in *ML* i.2, 1701–1727.

Gantz, T. (1980) "The Aischylean Tetralogy: Attested and Conjectured Groups" *American Journal of Philology* 101, 133–164.

Gantz, T. (1993) *Early Greek Myth: A Guide to the Literary and Artistic Sources*. Baltimore. 2 vols. Continuous pagination.

Garber, M., and Vickers, N.J. (eds.) (2003) *The Medusa Reader*. London.

Gaster, T.H. (1952) "The Egyptian 'Story of Astarte' and the Ugaritic Poem of Baal" *Bibliotheca Orientalis* 9, 82–85.

Georgeakis, G., and Pineau, L., (1894) *Le folklore de Lesbos*. Paris.

Gigli, D. (1981) "Il Perseo nonniano: osservazioni per uno studio dell' ironia nelle Dioniache" *Prometheus* 7, 177–188.

Glenn, J. (1976) "Psychoanalytic Writings on Classical Mythology and Religion: 1909–1960" *Classical World* 70, 225–248.

Glotz, G. (1877–1919a) "Gorgones" in *DA* ii, 1615–1629.

Glotz, G. (1877–1919b) "Perseus" in *DA* iv, 398–406.

Glotz, G. (1904) *L'ordalie dans la Grèce primitive: Étude de droit et de la mythologie*. Paris.

Glotz, G. (1906) *Études sur l'antiquité grecque*. Paris.

Goldman, B. (1961) "The Asiatic Ancestry of the Greek Gorgon" *Berytus* 14, 1–22 and plates i–ix.

Goold, G.P. (1959) "Perseus and Andromeda: A Myth from the Skies" *Proceedings of the African Classical Association* 2, 10–15.

Götter, Heroen, Herrscher in Lykien. (1990) Exhibition Catalogue. Vienna.

Gow, A.S.F., and Scholfifield, A.F. (1953) *Nicander*. Cambridge.

Grainger, J.D. *The Cities of Seleukid Syria*. Oxford.

Halliday, W.R. (1933) *Indo-European Folk-Tales and Greek Legend*. Cambridge.

Halm-Tisserant, M. (1986) "Le gorgoneion, emblème d'Athena: introduction du motif sur le bouclier et l'égide" *Revue archéologique*, 245–778.

Hammond, N.G.L., and Walbank, F.W. (1988) *History of Macedon* iii. Oxford.

Hampe, R. (1935–1936) "Korfugiebel und frühe Perseusbilder" *Mitteilungen des deutschen archäologischen Insituts: Athenische Abteilung* 60–61, 269–299 and plates 93–100.

Handley, E.W., and Rea, J. (1967) *The Telephus of Euripides*. London.

Hansen, W.F. (2002) *Ariadne's Thread: A Guide to International Folktales Found in Classical Literature*. Ithaca.

Hansen, W.F. (2004) *Classical Mythology*. New York.

Hardie, P.R. (2002) *Ovid's Poetics of Illusion*. Cambridge.

Harris, J.R. (1916) *Picus who is also Zeus*. Cambridge.

Harrison, J. (1903) *Prolegomena to the Study of Greek Religion*. 2nd edn. Cambridge.

Harryhausen, R., and Dalton, T. (2003) *Ray Harryhausen: An Animated Life*. London.

Hartland, E.S. (1894–1896) *The Legend of Perseus: A Study of Tradition in Story, Custom and Belief*. 3 vols., London.

Head, B.V. (1911) *Historia Numorum*. Oxford.

Heath, S. (1978) "Diffference" *Screen* 19, 51–111.

Heres, H., and Strauss, M. (1994) "Telephos" in *LIMC* vii.1, 856–870.

Hermann, K.F. (1853) *Die Hadeskappe*. Göttingen.

Hertz, N. (1983) "Medusa's Head: Male Hysteria under Political Pressure" *Rep- resentations* 4, 27–54.

Hetzner, U. (1963) *Andromeda und Tarpeia*. Meisenheim am Glan.

Heubeck, A., and Hoekstra, A. (1989) *A Commentary on Homer's* Odyssey. ii. *Books* ix–xvi. Oxford.

Hopkins, C. (1934) "Assyrian Elements in the Perseus-Gorgon Story" *American Journal of Archaeology* 38, 341–358.

Hopkins, C. (1961) "The Sunny Side of the Gorgon" *Berytus* 14, 25–35 and plates x–xvi.

Howe, T.P. [=T.P. Feldman] (1952) An Interpretation of the Perseus-Gorgon Myth in Greek Literature and Monuments through the Classical Period. Ph.D. Thesis, Columbia University. Available through UMI.

Howe, T.P. (1953) "Illustrations to Aeschylus' Tetralogy on the Perseus Theme" *American Journal of Archaeology* 57, 269–275.

Howe, T.P. (1954) "The Origin and Function of the Gorgon-

Head" *American Journal of Archaeology* 58, 209–221.

Hughes, S.L., and Fernandez Bernades, J.A. (1981) "Las Gorgonas: Guardianas de lo sagrado" *Argos* 5, 53–73.

Hulst, C.S. (1946) *Perseus and the Gorgon*. La Salle, IL.

Iconomopoulos [no initial given] (1889) "Les jeux gymniques de Panopolis" *Revue des études grecques* 2, 164–168.

Imhoof-Blumer, F. and Gardner, P. (1888) *A Numismatic Commentary on Pausanias*. London.

Jacoby, F. (1923) *Die Fragmente der griechischen Historiker*. Multiple volumes and parts. Leiden.

Jameson, M.H. (1990) "Perseus, the Hero of Mykenai" in *Celebrations of Death and Divinities in the Bronze Age Argolid*. Stockholm. 213–223.

Janko, R. (1994) *The Iliad: A Commentary*. iv. *Books 13–16*. Cambridge.

Joplin, P.K. (1991) "The Voice of the Shuttle in Ours" in Higgins, L.A., and Silver, B.R. (eds.) *Rape and Representation*. New York. 35–64.

Kaiser Wilhelm II. (1936) *Studien zur Gorgo*. Berlin.

Kanellopoulou, C. (1988) "Graiai" in *LIMC* iv.1, 362–364.

Kantor, H. (1962) "A Bronze Plaque from Tell Tainat" *Journal of Near-Eastern Studies* 21, 93–117.

Karagiorga, T.G. (1970) *Γοργείη κεφαλή* Athens.

Kassel, R., and Austin, C. (eds.) (1983) *Poetae Comici Graeci (K–A)*. Berlin.

Kern, O. (ed.) (1922) Orphicorum Fragmenta. Berlin.

Kestner, J. (1984) "Edward Burne-Jones and the Nineteenth-Century Fear of Women" *Biography* 7, 95–122.

Klimek-Winter, R. (1993) *Andromedatragöden*. Stuttgart.

Kofman, S. (1983) *L'énigme de la femme: La femme dans les textes de Freud*. Paris. Translated as *The Enigma of Woman: Woman in Freud's Writings*. Ithaca, 1985.

Krauskopf, I., and Dahlinger, S.-C. (1988) "Gorgo, Gorgones" in *LIMC* iv.1, 285–330.

Kuhnert, E. (1897–1909) "Perseus" in *ML* iii.2, 1986–2060.

Lambrinoudakis, B.K. (1971) *Μηροτράφης. Μελέτη περὶ τῆς γονιμοποιοῦ τρώσεως ἢ δεσμεύσεως τοῦ ποδὸς ἐν τῇ ἀρχαίᾳ ἑλληνικῇ μυθολογίᾳ*. Athens.

Lane Fox, R. (1973) *Alexander the Great*. London.

Langlotz, E. (1951) *Perseus*. Heidelberg.

Langlotz, E. (1960) *Der triumphierende Perseus*. Cologne.

Larson, J. (2001) *Greek Nymphs: Myth, Cult, Lore*. New York.

Lesky, A. 1967. "Herakles und das Ketos" *AnzWien* 104, 1–6.

Lexicon Iconographicum Mythologiae Classicae (*LIMC*). 1981–1999. 8 vols., Zurich.

Linforth, I.M. (1941) *The Arts of Orpheus*. Berkeley.

Liungman, W. (1961) *Die schwedischen Volksmärchen: Herkunft und Geschichte*. Berlin.

Llewellyn-Jones, L. (2007) "Gods of the Silver Screen: Cinematic Representations of Myth and Divinity" in Ogden 2007, 423–438.

Lloyd, A.B. (1969) "Perseus and Chemmis (Herodotus II.91)" *Journal of Hellenic Studies* 89, 79–86.

Lloyd-Jones, H.J. (1957) "Appendix" in Smyth, H.W., trans. *Aeschylus* ii. Loeb Classical Library. 2nd edn. Cambridge, MA. 523–603.

Löcher, K. (1973) *Der Perseus-Zyklus von Edward Burne-Jones: Mit einem Résumé in englischer Sprache*. Stuttgart.

Lochin, C. (1994a) "Pegasos" in *LIMC* vii.1, 214–230.

Lochin, C. (1994b) "Stheneboia" in *LIMC* vii.1, 810–811.

Lüthi, M. (1976) *Once upon a Time: On the Nature of Fairy-Tales*. Bloomington, IA.

Mack, R. (2002). "Facing down Medusa: An Aetiology of the Gaze" *Art History* 25, 571–604.

Maffre, J.-J. (1981) "Akrisios" in *LIMC* i, 449–452.

Maffre, J.-J. (1986) "Danae" in *LIMC* iii, 325–330.

Marin, L. (1977) *Détruire la peinture*. Paris. Translated as To Destroy Painting. Chicago, 1995.

Marinatos, S. (1927/8) "Γοργόνες καὶ Γοργόνεια" *Εφημερὶς Ἀρχαιολογικὴ*, 7–41.

Martin, J. (1963) "La mort d'Ariane et de Dionysos" *Revue des études grecques* 76, xx.

Martin, J. (ed.) (1974) *Scholia in Aratum vetera*. Stuttgart.

Mayor, A. (2000) *The First Fossil Hunters: Palaeontology in Greek and Roman Times*. Princeton.

Meiggs, R., and Lewis, D.M. (1989) *A Selection of Greek Historical Inscriptions to the End of the Fifth Century BC*. 2nd edn. Oxford.

Merkelbach, R., and West, M.L. (1967) *Fragmenta Hesiodea*. Oxford.

Meyer, P.M., *et al.* (eds.) (1911–1998) *Griechische Papyrusurkunden der Hamburger Staats- und Universitätsbibliothek*. 4 vols., Leipzig (and elsewhere).

Milne, M. (1956) Review of Brommer 1955. *American Journal of Archaeology* 60, 300–302.

Morenz, S. (1962) "Die orientalische Herkunft der Perseus-Andromeda-Sage" *Forschungen und Forschritte* 36, 307–309. Reprinted, Morenz 1975: 441–447.

Morenz, S. (1975) Religion und Geschichte des alten Ägypten. Cologne.

Morris, W. (1868) The Earthly Paradise. London. Reprinted, Morris 1910–1915: iii, 171–238.

Morris, W. (1910–1915) *Collected Works*. 24 vols.

Müller, C. (ed.) (1878–1885) *Fragmenta Historicorum Graecorum (FHG)*. 5 vols., Paris.

Müller, E. (1907) "Die Andromeda des Euripides" *Philologus* 66, 48–66.

Munich, A.A. (1989) *Andromeda's Chains: Gender and Interpretation in Victor- ian Literature and Art*. New York.

Mylonas, G.E. (1957) *Ancient Mycenae: The Capital City of*

Agamemnon. London.

Napier, A.D. (1986) *Masks, Transformation and Paradox*. Berkeley.

Napier, A.D. (1992) *Foreign Bodies: Performance, Art, and Symbolic Anthropology*. Berkeley.

Nilsson, M.P. (1932) *The Mycenaean Origin of Greek Mythology*. Berkeley.

Oakley, J.H. (1982) "Danae and Perseus on Seriphos" *American Journal of Archaeology* 86, 111–115.

Oakley, J.H. (1988) "Perseus, the Graiai and Aeschylus' Phorkides" *American Journal of Archaeology* 92, 383–391.

Oakley, J.H. (1997) "Hesione" in *LIMC* viii.1, 623–629.

Obeyesekere, G. (1981) *Medusa's Hair: An Essay on Personal Religious Symbols and Religious Experience*. Chicago.

Ogden, D. (1997) *The Crooked Kings of Ancient Greece*. London.

Ogden, D. (1999) *Polygamy, Prostitutes and Death: The Hellenistic Dynasties*. London.

Ogden, D. (ed.) (2007) *A Companion to Greek Religion*. Oxford.

Owens, C. (1984) "The Medusa Effffect or the Specular Ruse" *Art in America* 72.1, 97–105.

Page, D.L. (ed.) (1962) *Poetae Melici Graeci*. Oxford.

Paoletti, O. (1988) "Gorgones Romanae" in *LIMC* iv.1, 345–362.

Papadopoulos, J.K. and Ruscillo, D. (2002) "A Ketos in Early Athens: An Archaeology of Whales and Sea Monsters in the Greek World" *American Journal of Archaeology* 106, 187–227.

Pearson, A.C. (1917) *The Fragments of Sophocles*. 3 vols., Cambridge.

Petersen, E. (1915) *Die attische Tragödie als Bild- und Bühnenkunst*. Bonn.

Phillips, K.M., Jr. (1968) "Perseus and Andromeda" *American Journal of Archaeology* 72, 1–23, with plates 1–20.

Phinney, E., Jr. (1971) "Perseus' Battle with the Gorgons" Transactions of the *American Philological Association* 102, 445–463.

Potter, J. (ed.) (1715) *Clementis Alexandrini Opera*. Oxford.

Powell, J.U. (ed.) (1925) *Collectanea Alexandrina*. Oxford.

Radermacher, L. (1917) "Danae und der goldene Regen" *Archiv für Religionswissenschaft* 25, 216–218.

Rathmann, W. (1938) "Perseus (4) Sternbild" in *RE* 19.1, 992–996.

Rau, P. (1967) *Paratragodia: Untersuchung einer komischen*

Form des Aristophanes. Munich.

Rau, P. (1975) "Dar Tragödienspiel in den Thesmoporiazusen" in Newiger, H.-J. (ed.) *Aristophanes und die alte Komödie*. Darmstadt. 339–356.

Reid, J.D. (1993) *The Oxford Guide to Classical Mythology in the Arts, 1300–1990s*. 2 vols., New York.

Ribbeck, O. (1897) *Tragicorum Romanorum Fragmenta*. 3rd edn. Leipzig.

Riccioni, G. (1960) "Origini e sviluppo del gorgoneion e del mito della Gorgone: Medusa nell' arte greca" *Rivista dell'Istituto Nazionale di Archeologia e Storia dell'Arte* 9, 127–206.

Robert, C. (1920) *Die griechische Heldensage i. Landschaftliche Sagen*. 4th edn. Berlin. = Preller, L., and Robert, C., Die griechische Mythologie. ii. 1 Die Heroen. Berlin.

Robertson, C.M. (1972) "Monocrepis" *Greek, Roman and Byzantine Studies* 13, 39–48.

Roccos, L.J. (1994a) "Perseus" in *LIMC* vii.1, 332–348.

Roccos, L.J. (1994b), "Polydektes" in *LIMC* vii.1, 427–428.

Roeger, J. (1924) *Aidos Kynee: Das Märchen von der Unsichtbarkeit in den homerischen Gedichten*. Graz.

Rohde, G. (1941) "Picus" in *RE* xx.1, 1214–1218.

Röhrich, L. (1981) "Drache, Drachenkampf, Drachentöter" *Enzyklopädie des Märchens: Handwörterbuch zur historischen und vergleichenden Erzählforschung.* 5 vols., Berlin. iii, 787–819.

Roscher, W.H. (1884–1890) "Andromeda" in *ML* i.1, 345–347.

Roscher, W.H. (1886–1890) "Gorgones" in *ML* i.2, 1695–1701.

Roscher, W.H. (1879) *Die Gorgonen und Verwandtes.* Leipzig

Ruffffell, I. (2000) "The World Turned Upside Down: Utopia and Utopianism in the Fragments of Old Comedy" in Harvey, D., and Wilkins, J. (eds.) *The Rivals of Aristophanes.* London. 473–506.

Ryan, R.J. (1993) trans. *Jacobus de Voragine: The Golden Legend. Readings on the Saints.* Princeton.

Sartre, J.-P. (1943) *L'être et le néant: Essai d'ontologie phénoménologique.* Paris. Trans. (H. E. Barnes) as *Being and Nothingness: A Phenomenological Essay on Ontology.* New York, 1956.

Schachter, A. (1981–1994) *Cults of Boiotia: Bulletin of the Institute of Classical Studies*, Supplement 38. 4 vols., London.

Schauenburg, K. (1960) *Perseus in der Kunst des Altertums.* Bonn.

Schauenburg, K. (1967) "Die Bostoner Andromeda-Pelike und

Sophokles" *Antike und Abendland* 13, 1–7.

Schauenburg, K. (1981) "Andromeda I" in *LIMC* i.1, 774–790.

Schauenburg, K. (1992) "Kepheus I" in *LIMC* vi.1, 6–10.

Schefold, K., and Jung, F. (1988) *Die Urkönige, Perseus, Bellerophon, Herakles und Theseus in der klassischen und hellenistischen Kunst*. Munich.

Schefold, K., and Jung, F. (1992) *Gods and Heroes in Late Archaic Greek Art and Myth and Legend in Early Greek Art*. Cambridge. Trans. of *Götter- und Heldensagen der Griechen in der spätarchaischen Kunst*. Munich, 1978.

Scherf, W. (1982) *Lexikon der Zaubermärchen*. Stuttgart.

Schmidt, H. (1907) *Jona: Eine Untersuchung zur vergleichenden Religionsgeschichte*. Göttingen.

Schmidt, L. (1958) "Sichelheld und Drachenzunge" *Fabula* 1, 19–25. Reprinted in Schmidt, L. *Die Volkserzählung: Märchen, Sage, Legende, Schwank*. Berlin, 1963. 41–47.

Seaford, R.A.S. (2006) *Dionysus*. London.

Segal, R. (ed.) (1990) *In Quest of the Hero*. Princeton.

Shepard, K. (1940. *The Fish-Tailed Monster in Greek and Etruscan Art*. New York.

Simon, E. (1982) "Satyr-Plays on Vases in the Time of Aeschylus" in Robertson, M., hon., Kurtz, D., and Sparkes, B. (eds.) *The Eye of Greece: Studies in the Art of Athens*. Cambridge. 123–148.

Simon, E. (1990) "Hesperides" in *LIMC* v.1, 394–407.

Simpson, J. (1980) *British Dragons*. London.

Sissa, G. (1990) *Greek Virginity*. Cambridge, MA. Trans. of *Le corps virginal: La virginité féminine en Grèce ancienne*. Paris, 1987.

Slater, P.E. (1968) *The Glory of Hera: Greek Mythology and the Greek Family*. Boston.

Smith, C. (1884) "Four Archaic Vases from Rhodes" *Journal of Hellenic Studies* 5, 220–240 and plates xl–xliii.

Smolenaars, J.J.L. (1994) *Statius Thebaid VII. A Commentary*. Leiden.

Snell, B., and Maehler, H. (eds.) (1987–1989) *Pindari Carmina cum Fragmentis*. 2 vols., Leipzig.

Snell, B., Kannicht, R., and Radt, S., (1971–2004) *Tragicorum Graecorum Fragmenta*. 5 vols., Göttingen.

Sparkes, B. (1968) 'Black Perseus" *Antike Kunst* 11, 3–16.

Stern, K. van K. (1978) "Heroes and Monsters in Greek Art" *Archaeological News* 7, 1–23.

Stewart, A.F. (1993) *Faces of Power: Alexander's Image and Hellenistic Politics*. Berkeley.

Stoll, H.W. (1884–1886.) "Danae" in *ML* 1, 946–949.

Suhr, E.G. (1965) "An Interpretation of the Medusa" *Folklore* 76, 90–103.

Tod, M.N., and Wace, A.J.B. (1906) *A Catalogue of the Sparta Museum*. Oxford. Republished Rome, 1968.

Ulansey, D. (1989) *The Origins of the Mithraic Mysteries: Cosmology and Salvation in the Ancient World*. New York.

Vermeule, E. (1979) *Aspects of Death in Early Greek Art and Poetry*. Berkeley.

Vernant, J.-P. (1981) "L'autre de l'homme: La face de Gorgô" in Oleander, M. (ed.) *Le racisme: Mythes et sciences*. Brussels. 141–154.

Vernant, J.-P. (1989) "Au miroir de Méduse" in Vernant, J.-P. (ed.) *L'individu, la mort l'amour: Soi-même et l'autre en Grèce ancienne*. Paris. 117–129.

Vernant, J.-P. (1991) *Mortals and Immortals*. Princeton. Incoporates revised and translated versions of Vernant 1981 and 1989.

Vernant, J.-P., and Ducroux, F. (1988) "Features of the Mask in Ancient Greece" in Vernant, J.-P., and Vidal-Naquet, P., *Myth and Tragedy in Ancient Greece*. New York. 189–206.

Victor, U. (1997) *Lukian von Samosata: Alexandros oder der Lügenprophet*. Leiden.

Von Bubel, F. (ed.) (1991) *Euripides: Andromeda*. Palingenesia 34. Stuttgart.

Von Steuben, H. (1968) *Frühe Sagendarstellung in Korinth und Athen*. Berlin.

Warmington, E.H. (1935–1940) *The Remains of Old Latin*. 4 vols., Cambridge, MA.

Warner, M. (1985) *Monuments and Maidens: The Allegory of the Female Form*. New York.

Watkins, C. (1995) *How to Kill a Dragon in Indo-European*. Oxford

Weicker, G. (1912) "Hesione" in *RE* 8, 1240–1242.

Wernicke, K. (1894) "Andromeda" in *RE* i, 2154–2159.

Werre-de Haas, M. (1961) *Aeschylus' Dictyulci: An Attempt at Reconstruction of a Satyric Drama*. Leiden.

West, M.L. (1966) *Hesiod: Theogony*. Oxford

West, M.L. (1981) "Simonides' Danae Fragment: A Metrical

Analysis" *Bulletin of the Institute of Classical Studies* 28, 30–38.

West, M.L. (1985) *The Hesiodic Catalogue of Women*. Oxford.

West, M.L. (1989–1992) *Iambi et elegi Graeci ante Alexandrum cantata*. 2nd edn. 2 vols., Oxford.

West, M.L. (1997) *The East Face of Helicon*. Oxford.

West, M.L. (ed.) (2003) *Greek Epic Fragments*. Loeb Classical Library. Cambridge, MA.

Wildman, S. and Christian, J. (1998) *Edward Burne-Jones, Victorian Artist-Dreamer*. Alexandria, VA.

Wilk, S.R. (2000) *Medusa: Solving the Mystery of the Gorgon*. New York.

Will, E. (1947) "La décollation de Méduse" *Revue archéologique* 27 (sixth series) 60–76.

Woodward, J.M. (1937) *Perseus: A Study in Greek Art and Legend*. Cambridge.

Wright, M. (2005) *Euripides' Escape-Tragedies: A Study of Helen, Andromeda and Iphigenia among the Taurians*. Oxford.

Wüst, E. (1937a) "Perses (2)" in *RE* xix.1, 973–974.

Wüst, E. (1937b) "Perses (3)" in RE xix.1, 974.

Wüst, E. 1937c. "Perses (4)" in RE xix.1, 974–975.

Yialouris, N. 1953. "πτερόεντα πεδιλα" *BCH* 77, 3–17, 293–321.

Zorzetti, N., and Berlioz, J. (eds.) (1995) *Le premier mythographe du Vatican*. Paris.

索 引

（数字指原书页码）

Abdera 阿布德拉 71—72

Abonouteichos 阿博努提奇奥斯 120—112

Achilles 阿喀琉斯 145

Accius *Andromeda* 阿西乌斯，《安德洛墨达》72, 118

Achilles Tatius 阿喀琉斯·塔提乌斯 46, 73—74, 89, 92

Acrisius 阿克里休斯 4—7, 13—25, 33, 51, 61—64, 101, 103, 106, 119, 139, 145

acroteria 山花雕像底座 37

Aeaea 艾奥利埃（岛）42

aegis (apron) 山羊皮盾 6, 34, 101, 106

Aegis (monster) 埃癸斯（蛇形怪物）61

Aelian *Nature of Animals* 艾利安，《动物的本性》20, 26, 85, 105; *Varia Historia*《杂史》116

Aeneas 《埃涅阿斯纪》119

Aeschylus *Dictyulci Satyri*　埃斯库罗斯，山羊剧《渔网人》13, 25—26; *Mysians*　《迈西亚人》20; *Persians*《波斯人》109; *Phorcides*　《福耳库斯的女儿们》13, 39, 41, 43, 45—46, 48, 51, 56, 74; *Polydectes*《波吕德克忒斯》13; *Prometheus Bound*　《被缚的普罗米修斯》48 54, 56—57; *Telephus*　《忒勒福斯》20

Aeson　埃宋 63

Agatharchides of Cnidus　尼多斯的地理学家阿伽撒尔基德斯 85

Agave　阿格薇 31

Agrania (Agriania, Agrionia)　阿格里奥尼亚节（疯狂节）；阿格尔斯地区为亡灵举办的节日 29, 31

Aietes　埃厄忒斯 110

Aigai (Cilicia)　埃加伊（基利西亚）120

Aigle　爱格勒 58

Alcaeus　阿乐凯奥斯 43

Alcathous　阿尔卡托斯 98—99

Alcidamas *Odysseus*　阿尔西达马斯，《奥德修斯》20

Alcmene　阿尔克墨涅 107

Alcyoneus　阿尔库纽俄斯 83, 96

Alea　阿列亚 105

Aleus 阿略斯 19—20, 104—105

Alexander of Abonouteichos 阿博努提奇奥斯（Abonouteichos）的亚历山大 120—121

Alexander I of Macedon 马其顿国王亚历山大一世 114

Alexander III of Macedon, the Great 马其顿国王亚历山大大帝（亚历山大三世）9, 71, 115—116

Alexander of Myndos 明多斯传奇作家亚历山大 124

allegory 寓言 10, 131—135

Al Mina 阿尔米娜 116

altar 祭坛 23, 27

Amandra 阿曼德拉 120

Amazons 亚马逊人 124

Ammianus Marcellinus 阿米阿努斯·马塞里努斯 119

Ammon 阿蒙（神）6, 73, 114—115

amulets 护身符 54, 112

Anaurus 阿诺洛河 63—64

Andromeda 安德洛墨达 3—10, 16, 32, 41, 50, 60, 65—99, 109, 113, 117, 119, 123, 125—126; as black 黑皮肤 9, 82—87, 136, 138—139, 141—143

Anemourion 阿尼莫哈格 120

Angelica 安吉莉卡 137—138

Antaeus 安泰俄斯 115

antefifixes 檐口饰 37

Anteia 安忒亚 61—62

Antigonids 安帝哥尼斯 115—116

Antioch 安条克 116

Antiochus II Theos （叙利亚）安条克二世提阿斯 116

Antiochus Hierax 安条克·伊厄拉斯 116

Antiphanes *Andromeda* 安提芬尼斯，《安德洛墨达》80

Antiphilus 安提非勒斯 51, 79, 83, 92

Antoninus Liberalis *Metamorphoses* 安东尼努斯·莱伯拉里斯，《变形记》96

Antoninus Pius 安东尼·庇护 101, 116

Apama 阿帕玛 116

Apesas, Mt 阿匹萨斯山 104

Aphrodite 阿芙洛狄忒 63, 71

Aphthonius 阿夫索尼乌斯 116

Apollo, in Delphi 德尔斐的阿波罗金色雕像 4, 28, 96; A. Lycaeus 吕开俄斯山 120

Apollodorus *Bibliotheca* 阿波罗多洛斯，《书目》4—6,

15—16, 20, 22—23, 26—27, 30—31, 42, 45—46, 48, 50, 54, 57, 59, 63—64, 68—69, 83, 93, 103—104, 106, 108

Apollodorus of Athens 雅典的阿波罗多洛斯 28

Apollonius *Argonautica* 阿波罗尼乌斯，《阿耳戈英雄记》49, 58—59, 63—64, 83

Apollophanes *Danae* 阿波罗法涅斯，《达那厄》17

apples 苹果（树）49, 59, 64, 98, 123

Apulia 阿普利亚 118

Aratus *Phaenomena* 阿拉托斯，《物象》75, 139

Arcadia 阿卡迪亚地区 8, 19, 68; *see also* Tegea 参见忒格亚

Archelaus (actor) （悲剧演员）阿基劳斯 71

Archelaus (founder of Macedon) （马其顿创立者）阿基劳斯 83, 114

Archelaus (king of Macedon) （马其顿国王）阿基劳斯 114

Archidamus 阿奇达姆斯 107

Ardea 阿尔代亚 119

Argeads 阿吉德王朝 9, 114—115

Argo 阿耳戈（船）63

Argos (city) 阿耳戈斯 4—9, 22—24, 28—29, 31, 53, 70—71, 77, 84, 100—101, 103—106, 108—109, 114—116, 120, 122, 145

Argos (giant) 阿耳戈斯（巨人）46

Ariadne 阿里阿德涅 28—31, 51, 101

Arimaspians 神奇的独眼人 48

Ariosto *Orlando Furioso* 阿里奥斯托，《疯狂的奥兰多》137–138

Aristeas of Proconnesus 普洛孔涅索斯（岛）的阿里斯提亚斯 48

Aristias *Perseus* 埃里斯提亚斯，《佩耳修斯》41

Aristophanes *Clouds* 阿里斯托芬，《云》79; *Thesmophoriazusae* 《雅典女人在妇女节》70, 79—80, 83

Aristotle 亚里士多德 121

Arrian 亚利安 115—116

Artemidorus *Oneirocriticon* 阿特米多鲁斯，《梦典》43, 65

Artemis 阿尔忒弥斯神庙 38

Arthurianism 亚瑟王故事 139—140

Asclepius （医神）阿斯克勒庇俄斯 62, 120—121

Asine 亚辛 104

Assipattle 阿西帕特尔 97

Assyria, Assyrians 亚述（人）30, 110—111

Astarte 阿施塔忒 68, 118

Athena 雅典娜 5—6, 19, 34, 38, 41, 47, 51, 54—56, 60, 63, 71, 94, 121, 132, 139; A. Akria 雅典娜·阿克利亚（"山峰"）106; A. Chalkioikos 雅典娜神殿中的铜殿 22, 40, 48; A. Poliatis 雅典娜卫城的神庙 104

Athenaeus 阿忒纳乌斯 107, 124

Athens 雅典 9, 103, 106—107

Atlantic 大西洋 9, 83

Atlas 阿特拉斯 8, 48—49, 50, 59, 73, 124, 132; Farnese A. 《扛天的阿特拉斯》75

Auge 奥格 19—21, 33, 55

Aulus 奥鲁斯 49

Baal 天气神巴力 68

Babylon 巴比伦 84

Bacchylides 巴库利德斯 46, 103

Bacon, Francis 弗兰西斯·培根 134

Balfour, Lord 巴尔弗爵士 140

basilisk 崆蛇 49

Bassarids 酒神狂女 *see* maenads 参见疯狂的女人

bastards 私生子 22, 86—87

Battus of Cyrene 昔兰尼的巴图斯 21

Baubo 鲍波 135

belimos 贝里莫斯 30

Bellerophon 柏勒洛丰 61—62, 138

bellow 吼叫 54

birds 鸟 52, 55

Bisterne dragon 比斯特恩龙 97

boots *see* sandals 靴子，参见拖鞋

Boreads 玻瑞阿德斯 64

Botticelli *Primavera* 波堤切利，《春》140

Boucher 布歇 125

Bradamant 布拉达曼特 138

Brasiae 布里西阿 20—21

bronze 铜（像）18, 22, 48, 101, 107, 139

Burne-Jones *Danae* 伯恩-琼斯爵士，《达那厄》140; *Perseus Series*《佩耳修斯系列画作》10, 131, 138—143; *Pygmalion Series*《皮格马利翁系列画作》141; *St George*《圣乔治系列画作》143

Busiris 布西里斯 115

Byzantium 拜占庭 87

Cadmus 卡德摩斯 21; dragon of C. 卡德摩斯的龙 64

Callimachus 卡利马科斯 30, 116

Canaan 迦南 68

Cap of Hades 哈得斯的帽子；隐身帽子；狗皮盔 5, 8, 36, 41—42, 44—47, 51, 54, 74, 134, 138

Caphyae 卡菲伊 105

Cappadocia 卡帕多西亚 120, 136

Carallia 卡拉利亚 120

Carchemish 迦基米施 38

Cassandra 卡桑德拉 92

Cassiepeia (Cassiope) 卡西奥佩娅 6, 56, 59, 71—73, 76, 88

catasterisms 星座神话 74—77; *see also* [Eratosthenes] 参见埃拉托色尼

Cedrenus, George 乔治·塞德里努斯 111, 119—120, 123, 125

Cellini 切利尼 139

cenotaph 衣冠冢 24

centaurs 半人半马怪 / 肯陶洛斯 73; Medusa as centaur 美杜莎是半人半马怪 27, 35—37, 43—44, 45, 156n4

Cephalion 卡普利翁 30, 110

Cephenes 凯培涅斯 84

Cepheus 刻甫斯 5—6, 20, 32, 51—53, 71, 73, 76, 82, 84,

86—87, 92, 102, 117; C. of Tegea 忒格亚的刻甫斯 19, 82, 104—105, 126, 145

 Cerne 克尔涅 121, 124

 Ceto 刻托 35, 58—60, 117—118

 Chaeronea （波奥提亚地区的）凯罗尼亚 29—30

 Charicleia 夏利克利亚 74, 86

 Charybdis 卡律布迪斯 64

 Chemmis 凯姆来司 65, 113

 chest 箱子 4, 14—16, 19—22, 24—25, 113

 Chimaera 喀迈拉 61—62

 Choreia 舞蹈病女人 101

 Chrysaor 克律萨奥耳 35, 38, 133, 135, 140

 Cicero 西塞罗 75, 139

 Cilicia 基利西亚 112, 119—120

 Circe 基尔克 42, 64, 110, 136

 Cisthene 吉斯尼平原 48

 Cixous 西克苏 135

 Clash of the Titans 《诸神之战》160n11

 Clement of Alexandria 亚历山大港的克莱门特 30, 106

 Cleon 克里昂 17

Cleostratus 克雷斯特拉杜斯 96

Clymene 克吕墨涅 107

coins 硬币 101, 105, 115—116, 118—121

Coimbria 科英布拉 92

Colchis 极东之地科尔基斯 63; dragon of C. 科尔基斯的龙 64

comedy 喜剧 17; *see also* Aristophanes 参见阿里斯托芬

Conon 科农 85, 92, 125—126

constellations 化星 69, 71; *see also* catasterisms 参见星座神话

coral 珊瑚 51

Corfu 科孚岛 38, 46

Corinth 科林斯 35

Coropissos 科罗皮索斯 120

Corythus 科律托斯，也作 Korythus 20

Cratinus *Seriphians* 科律托斯，也作《塞里福斯人》17, 48

Crete 克里特岛 111; *see also* Dionysus 参见狄奥尼索斯

Cronus 克罗诺斯 46

Ctesias of Ephesus *Perseis* 以弗所的克特西亚斯，《珀耳塞伊斯》54—55, 102, 162n4

Cyclopes 库克罗普斯 6, 101, 103

Cynoura 锡努拉 104

Cynouros 西努罗斯 104

Cypria 《塞浦路亚》47

Cypselus 库普塞罗斯 19

Cyrus 居鲁士 19

Cyzicus, coin of 基齐库斯, 基齐库斯的硬币 119; epigram of 警句集 27

Daldis 达尔迪斯 120

Danae 达那厄 4—7, 13—27, 41, 77, 97, 101, 114, 119, 125, 138

Decius 德修斯 119

Deikterion 德克特里昂 109

Deinias of Argos 阿耳戈斯历史学家丹尼亚斯 84—85, 101

Deino 迪诺 5, 57; *see also* Graeae 参见格赖埃

Delphi 德尔斐 28—29, 96

Derketo 约帕的女神 118

Dictys 狄克堤斯 4—6, 13—17, 25—27, 63, 107, 119, 139

Dieuchidas of Megara 墨伽拉的杜契达斯 98

Dinarchus of Delos 提洛岛的诗人狄纳尔科斯 28—29

Dio Chrysostom 狄奥·克利索斯东 57

Diodorus 狄奥多罗斯 20, 30, 52, 61, 63, 93—94, 100, 110—

111, 118, 123—124

Dionysius Scytobrachion 狄奥尼索斯·斯库托伯拉齐奥 61, 101, 110, 123

Dionysus 狄奥尼索斯 vii, 7, 20—21, 28-33, 54—55, 103, 124; D. Bougenes 牛所生的狄奥尼索斯 29; Cretan D. 克里特的狄奥尼索斯 28, 30, 101; D. in the Marshes 沼泽地里的狄奥尼索斯 30; D. Zagreus 狄奥尼索斯·札格斯 30

dipsad 利比亚毒蛇 49

discus 铁饼 6

Doris 涅瑞伊得斯·多里斯（海中仙女）25, 59, 107

Douris 彩绘大师多里斯 64

dragons 龙 3, 9—10, 52—53, 60—62, 64, 83, 89, 96—98, 111, 136—138; *see also* Ladon, sea-monster, snakes 参见拉冬，海怪，蛇

Drakon 龙 111

Ebreo, Leone 莱昂内·埃布雷奥 134

Echo 林中女神（回声）71

Egypt 埃及 65, 113, 115

ekphrasis 读画诗 52, 73—74

Elatos 埃拉托斯 15

Enkidu　恩奇都 38

Ennius *Andromeda*　恩尼乌斯，《安德洛墨达》72, 118

Enyo　厄倪俄 5, 35, 57; *see also* Graeae 参见格赖埃

Epidaurus　埃皮达鲁斯 62

Epimenides　埃庇米尼得斯 59

[Eratosthenes] *Catasterisms*　埃拉托色尼，《星座神话》69—72, 74—76, 83

Eros　爱若斯 70—72, 77—99, 161n15

eroticism　情色文学 77—82

Erytheis　埃尔提斯 58

Erythras　埃吕斯拉斯 85, 101

Eryx　俄依克斯 112

Etearchus　埃铁阿尔科斯 21

Ethiopia, Ethiopians　埃塞俄比亚（人）5—6, 8—9, 48, 52, 68—70, 73—74, 83—87, 105, 113, 117, 121

Etruria　伊特鲁里亚 118

Eubulus *Danae*　欧布洛斯，《达那厄》17

Eudoxus of Cnidus　尼多斯的欧多克索斯 75—76

Euhemerus　犹希迈罗斯 60—61, 110

Eunica　埃乌尼卡 58

Euphorion 欧佛里翁 30, 59

Euripides *Andromeda* 欧里庇得斯,《安德洛墨达》69—72, 77, 79—80, 83, 99, 115; *Archelaus*《阿尔西达马斯》83, 114; *Auge*《奥格》20; *Bacchae*《酒神伴侣》31; *Danae*《达那厄》15—16, 25; *Dictys*《狄克堤斯》16, 27; *Helen*《海伦》113; *Heracles*《赫拉克勒斯》52, 145; *Ion*《伊翁》50, 60, 62; *Iphigeneia at Aulis*《伊菲吉尼亚在奥利斯》103; *Medea* 《美狄亚》145; *Sthenoboea*《斯忒涅玻亚》61—62; *Telephus* 《忒勒福斯》20

Euryale 欧律阿勒 8, 35, 53—54, 102, 122, 132—133; *see also* Gorgons 参见戈耳工

Eurybatus 欧里巴图斯 83, 96

Eurydice 欧律狄克 4, 6

Eurymedon 欧律墨冬 59

Eustathius 尤斯塔修斯 28—29, 51, 105, 137

eyeballs 眼球 5, 56—58, 97—98; cf. Ophthalmos 参见奥夫萨尔莫斯,即"眼睛"

farming 农业 132

Faunus 法乌诺斯 111

feminism 女性主义 135

flfleece, golden （金）羊毛 63

fifish 鱼 85

folktales 民间故事 19—22, 97—99, 136

fossils 化石 95

Freud 弗洛伊德 10, 134—135

frogs 青蛙 105—106

Fulgentius 傅箴修 131—134

Galatea 加勒提阿 141

gaze 目光/凝视 45, 51—54, 123, 135

Gemdelovely 杰德洛弗利 97

George, St 圣乔治 3, 10, 131, 136—138, 143

Germanicus 日耳曼尼库斯 75, 139

ghost 鬼魂 112

Gilgamesh 吉尔伽美什 19, 39

giraffffe, Miocene 中新世长颈鹿 95

Glycon 格利孔 120—121

goats 山羊 61

gold 金 23; shower of 金币雨 4, 17—18, 31, 109; as bribe 金作为贿赂 125; *see also* fleece 参见羊毛

gorgoneia 戈耳工正面像 34—39, 50, 53—55; *see also* Gorgons 参见戈耳工

Gorgons 戈耳工 26, 34—66, 83, 102, 104—105, 115, 123—124, 132—133, 136, 143; G.-head 戈耳工头颅 5—9, 22, 26—28, 31—35, 40, 49—53, 70, 75—76, 82, 92, 103, 111—112, 115, 117, 120; G. Painter 戈耳工画家 40; G. slain by Athena 戈耳工被雅典娜杀死 60; *see also* Euryale, gorgoneia, Medusa, Stheno 参见欧律阿勒，戈耳工正面像，美杜莎，斯忒诺

Gorgophone 戈耳工福涅 108

gout 痛风 112

Graces 美惠三女神 140

Graeae 美惠三女神 5, 13—14, 35, 40, 41—42, 48, 56—60, 63, 98, 122—123; G. as swans 化作天鹅的格赖埃 56

Greek Anthology 《希腊文选》27, 50, 79, 83, 85, 92

griffin 狮鹫 45

Gyaros 伊亚罗斯岛 105

Hades 冥府，哈得斯 34; *see also* Cap of H. 参见哈得斯的帽子

Hadrian 哈德良 119—120

halcyons 太平鸟 80—81

Haliae 哈利 31, 101

Hardy, Oliver 奥利弗·哈代 32—33

harpe 剑 5 8, 41, 45—46, 60, 69, 92, 95, 102, 112, 115, 117, 120

Harpies 剑 59, 63—64

Harpocration 哈玻克拉奇翁 107

Harryhausen, Ray 雷·哈里豪森 160

Hartland 哈特兰 167

Hecataeus 赫卡泰乌斯 19—20, 102

Hecate 赫卡忒 34, 110

Heleios 赫利奥斯 108

Heliodorus 赫利俄多洛斯 74, 83, 86—87

Helios 赫利奥斯 110

Hellanicus 赫拉尼库斯 84, 93, 106

Helos 赫洛斯 108

Heniochus *Gorgons* 赫涅奥克斯，《戈耳工》41

Hephaestus 赫菲斯托斯 42—43, 46

Hera 赫拉 57, 63; H. Antheia 赫拉·安忒亚 30

Heracles 赫拉克勒斯 vii, 3, 9, 19, 36, 46, 49—50, 73, 82, 91—96, 98—99, 101, 104—105, 107—108, 114—115, 124, 145

Heraclids 赫拉克利德 108

Heraclitus *De Incredibilibus* 赫拉克利特，《论不可思议的

故事》57, 58—59, 122—124

Hermes 赫尔墨斯 5—6, 8, 31, 39, 42—43, 45—47, 65, 71, 82, 92, 111, 123

Herodotus 希罗多德 21, 48, 65, 84, 108—110, 113—114

heroon 庙形坟墓 103

Hesiod *Catalogue of Women* 赫西俄德，《列女传》13, 20, 31, 68, 100, 107, 133; *Shield of Heracles*《赫拉克勒斯之盾》36, 43—45, 51, 54; *Theogony*《神谱》35, 46, 47, 50, 55—57, 59—61, 110

Hesione 赫西俄涅 9, 89—96, 98—99

Hespere 赫斯佩耳 58

Hesperides 赫斯帕里得斯 35, 48, 58—59, 123; dragon of, *see* Ladon 赫斯帕里得斯的龙，参见拉冬

Hesychius 希茜溪 22, 29, 31, 106—107

Hierocaesarea 希罗凯撒 120

Hipparchus 希巴克斯 75

Hippocrene 赫利孔山 132

Hippodamia 希波达米亚 26—27

hippogryph 鹫马 137—138

Homer *Iliad* 荷马，《伊利亚特》13, 17, 30, 34—35, 60—

61, 93, 107, 145; *Odyssey*《奥德修纪》26, 34—35, 42, 50, 63—64, 83, 136

Horace　贺拉斯 18, 23, 118, 125, 139

horses　贺拉斯 26—28; *see also* centaur, Pegasus 参见半人半马怪，佩伽索斯

Horus　荷鲁斯 113

Humbaba　胡姆巴巴 38

Hydra　许德拉 46

Hyginus　许吉努斯 16, 20, 23—24, 30, 32, 45, 51, 57, 60—64, 71, 75, 82, 93, 101, 139

Hylas　许拉斯 58, 63—64

Hyperboreans　北国人 48

Iaino　治愈者 57

Iconium　伊康 120

India, Indian Ocean　印度，印度洋 9, 85, 105

initiation　成长 *see* maturation 参见成长

invisibility　隐身作用 45

Iobates　依俄巴忒斯 61

Iolcus　伊奥尔科斯 63—64

Ion of Chios　希俄斯岛的伊翁 107

Ionopolis (=Abonouteichos)　伊奥尼奥波利斯 (= 阿博努提奇奥斯) 121

Iopolis（Ione, in Syria）　伊奥波利斯 (叙利亚，艾奥尼) 111, 116

Iotape　阿伊塔普 120

Iphianassa　伊菲阿那萨 59

Isauria　伊苏利亚 120

Isocrates　伊索克拉底 108

Isolde　伊索尔德 97

Jacob and Esau　雅格布与以扫 22

Jacobus de Voragine *Legenda Aurea*　雅各布斯·德·佛拉金，《金色传奇》137

jaculus　非洲跳鼠 49

Jason　伊阿宋 58, 63—65, 145

Jesus　耶稣 19

John of Antioch　安条克的约翰 111, 119—120, 123

Jonah　约拿 84, 118

Joppa (Jaffffa)　约帕（雅法）9, 68, 84—85, 117—118, 137

Josephus　约瑟夫斯 117

Karna　迦尔纳 19

katabasis　下冥界 50, 65, 134

Ketos (ship) 海怪号（船）92, 126

ketos see sea-monster 海怪，参见海怪

kibisis 神袋 5, 8, 28, 35, 40, 43—44, 68, 104

King Kong《金刚》77, 160n11

Klimt 克林姆 125

Lacedaemon, father of Eurydice 拉斯第孟，欧律狄克的父亲 4

Lactantius Placidus 拉克坦提乌斯·普拉西德 51

Ladon, dragon of the Hesperides 拉冬，赫斯帕里得斯的龙 49, 59, 64

Lamashtu 拉玛什图 38

Lamia 拉米亚 38, 57—58, 96—97

Langeia 兰盖亚（泉）102

Laodicea 老底嘉 120

Laomedon 拉俄墨冬 93—94

Lapiths 拉庇泰 73

Larissa 拉里萨 6—7, 15, 77, 106; the Argive 阿耳戈斯 L. 106; L. Cremaste 克里马斯特的拉里萨 106

Lasia 拉西亚 137

Lemnians 利姆诺斯岛 63

Leonidas 利奥尼达斯 108

Lerna 勒那湖 vii, 28—30, 103—104

Lesbos 莱兹波斯岛 136

Leviathan 利维坦 68

[Libanius] *Narrationes* [利巴尼奥斯]《叙述集》92

Libya, Libyans 利比亚，利比亚人 8, 48—49, 57, 61, 111, 113, 115, 124—125, 137

lions 狮子 35—38, 50, 90, 112

Livius Andronicus *Danae* 李维乌斯·安德罗尼克斯，《达那厄》17, 72, 118

Livy 李维 116

Loch Ness Monster 尼斯湖水怪 90

lock of Gorgon 戈耳工头发制成的锁 104—105

Loggia dei lanzi 佣兵凉廊 139

Lotan 罗腾 68

Lucan 卢坎 43, 46—47, 49—50, 51—52, 118—119

Lucian 卢西恩 24—25, 52, 59, 71, 74, 81, 83, 88, 92, 107, 111, 117—118, 120—121, 123

Lucius Verus 路奇乌斯·维鲁斯 121

Lucius Volusenus 卢修斯·沃卢塞努斯 107—108

Lycaonia 利考尼亚 120

Lyceas 利西斯 30

Lycia 利西亚 61, 103

Lycophron (tragedian) 吕哥弗隆（悲剧作家）72

[Lycophron] *Alexandra* [吕哥弗隆]《亚历山德拉》3, 33, 53, 62, 64, 90, 92—95, 110

Lycurgus of the Edonians 埃多尼亚国王来库古 30, 32

Lydda 吕大 137

Lydia 吕底亚 109, 120

Lysimachus 利西马科斯 71

Macedon 马其顿 9, 114—116

maenads 娘子军 28—31, 53, 101, 124

magi, magic 术士，魔法 110—112

Mahabharata 《摩诃婆罗多》19

Malalas, John 约翰·马拉拉斯 16, 32—33, 51, 111—112, 116, 119—120, 123, 125

Malis 马里斯 58

Manilius 马尼吕斯 73, 75, 80—81, 89, 92, 118, 123

Marcus Scaurus 马库斯·斯考卢斯 117

Marduk 马耳杜克神 68—69

masks 面具 35—39

maturation 成长 27, 63—66, 102—104, 159n42

Medea 美狄亚 63—64, 110

Medes 玛代人 110, 112

Medus 美杜斯 110

Medusa 美杜莎 3, 5, 8, 27, 34—66, 68, 98, 111—112, 122—125, 132—135, 139—141; as courtesan 美杜莎成为高等妓女 123; fair M. 白皙的美杜莎 55—56; M's gaze 美杜莎的目光 51—54; M's punishment 美杜莎的惩罚 55—56; M. Rondanini 罗德尼尼的美杜莎 55; *see also* Gorgons 参见戈耳工

Megapenthes 墨伽彭忒斯 7, 23, 32

Megara 墨伽拉 98

Megareus 墨伽拉乌斯 98

Melos 米洛斯岛 62, 105

Menander 米南德 13

Menelaus 墨涅拉俄斯 92

Menestratus of Thespiae 塞斯比阿的明尼斯特拉杜斯 96, 99

Mesopotamia 美索不达米亚 38

Messenia 美塞尼亚 108

Meteorology 气象现象 133

Midea 米迪亚 103

Miraculi Sancti Georgii 《圣乔治传奇》136—137

Mistress of Animals 野兽的女主人 38

Mithradateses 米德拉底特 118

Mithraism 密特拉神教 112

Mnesilochus 漠涅西罗科斯 79

mōly 魔吕（白花黑根草）42

monokrepides 单鞋英雄 63—65

Moore, Albert 阿尔伯特·摩尔 141

Mopsos 莫索（城）120

Morocco 摩洛哥 48

Morris *The Earthly Paradise* 威廉·莫里斯,《俗世的天堂》139—140

Moses 摩西 19

Murrus 穆里斯 49

Muses 缪斯 29—30, 132

Mycenae 迈锡尼 54—55, 100, 102—105

Mysia 米西亚 19

Myron 迈伦 107

Naeads 涅得斯 *see* Nymphs 参见纽墨菲

Naevius *Danae* 奈维乌斯,《达那厄》17 118

Nauplius 纳普利乌斯 19—20

Neides see Nymphs 涅得斯,参见纽墨菲

Nemea 尼米亚 104

Nemeia 内梅亚 101

Nereids 涅瑞伊得斯 6, 25, 56, 59, 73, 76, 79, 83, 88, 107

Nero 尼禄 29

Nicander *Alexipharmaka* 尼坎德,《毒与解毒剂》102; Metamorphoses《变形记》96

Nicobule 妮可布勒 71, 115

Night 夜晚 48, 50, 59

Nile 尼罗河 113

Nimrud 尼姆鲁德 68

Ninus 尼诺斯 111

Nonnus 诺努斯 31, 41, 46, 51, 53—54, 76, 85, 92, 101

nudes 裸体 81—82, 139, 141—143

Numidians 努米底亚 124

Nycheia 尼奇亚

Nymphs 纽墨菲 5—6, 40—45, 58, 63—64, 139—140

Ocean 海洋 48

octopus 章鱼 134

Odysseus 奥德修斯 26, 42, 50, 63, 136

Oebalus 欧巴勒斯 108

Oedipus 俄狄浦斯 19, 21—22

Olympias 奥林匹亚斯 115

Olympics 奥运会 114

Ophthalmos 奥夫萨尔莫斯 122

Oppian *Cynegetica* 奥庇安，《狩猎集》26

orca 杀人鲸 137—138

Orontes 奥龙特斯河 111, 116

Orphica 《俄耳浦卡》30

Orphic Argonautica 俄耳浦卡，《阿耳戈英雄记》63

Orphism 崇拜酒神的神秘教 30

Orthia 奥提亚 37

Ostanes 奥斯塔尼兹 112

Ovid *Metamorphoses* 奥维德，《变形记》18, 22—23, 46—47, 49, 50, 53, 55—56, 59, 63, 72—73, 83, 88—89, 92—93, 112, 118, 141, 145, 149

Palaephatus 帕莱法托斯 47, 58, 83, 121, 124, 126, 132

Palaestine 巴勒斯坦 137

Pan 潘神 113

Paphlagonia　帕夫拉果尼亚 120—121

Paris　帕里斯 19

Parthenios, Mt　帕耳忒尼俄斯山 20

Parthenope　帕耳忒诺珀 120

Paulus　保鲁斯 49

Pausanias of Antioch　安条克的保塞尼亚斯 111, 116

Pausanias Periegetes　保塞尼亚斯,《希腊志》20—22, 30—31, 48, 62, 82, 96, 98, 100—104, 106—108, 111, 117, 123—125

Pegasus　佩伽索斯 27, 35—36, 38, 55, 61—62, 123, 132—133, 135—136, 140—141

Pelasgians　佩拉斯吉 6

Pelias　珀利阿斯 63—64

Pemphredo　彭菲瑞多 5, 35, 57; *see also* Graeae 参见格赖埃

Pentheus　彭透斯 31—32

Perdiccas I of Macedon　马其顿的佩尔狄卡斯一世 114

Perieres of Messenia　美塞尼亚的佩里厄瑞斯 108

Perilaus　培利拉欧斯 101

Perrhidae　佩尔休蒂 107

Perrheus　佩尔休斯 107

Perse 佩耳修斯 118

perseai (trees) 佩耳塞艾（香榄树）102

Perseia (spring) 佩耳西亚（泉）102

Perseids 珀耳修斯 107—108

Persephone 佩耳塞福涅 34, 50

Perses (son of Perseus) 珀耳塞斯（佩耳修斯之子）84, 101, 109—110

Perses (king of the Taurians) 陶利安国王珀耳塞斯 110

Perseus (hero) *passim* 佩耳修斯（英雄）; identified with Bellerophon 各处与柏勒洛丰故事相类 61; catasterism of 佩耳修斯化星 74—77; childhood of 佩耳修斯童年 24—26; Christian reception of 基督教世界接纳佩耳修斯 32—33, 136—138; conception of 佩耳修斯受孕 18—19; death of 佩耳修斯之死 32—33; equipment of 佩耳修斯的装备 43—47; as Eurymedon 参见欧律墨冬 59; exposure of 佩耳修斯暴露 19—20; in fifine art 美术作品中的佩耳修斯 138—143; heroon of 佩耳修斯的庙形坟墓 103; as pirate 佩耳修斯做海盗 122; rationalisation of his myth 佩耳修斯神话的合理化演义 121—126; sacred recorders of 神圣作家 102—103; as "Slayer" 作为"屠戮者" 40; in tragedy 悲剧中的佩耳修斯 13—18, 40—42, 69—72; tricked by Polydectes 波吕德

佩耳修斯

克忒斯的诡计 26—28; war against Dionysus of 佩耳修斯与狄奥尼索斯对战 28—32; watchtower of 佩耳修斯瞭望塔 113

Perseus (king of Macedon) 佩耳修斯（马其顿国王）115—116

Persia 波斯 8—9, 76, 84—85, 105, 109—112, 115—116, 126

Persinna 波斯纳 86

Persis, Perso 珀西斯，佩索 57, 60

petasos 狗皮帽 40, 45, 68; see also Cap of Hades 参见哈得斯的帽子（隐身帽）

phallus 阴茎 25, 135, 141—142

Phanodemus 费诺德穆斯 30

Pherecydes of Athens 雅典的费雷西底 4—7, 14, 18, 23, 25—26, 42, 43, 47—48, 56—57, 68—69, 83—84, 103, 106—107

Pherse 佩耳修斯 118

Philip II of Macedon 马其顿的菲利普一世 115

Philip V of Macedon 马其顿的菲利普五世 115—116

Philochorus 斐洛考鲁斯 30

Philodemus 菲洛泽穆斯 85

Philostratus *Imagines* 斐洛斯图拉特斯，《画记》70, 79, 83, 85—86, 89, 93

Phineus, brother of Cepheus 菲纽斯,刻甫斯的兄弟 6, 50, 53, 73, 98, 112, 117, 126; P. in the Argonautic myth 《阿耳戈英雄记》中的菲纽斯 63—64

Phoenix 菲尼克斯 126

Phoenodamas 福诺达玛斯 93

Phorcides 《福耳库斯的女儿们》 see Aeschylus, Graeae 参见埃斯库罗斯,格赖埃

Phorcys (Phorcus) 福耳库斯 5, 35, 57—59, 121, 124, 132

Phormus *Cepheus / Perseus* 佛尔莫斯,《刻甫斯》/《佩耳修斯》80

Phronime 普洛尼玛 21

Phrygia 120; P. Catacecaumene 弗里吉亚的燃烧之国 61

Phrynichus (comic poet) 普律尼科司(喜剧诗人)79

Phrynichus II (tragedian) 普律尼科司二世(悲剧作家)72

Picus 皮库斯 110—111, 119

Pilumnus 皮鲁姆纳斯 119

Pindar 品达 23, 27—28, 41, 48, 51, 54—55, 61, 63—64

Pitys 庇堤斯 112

Pliny the Elder *Natural History* 老普林尼,《自然历史》52, 71, 83, 117, 123

Plutarch 普鲁塔克 29, 30, 54, 102, 112, 115—116

Polycrateia 波吕克拉忒亚 116

Polydectes 波吕德克忒斯 5—6, 16—17, 25—28, 41, 50—51, 53, 63—65, 105, 115, 119

Polyidus 波吕伊多斯 49, 51

Polymnestus 波律姆涅司托司 21

Pompeii 庞培 73, 82, 115, 119

Pomponius Mela 彭波尼斯·梅拉 117

Pontus 庞塔斯 118

Porphyrios 波菲利 87

Poseidon 波塞冬 6, 35—36, 55—56, 59, 73, 83, 93, 95

Pratinas 普拉提那斯 41

Priam 普里阿摩 94

Procles (hero) 普罗克勒斯（英雄）107

Procles of Carthage 迦太基的普罗克勒斯 125

Procopius 普罗科匹厄斯 87

Proetus 普罗托斯 7, 20, 22—24, 31—33, 61—62, 103; daughters of 普罗托斯的女儿 31

Prometheus 普罗米修斯 73

psychoanalysis 精神分析 134—135

Ptolemies 托勒密 94, 116—117, 126

Publius Antius Antiochus 普布利乌斯·安提乌斯·安提阿哥 120

quest 探险（冒险）3, 40—43, 63—65

rationalisation 合理化演义 10, 121—126, 131; *see also* allegory, Euhemerus 参见寓言，犹希迈罗斯

Red Sea 红海 9, 85, 101

Roger 罗杰 125, 137—138

Rome 罗马 118—119

Romulus 罗慕卢斯 19

Ruggiero see Roger 罗杰，参见罗杰

Sabellus 萨贝利 49

Sabra 萨布拉公主 3, 136—138, 143

Salutati, Coluccio 科卢乔·萨卢塔蒂 134

Samos 萨摩斯岛 109

Samotherium 萨摩麟 95

sandals, winged 飞鞋/凉鞋，带翅膀 5—6, 40—41, 43, 45, 68, 74, 113, 134

Sannyrio *Danae* 桑尼里奥，《达那厄》17

Sargon of Akkad 阿卡德城的萨尔贡 19

Sarpedon(ia)　萨耳珀冬（岛）47, 121

Sartre　萨特 135

satyrs　萨提尔 13, 25—26, 28, 41

scholia：to Apollonius　阿波罗尼乌斯注疏 26, 63, 106, 110; to Aratus 阿拉托斯的注疏 28—29; to Aristophanes 阿里斯托芬的注疏 57, 70, 79; to Euripides *Phoenissae* 欧里庇得斯注疏《腓尼基妇女》22; to Germanicus *Aratus* 日耳曼尼库斯的《阿拉托斯传》注疏 47, 58, 71, 83, 119, 123; to Homer *Iliad* 荷马《伊利亚特》注疏 vii, 29; *see also* Eustathius, Servius, Tzetzes　参见尤斯塔修斯，塞尔维乌斯，特策利

[Scylax] *Periplus*　司库拉克斯，《伯里浦鲁斯游记》84, 117

Scylla　斯库拉 64

Scythian　塞西亚 79

sea-cicada　海蝉 26

sea-monster (*kētos*)　海怪 3, 6, 9, 17, 46, 50—53, 59—60, 62, 64, 66—99, 116—117, 136—138, 141—143; natural history of 海怪的自然历史 87—93; *see also* dragons, snakes 参见龙，蛇

sea-trolls　海怪（海巨魔）97—98

Sebaste　塞巴斯蒂 120

Sebasteia　塞巴斯蒂安 101

Selbius 塞尔比乌斯 136

Seleucids 塞琉古 116—117, 126

Seleucus I 塞琉古王一世 116

Semele 塞墨勒 20—21, 30

seps 蛇蜥 49

Septimius Serenus 塞普提米乌斯·塞莱纳斯 123

Seriphos 塞里福斯岛 4—7, 24—28, 41—42, 47, 50—51, 70, 76, 103, 105—106, 122

Servius 5 塞尔维乌斯 5, 58, 119

Sheep 羊 124

shields 盾 36, 47, 106; Perseus' mirror-s. 佩耳修斯的镜面盾 8, 47, 51, 134, 138; Roger's enchanted s. 罗杰的魔法盾牌 138

shrew-mouse 鼩鼱 17

sickle-sword *see harpe* 镰刀剑，参见剑

Silenus 西勒诺斯 25—26

Silpion, Mt 瑟尔佩恩山 116

Silverwhite and Littlewarder 《白银王子和小看守》97—99

Simonides 西摩尼德斯 24

Sirens 海妖塞壬 64

Siwah 锡瓦 73, 114

skull-cup 头骨杯 111—112

snakes 蛇 35, 38, 46, 52—56, 57—62, 89, 120—121; s. of Libya 利比亚的（毒）蛇 49—50, 141; *see also* dragons, Gorgons, Medusa, sea-monster 参见龙，戈耳工，美杜莎，海怪

Socrates of Argos 阿耳戈斯历史学家苏格拉底 29

Sophocles *Acrisius* 索福克勒斯，《阿克里休斯》14—15；*Andromeda*《安德洛墨达》69—72, 74, 77, 79, 83—84, 98, 113; *Antigone*《安提戈涅》18; *Danae*《达那厄》14—15; *Larissaeans*《拉里萨人》14—15, 106; *Mysians*《迈西亚人》20

Soranus *Gynaecology* 索兰纳斯，《妇科》86

Sparta 斯巴达 9, 37, 104, 107—108

Spartoi 斯巴托伊 64

Statius 斯塔提乌斯 103—104

statuary 雕像 31, 33, 53, 86, 141

Stephanus of Byzantium 拜占庭的斯特凡努斯 102—103, 107, 110

Sterope 丝黛罗普 104

Stesichorus 斯特西克鲁斯 13

Sthen(n)o 斯忒诺 8, 35, 53—54, 102, 122, 132—134; *see*

also Gorgons 参见戈耳工

Sthenoboea 斯忒涅玻亚 20, 61—62

Stoorworm 斯托尔虫 97

storm-clouds 风暴云 134

Strabo 斯特雷波 20, 28, 83—84, 111, 113, 115—116

Suda 苏达 47

sunlight 阳光 114

swans 天鹅 56

Sybaris 锡巴里斯 96

symbolism 象征主义 140

Tacitus *Histories* 塔西陀,《历史》84

Tarsus 塔索斯 119—120

tauroctony 公牛祭 112

Taurus 金牛座 112

Tegea 忒格亚 19, 82—83, 87, 96, 104—105; *see also* Arcadia 参见阿卡迪亚

Telamon 特拉蒙 94

Telemachus 忒勒玛霍斯 26

Telephus 忒勒福斯 19—20, 33, 56

terror 恐惧 132—133

Teucer 透克尔 94

Teutamides of Larissa 拉里萨的透特米德斯 15, 20

Teuthras 透特拉斯 19—20

Thebes 底比斯 31

Themison 铁米松 21

Theocnidus 提奥尼德斯 132

Theocritus 狄奥克里塔 58

Theon (on Pindar) 席恩论品达 16

Thera 希拉 21

Thermopylae 塞莫皮莱 108

Theseus 忒修斯 50

Thetis 忒提斯 24—25, 30—31, 107

Thrasymedes 色雷斯梅德斯 62

thyrsi 酒神杖 29

Tiamat 提亚玛特 68—69

Tiberius Claudius Diodotus 提比略·克劳迪斯·迪奥多托斯 101

Tiepolo 提埃波罗 125

Tintoretto 丁托列托 125

Tiresias 忒瑞西阿斯 63

Tiryns 提林斯 22—23, 37, 77, 103

Titans 泰坦巨人 30

Titian 提香 125

tongues 舌头 95, 8

tragedy 悲剧 13—17, 23—24, 32—33, 69—72, 118; *see also* Accius, Aeschylus, Ennius, Euripides, Livius Andronicus, Naevius, Sophocles 参见阿西乌斯，埃斯库罗斯，恩尼乌斯，欧里庇得斯，李维乌斯·安德罗尼克斯，奈维乌斯，索福克勒斯

Tristan 特里斯坦 19, 97, 99

Triton 特里同 81, 88

Tritonis, Lake 特里同尼斯湖 41, 48, 124

Troy 特洛伊 93—95

trumpets 小号 29

Turnus 图努斯 119

Tyana 泰安那 120

Typhon 提丰 46, 111

Tyre 推罗 137

Tzetzes 特策利 20, 53—54, 56, 59, 62—63, 94, 103—104, 106, 109, 133, 137

Ugarit 乌嘎利特 68

underworld: *see* katabasis 冥界，参见下冥界

Uranus 乌拉诺斯 46

Valerian 瓦莱里安 101

Valerius Flaccus 瓦莱里乌斯·弗拉库斯 63, 89, 93

Vatican Mythographers 梵蒂冈神话作家 18, 47, 49, 51, 56, 58, 62, 119, 122—123, 133, 137

Vikings 海盗 126

Virgil 维吉尔 119

virginity, ordeal of 贞操考验 7, 21

von Strassburg, Gottfried 格特弗里德·冯·斯特拉斯堡 97

weapons, of Gorgons 戈耳工的武器 50—55; of Perseus, *see* Gorgon-head, *harpe* 佩耳修斯，见戈耳工头，剑

Wexford 韦克斯福德 97

whales 鲸鱼 50, 84, 87; *see also* sea-monster 参见海怪

White Snake of Mote Hill 莫特山的白蛇故事 97

Witches 女巫 136; *see also* Circe 参见喀耳刻

Wray, Fay 费伊蕾 77

Xerxes 薛西斯 109

Yam （海神）亚姆 68

Zagreus 札格斯 30

Zenobius *Centuriae* 吉诺比乌斯,《百人队》42, 63

Zeus 宙斯 4, 9, 13, 17—18, 21, 23—24, 30—31, 46, 49, 53, 57, 77, 96, 104, 106—107, 110—111, 114—116, 119, 125

Zoroastrianism 拜火教(祆教)110—112

附录一：古代世界的诸神与英雄译名表
（希腊语—拉丁语—英语—汉语）

A

Ἄβαι Abae Abae　阿拜

Ἀγαμέμνων Agamemnon Agamemnon　阿伽门农

Ἀγησίλαος Agesilaos Agesilaos　阿盖西劳斯

Ἀγλαΐα Aglaea/Aglaia Aglaea　阿格莱亚

Ἄγλαυρος Aglauros Aglauros　阿格劳洛斯

Ἀγχίσης Anchises Anchises　安喀塞斯

Ἅδης Hades Hades　哈得斯

Ἄδωνις Adonis Adonis　阿多尼斯

Ἀθάμας Athamas Athamas　阿塔马斯

Ἀθηνᾶ Minerva Athena　雅典娜 / 密涅瓦

Αἴας Aiax Aias/Ajax　埃阿斯

Αἴγιστος Aegisthus Aegisthus　埃吉斯托斯

Αἴθρα Aithra Aithra　埃特拉

Αἰνείας Aeneas/Aeneus Aeneas　埃涅阿斯

Ἀλφειός Alpheios Alpheios　阿尔费奥斯

Ἄμμων Ammon Ammon/Amun　阿蒙（古埃及太阳神）

Αμφιτρίτη Amphitrite Amphitrite　安菲特里忒

Anat　阿娜特（闪米特战争女神）

Anaïtis/Anahita　阿娜提斯 / 阿娜希塔（波斯 - 亚美尼亚女神）

Ἀνδρομάχη Andromache Andromache　安德洛玛克

Anu　阿努（赫梯天神）

Ἀπέσας Apesas Apesas　阿佩萨斯

Ἀπόλλων Apollo Apollo　阿波罗

Ἀργειφόντης Argeiphontes Argeiphontes　阿耳癸丰忒斯

Ἄρης Mars Ares　阿瑞斯

Ἀριάδνη Ariadne Ariadne　阿里阿德涅

Ἁρμονία Harmonia Harmonia　哈耳摩尼亚

Ἀρισταῖος Aristaeus Aristaeus　阿里斯泰奥斯

Ἄρτεμις Artemis,Diana Artemis　阿耳忒弥斯 / 狄安娜

Ἀσκληπιός Aesculapius Asclepius　阿斯克勒庇俄斯

Astarte　阿施塔忒（腓尼基女神）

Ἀστερία Asteria Asteria　阿斯忒里亚

Ἄτλας Atlas Atlas　阿特拉斯

Ἀτρεύς Atreus Atreus　阿特柔斯

Ἀφροδίτη Venus Aphrodite　阿芙洛狄忒 / 维纳斯

Ἀχιλλεύς Achilleus Achilles　阿喀琉斯

Ἄψυρτος Apsyrtus Apsyrtus　阿普绪耳托斯

B

Βελλεροφῶν Bellerophon Bellerophon　柏勒洛丰

Βοώτης Boutes Boutes　布特斯

Βριάρεως Briareos Briareos　布里阿瑞奥斯

Βρισηΐς Briseis Briseis　布里塞伊斯

Βρισῆος Briseus Briseus　布里修斯

Γ

Γαῖα Gaea Gaia　盖娅

Γανυμήδης Catamitus/Ganymedes Ganymede　伽努墨德斯

Γλαυκός Glaucus Glaukos　格劳科斯

Γῆρας Geras Geras　革剌斯

Γίγαντες Gigantes Gigantes　癸干忒斯

Γύγης Gyges Gyges　巨吉斯

Gula　古拉（美索不达米亚治愈女神）

Δ

Δαίδαλος Daedalus Daedalus　代达罗斯

Δαναός Danaus Danaus　达那奥斯

Δάφνη Daphne Daphne　达芙妮

Δελφύς Delphus Delphus　德尔福斯

Δευκαλίων Deucalion Deucalion　丢卡利翁

Δηίφοβος Deiphobos Deiphobos　得伊福玻斯

Δημήτηρ Demeter Demeter　德墨忒耳

Δημοφόων Demophoon Demophoon　德摩福翁

Δίκη Dike Dike　狄刻

Διοκλῆς Diocles Diokles　狄奥克勒斯

Διομήδης Diomedes Diomedes　狄奥墨德斯

Διόσκουροι Dioscuri Dioscuri　狄奥斯库里

Διώνη Dione Dione　狄奥涅

Δόλων Dolon Dolon　多伦

Dyáus Pitar　道斯·彼塔（印度教天父）

Dumuzi/Tammuz　杜穆兹/塔穆兹（苏美尔的英雄/神）

Δύναμις Dynamis Dynamis　丢纳弥斯

E
Εἰλείθυια Eileithyia Eileithyia　埃勒提雅

Εἰρήνη Eirene Eirene　埃瑞涅

Ἑκάτη Hekate Hekate　赫卡忒

Ἕκτωρ Hector Hector　赫克托耳

Ἕλενος Helenus Helenus　赫勒诺斯

Ἕλλη Helle Helle　赫勒

Enki　恩基（苏美尔欺诈之神）

Ἐνοδία Enodia Enodia　埃诺狄亚

Ἐνυώ Enyo Enyo　厄倪俄

Ἐρεχθεύς Erechtheus Erechtheus　厄瑞克透斯

Ἔρις Eris Eris　厄里斯

Ἐριχθόνιος Erichthonios Erichthonios　厄里克托尼奥斯

Ἑρμῆς Hermes Hermes　赫耳墨斯

Ἑρμιόνη Hermione Hermione　赫耳弥奥涅

Ἔρως Eros/Amor Eros　爱若斯 / 阿莫耳

Ἕσπερος Hesperos Hesperos　赫斯佩洛斯（昏星）

Ἑστία Hestia/Vesta Hestia　赫斯提亚 / 维斯塔

Εὐδόρος Eudoros Eudoros　欧多罗斯

Εὔμαιος Eumaeus Eumaeus　欧迈奥斯

Εὔμολπος Eumolpos Eumolpos　欧摩尔波斯

Εὐνομία Eunomia Eunomia　欧诺弥亚

Εὐρυνόμη Eurynome Eurynome　欧律诺墨

Εὐρώπη/Εὐρώπα Europa Europa　欧罗巴

Εὐφροσύνη Euphrosyne Euphrosyne　欧佛洛绪涅

Ἐπιμηθεύς Epimetheus Epimetheus　厄庇米修斯

Ἕως Eos Eos　厄俄斯

Εωσφόρος Eosphoros Eosphoros　厄俄斯珀洛斯（晨星）

Z

Ζεύς Zeus Zeus　宙斯

Ζέφυρος Zephyros Zephyros　泽费罗斯

Ζῆθος Zethus Zethus　泽托斯

H

Ἥβη Hebe Hebe　赫柏

Ἥλιος Helios Helios　赫利奥斯

Ἥρα Hera Hera　赫拉

Ἡρακλῆς Herakles Herakles　赫拉克勒斯

Ἥφαιστος Hephaestus Hephaestus　赫菲斯托斯

Θ

Θάλεια Thalia Thalia　塔利亚

Θάνατος Thanatus Thanatos　塔纳托斯

Θέμις Themis Themis　忒弥斯

Θέτις Thetis Thetis　忒提斯

Θησεύς Theseus Theseus　忒修斯

I

Ἰάλεμος Ialemus Ialemus　伊阿勒摩斯

Ἰάσων Jason Jason　伊阿宋

Ἱέρων Hieron Hieron　希伦

Ἵμερος Himeros Himeros　希墨洛斯

Inanna　伊南娜（苏美尔爱神）

Ἰξίων Ixion Ixion　伊克西翁

Ἰοδάμα Iodama Iodama　伊奥达玛

Ἰόλαος Iolaos Iolaos　伊俄拉俄斯

Ἱππόλυτος Hippolytus Hippolytus　希波吕托斯

Ἶρις Iris Iris　伊里斯

Ἶσις Isis Isis　伊西斯

Ishtar　伊诗塔

Ἰφιάνασσα Iphianassa Iphianassa　伊菲阿纳萨

Ἰφιγένεια Iphigeneia Iphigeneia　伊菲革涅亚

Ἰφιμέδη Iphimede Iphimedê　伊菲梅德

Ἰώ Io Io　伊娥

Ἴων Ion Ion　伊翁

K

Κάδμος Kadmos Kadmos　卡德摩斯

Καλλιόπη Calliope Calliope　卡利俄佩

Καλυψώ Calypso Calypso　卡吕普索

Καρνεῖος Carneius Carneius　卡内乌斯

Κασσάνδρα Kassandra Kassandra　卡珊德拉

Κάστωρ Castor Castor　卡斯托耳

Κέρβερος Cerberus Cerberus　刻耳贝洛斯

Κλυταιμνήστρα Klytaimnestra Klytaimnestra　克吕泰涅斯特拉

Κορωνίς Coronis Coronis　科洛尼斯

Κρεσφόντης Kresphontes Kresphontes　克瑞斯丰忒斯

Κρόνος Cronus Cronos　克罗诺斯

Κυβέλη,Κυβήβη Cybele Cybele　库柏勒

Κύκνος Kyknos Kyknos　库克诺斯

Κυρήνη Cyrene Cyrene　昔兰尼

Λ

Λάϊος Laius Laius　拉伊俄斯

Λαομέδων Laomedon Laomedon　拉俄墨冬

Λήδα Leda Leda　勒达

Λητώ Leto/Latona Leto　勒托 / 拉托娜

Λῖνος Linus Linus　利诺斯

Λύκτος Lyktos Lyktos　吕克托斯

M

Μαῖα Maia Maia/Maea　迈娅

Marduk　马耳杜克（巴比伦主神）

Μάρπησσα Marpessa Marpessa　玛耳佩萨

Μαρσύας Marsyas Marsyas　玛耳绪阿斯

Μαχάων Machaon Machaon　玛卡翁

Μεγακλῆς Megakles Megakles　麦伽克勒斯

Μέδουσα Medusa Medusa　美杜莎

Μελάνιππος Melanippos Melanippos　美拉尼波斯

Μελίτη Melite Melite　美利忒

Μελπομένη Melpomene Melpomene　美尔波墨涅

Μετάνειρα Metaneira Metaneira　美塔内拉

Μήδεια Medea Medea　美狄亚

Μηριόνης Meriones Meriones　美里奥涅斯

Μῆτις Metis Metis　墨提斯

Μίλητος Miletus Miletus　米勒托斯

Μίνως Minos Minos　米诺斯

Μνημοσύνη Mnemosyne Mnemosyne　摩涅莫绪涅

Μοῖραι Moirai Moirai　莫依赖 / 命运三女神

Μοῦσα,Μοῦσαι Musa,Musae Muse,Muses　缪斯

Μουσαίος Musaeus Musaeus　缪塞奥斯

N

Nanaya　娜娜雅

Ναυσικᾶ Nausikaa Nausikaa　瑙西卡

Νέμεσις Nemesis Nemesis　涅美西斯

Νηρηῖδες Nereids Nereids　涅瑞伊得斯

Νέστωρ Nestor Nestor　涅斯托尔

Νηλεύς Neleus Neleus　涅琉斯

Νηρεύς Nereus Nereus　涅柔斯

Νιόβη Niobe Niobe　尼俄柏

Νύμφης Nymphs Nymphs　宁芙

O

Ὀδυσσεύς Odysseus/Ulixes/Ulysses Odysseus　奥德修斯/尤利克塞斯/尤利西斯

Οἴαγρος Oeagrus Oeagrus　奥厄阿革洛斯

Οἰδίπους Oedipus Oedipus　俄狄浦斯

Ὅμηρος Homerus Homer　荷马

Ὀρέστης Orestes Orestes　奥瑞斯忒斯

Ὀρφεύς Orpheus Orpheus　俄耳甫斯

Ὄσιρις Osiris Osiris 奥西里斯

Οὐρανός Ouranos Ouranos 乌拉诺斯

Π

Παιών/Παιάν Paeon/Paean Paeon 派翁

Πάλλας Pallas Pallas 帕拉斯

Πάν Pan Pan 潘

Πάνδαρος Pandarus Pandaros 潘达罗斯

Πάνδροσος Pandrosos Pandrosos 潘德罗索斯

Πανδώρα Pandora Pandora 潘多拉

Παρθένος Parthenos Parthenos 帕特诺斯（克里米亚神祇）

Πάρις Paris Paris 帕里斯

Πάτροκλος Patroclus Patroclus 帕特罗克洛斯

Πειρίθοος Peirithoos Peirithoos 佩里图斯

Πέλευς Peleus Peleus 佩琉斯

Πέλοψ Pelops Pelops 佩罗普斯

Περσεύς Perseus Perseus 佩耳修斯

Περσεφόνη Persephone/Proserpina Persephone 佩耳塞福涅

Πήγασος Pegasus/Pegasos Pegasus 佩伽索斯

Πηνειός Peneius Peneius 佩纽斯

Πηνελόπη Penelope Penelope 佩涅洛佩

Πιερίδες Pierides Pierides　庇厄里得斯

Πλούιων Plouton Pluto　普鲁托

Ποδαλείριος Podalirius/Podaleirius Podalirios　波达勒里奥斯

Πολύφημος Polyphemus Polyphemus　波吕斐摩斯

Ποσειδῶν Poseidon/Neptunus Poseidon　波塞冬 / 尼普顿

Πρίαμος Priamos Priam　普里阿摩斯

Προμηθεύς Prometheus Prometheus　普罗米修斯

Πτώιος Ptoios Ptoios　普托伊奥斯

Πυθία Pythia Pythia　皮提亚

Πύθων Python Python　皮同

Ρ

Ῥέα Rhea Rhea　瑞娅

Σ

Σαρπηδών Sarpedon Sarpedon　萨耳佩冬

Σάτυρος Satyrus Satyr　萨蒂尔

Σειρήν Sirens Sirens　塞壬

Σεμέλη Semele Semele　塞墨勒

Σπερχειός Spercheius Spercheius　斯佩耳凯奥斯

Στερόπη Sterope Sterope　斯忒洛佩

Σφίγξ sphinx sphinx　　斯芬克斯

T

Τάρταρος Tartarus Tartarus　　塔耳塔罗斯

Τειρεσίας Teiresias Teiresias　　忒瑞西阿斯

Τεῦκρος Teukros Teukros　　透克洛斯

Τηλεμάχος Telemachos Telemachos　　忒勒玛霍斯

Τήλεφος Telephus Telephos　　忒勒福斯

Τηθύς Tethys Tethys　　泰堤斯

Tiamat　　提亚玛特（巴比伦混沌母神）

Τιθωνός Tithonus Tithonus　　提托诺斯

Τιτᾶνες Titans Titans　　提坦

Τιτυός Tityos Tityos　　提图奥斯

Τρίτων Triton Triton　　特里同

Τρώς Tros Tros　　特洛斯

Τυδεύς Tydeus Tydeus　　提丢斯

Turan　　图兰（伊特鲁里亚爱神）

Τυνδάρεος Tyndareus Tyndareus　　廷达瑞俄斯

Τυρώ Tyro Tyro　　提洛

Τυφῶν Typhon Typhon　　提丰

Y

Ὑάκινθος Hyacinthus Hyacinthus　许阿辛托斯

Ὕδρα Hydra Hydra　许德拉

Ὕλας Hylas Hylas　许拉斯

Ὑμέναιος Hymenaeus/Hymenaios Hymenaeus/Hymen 许墨奈奥斯/许门

Ὑπερίων Hyperion Hyperion　许佩里翁

Ushas　乌莎斯（吠陀黎明女神）

Φ

Φαέθων Phaeton Phaeton　法厄同

Φαίδρα Phaedra Phaedra　菲德拉

Φήμιος Phemius Phemius　费弥奥斯

Φιλάμμων Philammon Philammon　菲拉蒙

Φιλήμων Philemon/Philemo Philemon　菲勒蒙

Φινεύς Phineus Phineus　菲内乌斯

Φοίβη Phoibe Phoibe　福柏

X

Χάος Chaos Chaos　卡俄斯

Χάρις Charis Charis　卡里斯

Χάριτες Charites Graces　卡里忒斯 / 美惠三女神

Χείρων Chiron/Cheiron Chiron　喀戎

Χρυσάωρ Chrysaor Chrysaor　克律萨奥耳

Ω

Ωκεανός Oceanos Oceans　奥刻阿诺斯

Ὧραι Horae Horae　荷莱 / 时序三女神

Ὠρίων Orion Orion　奥里翁

（张鑫、玛赫更里　编）

附录二：去梦想不可能的梦想……
"古代世界的诸神与英雄"读后

感谢各位编译者共同努力，初步完成了这套"古代世界的诸神与英雄"丛书。为什么说初步？有以下几个理由：

第一，丛书分为两辑，第一辑8册，重点是"诸神"；第二辑9册，重点是"英雄"。两辑之间，彼此有联系。目前出版的是第一辑，第二辑正在紧锣密鼓地筹备中。第二，第一辑的8册中，还有非常重要的两册——《宙斯》和《赫尔墨斯》——没有出版。不过据我所知，已经接近完成，不久将排印问世。第三，丛书英文版主编苏珊·迪西说，这套书从2005年启动以来，至今20年，还没到最后一部的完成。比如说，冥王哈得斯，仍在未来的规划中。那么英文版还在继续进行，可见完成这套丛书的艰辛，也可见出版社和编者持久不懈的推进。

长期以来，我关注中华学术的源流演变，尤其是中国先秦思想的源流演变，而作为比较的对立面，不得不同时关注欧亚大陆另一端，古希腊罗马思想的源流演变。而关注古希腊罗马的思想源流演变，又不得不关注处于源头地位的古代世界的诸神与英雄，以及这些内容和古希腊哲学的联系。

巧合的是，今年7月我刚去过希腊，看见了正在修复的宙斯神庙和只剩下六根柱子的德尔斐阿波罗神庙。回来后我买了一本《阿波罗》，当时并不知道这本书是新书，也不知道它是这套丛书中的一种。当我在网上下单的第二天，就接到了黄瑞成教授的邀请。网上买的新书和出版社寄来的整套书相隔一天收到，我这才发现，原来《阿波罗》就在这套丛书之中。

我陆续阅读这套丛书的时候，巴黎奥运会正在如火如荼地举行。我没有看开幕式，事后听人说，出现了狄奥尼索斯的形象。在闭幕式上，我听到了著名歌唱家和钢琴家合作演出的《阿波罗颂》。奥运会开始和结束，对应酒神和日神，有着浓浓的古希腊元素。这些事几乎同时发生，不能不使人感到有些神奇，也许其中有看不见的联系。

我尝试理解这套丛书的结构和缘起，希望能大致形成相对完整的认知。初步的认知，可以分为两层：首先是丛书的整体结构，其次是某册书的整体结构。讨论的重点是第一层，第二层用简单几句话带过。

第一层，丛书的整体结构可分为三点。

一、"丛书中文版序"是丛书英文版主编苏珊·迪西于2023年1月写的。二、英文版"丛书前言"写于2021年11月。"丛书前言"有一个副标题："为什么要研究古代世界的诸神和英雄？"可以对应具体某册书的开篇"为什么是××？"××是神或英雄的名字，也就是此册的书名，比如说阿波罗，以及雅典娜、普罗米修斯、狄奥尼索斯、阿芙洛狄忒、阿耳忒弥斯、宙斯、赫尔墨斯等。三、丛书中文版中黄瑞成的"跋"写于"癸卯（2023年）春末"。

第二层，某册书的整体结构分为四点。以《阿波罗》为例：一、在"为什么是阿波罗？"标题下，是导言"为什么要写一本关于某一位神的书？"二、"关键主题"分若干节，从各方面介绍这位神的事迹和特点。在《阿波罗》中分六节。三、"阿波罗效应"（afterlives）描述阿波罗神话对后世的影响。好比中文世界里重要人物的年谱，在此人离世后，还要列出他身后发生的相关事件。古希腊神话的时代已经过去了，可是它们对人类的文化还在发生着影响。这种持久的影响力，也可以看成某种不朽的方式。四、"拓展阅读"和"参考文献"是全书的学术支持。

再回到第一层，首先是英文版"丛书前言"。这篇"丛书前言"最初写于2005年，2017年修订，2021年再次修订，可见编者的思想也在不断地严密、深化、更新。

开篇的题词，引用德摩斯泰尼《书简》中一段话：

正当的做法，对于开启任何严肃谈话和任务的人而言，就是以诸神为起点。

也就是说，对于任何人严肃言行的认知，最终会上溯至神或者神学。德摩斯泰尼是古希腊的著名演说家，过去被作为励志的榜样。这个人从小口吃，经过刻苦练习，他克服了缺陷，最后辩才无碍。那么，英文版"丛书前言"引用的这段话，我们怎么作现代的理解呢？

我的理解是，如果你想严肃地理解一个人的想法或行为，应该理解此人的"三观"如何形成，理解导致他形成"三观"的真正认知，或者说，他真正相信的是什么？

英文版"丛书前言"还引用亚里士多德引述泰勒斯的话，"这个世界'充满了诸神'"（《论灵魂》，411a8）。一般认为，泰勒斯是古希腊最早的哲学家，是哲学家的"始祖"，而亚里士多德是"三大哲"（其余两位是苏格拉底、柏拉图）中的最后一位。亚里士多德引述泰勒斯，正处于古希腊哲学的首尾。

至于这里的"诸神"是什么？现在应该不用迷信了吧，大体可以看成当时的人，对世界和人性认知的显化。"哲学"这个词，在古希腊语中是"爱智慧"的意思。由于神才有智慧，那么也可以认为，爱智慧就是爱神。至于反命题是否成立，爱神是不是等于爱智慧？这个不一定，还要经过严格的思辨检验。此所以在古希腊神话之后，依然不可缺少古希腊哲学。

再回到卷首的"丛书中文版序"。也许是感受到了中文世界读者的热情和友好，英文版主编苏珊·迪西更加放飞自我。

开篇的题词是：

　　去梦想不可能的梦想……

　　这句题词没有注明出处，应该来自编者的自撰。序言开门见山的第一句话，提出一个根源性的问题："什么是神？"文章引用了西摩尼德斯的回应。他最初觉得这个问题很好回答，可思考得越久，越觉得难以回答。根据丛书中文版"跋"，这里的典据来自西塞罗《论神性》。

　　我们应该注意问话方式，"什么是……"，这个问法本身是哲学的。这应该是人类最要紧的问题之一，也是最难回答的问题之一。西摩尼德斯的表达，使人想起圣·奥古斯丁《忏悔录》："什么是时间，人家不问我，我觉得自己是明白的，可是一旦要回答，就越想越糊涂了。"

　　在西塞罗撰写的对话里，"博学而有智慧"的诗人，对回答这个问题感到"绝望"。如果回到中华文明的角度，我觉得"绝望"可能带有情绪性，比较中性的表达，也许应该是无解吧。无解并非没有希望，它可能酝酿着某种解法，甚至可能本身就是解法。

　　关于"什么是神"，"丛书中文版序"作者苏珊·迪西的处理是："丛书采取的视角不是作为宽泛概念的'神'或'神性'，而是专注于作为个体的神圣形象。"也就是说,把形而上的问题转移为形而下,把先验的问题转移为经验的。解释诸神的神性,不能从抽象讨论而来,而是呈现出神具有的千姿百态的形象——存在本身就是最好的回答。既然思辨这条路走不通,那就把这些神是怎么形成的,以及他们做过什么写出来。这样形成一个由著作构成的"万神殿",也就是这套丛书的目标。

这套丛书是西文编者对"什么是神"的回应之一,我愿意尝试补充回应之二,就是本书的中文版题词:"去梦想不可能的梦想……"(to dream the impossible dream …)

苏珊·迪西女士这句话,原意指丛书的编撰。2000年,有位编辑做了一个梦,梦见正在读一套丛书,每本书以某位"奥林波斯"神为主题。梦醒之后,她到处去找,发现世界上并没有这样一套书,于是就发心由自己做出来。这其实就是从无到有的创造,从梦想照进现实。

这里我还想作一个引申:因为现代社会缺乏这种想象,所以"去梦想不可能的梦想",带有勉励现代人的意思。然而,假设回到古典世界,这样的勉励也许是可以不要的。在那个时代中,仿佛天地人神同在,人们"梦想不可能的梦想",期待着自己所没有的力量,形成了与阿波罗、宙斯、赫耳墨斯等相应的故事和神话。而故事和神话,正是那个时代人生命的养料,是当时生活世界的一部分。

对这个问题,又可以有三个补充。

第一,古希腊神话的形成和塑造,伴随着人类最初对天地万物和人自身的认识和理解,其中所有神的事情,都是人的事情的投射。而天神宙斯、海神波塞冬、冥王哈得斯的分立,不能不包含对时空的认知。我们现在看到的故事,一开始没那么成形,它们由不同来源的成分拼接起来。在故事讲述的过程中,经历多次改编,有过不同的形式,最后才汇聚成相对稳定的形象,形成纷繁复杂的关系网络,如此才展现出一个瑰丽的古希腊神话世界。

第二,从探求人类最高可能性而言,古希腊神话作为那个时代的人们"梦想不可能的梦想"成果,实质上探求的是人类的最高可能性。它和古希腊哲学有共同的指向,所以古希腊神话和古希腊哲学有内在的联系。延伸到今天,它与现代奥运会追求"更高、更快、更强",探求人类身体的极限,也指向同一方向。因此,古希腊诸神和英雄形成的整体,关联古今,本身来自远古前人的想象,并永远激发后人的创造力。

第三,这个包含彼此对立的万花筒般的整体,可以作为象的组合,模拟人类思想的形成。其中必然会产生矛盾,有很多说不圆的缝隙,如果用单一逻辑来推演,往往会碰到障碍。大家知道有一句歌词:"万物皆有裂痕,那是光照进来的地方。"(科恩,《颂歌》)正因为说不圆,不得不引导后人作出更深邃的推演。

我们看到的这套丛书,是现在的人所作的推演,它依然补不满所有的缝隙,留下后来者进一步创造的余地。

这使我想起年轻时读过的一本书——德国斯威布的《希腊神话和传说》。此书肯定有种种不足,可是我们那时候对古希腊神话的一知半解,大体都是这里而来。还记得 1978 年 5 月,恢复高考不久,不少书开始解禁,买新书的人,排着很长很长的队,从淮海中路新华书店门口排起,拐弯到思南路,再拐弯到南昌路,黑压压的长龙,一眼望不到头。这是我的亲身经历,当时买的书,印象中就有斯威布的《希腊神话和传说》。买书的地方,离我家不远,离我们今天讲座的地方也不远。

再说第一层第三点,丛书中文版的"跋",回应"什么是神",举了两方面例证,一方面来自西方,另一方面来自中国,这背后有着文明互鉴的视角。"文明互鉴"这个词,这些年才开始流行,过去通常是称为"比较"的。但是,既然称为"互鉴",依然引入了新的思路。你照亮我、我照亮你,彼此通过对方,产生更深的认知。

张文江

2024 年 8 月 23 日,在思南书局读书会上的发言

10 月 28 日—11 月 2 日修订

跋 "古代世界的诸神与英雄"

"古代世界的诸神与英雄"主编苏珊（Susan Deacy）教授，欣然为中文版专文序介丛书缘起，她撰写的"前言"始于这样一个问题："什么是神？"说的是公元前6世纪古希腊抒情诗人西摩尼德斯（Simonides of Ceos）如何受命回答这个问题。故事源自西塞罗《论神性》（*De Natura Deorum*, 1.22）：对话中，学园派科塔（Gaius Cotta）愤而驳斥伊壁鸠鲁派维莱乌斯（Gaius Velleius）"愚蠢的"神性论说，认为就"神的存在或本质（quid aut quale sit deus）"而言，他首推西摩尼德斯；而向诗人提出"什么是神"的人，正是叙拉古僭主希耶罗（tyrannus Hiero）；就此提问，诗人再三拖延，终于以"思考越久事情就越模糊"不了了之；按科塔的说法，"博学和有智慧（doctus sapiensque）"的诗人，对回答僭主的问题感到"绝望（desperasse）"。

启蒙哲人莱辛（Lessing）称抒情诗人西摩尼德斯为"希腊的伏尔泰（griechischer Voltaire）"，想必因为"西摩尼德斯与希耶罗"的关系有似于"伏尔泰与腓特烈大帝"。1736年，伏尔泰与尚为王储的腓特烈首次书信往还：当年8月8日，腓特烈致信伏尔泰，说他正在将沃尔夫（Chr. Wolff）的文章《对上帝、世界和人类灵魂及万物的理性思考》（"Vernünftige Gedanken von Gott, der Welt und der Seele des Menschen, und allen Dingen überhaupt"）译成法语，一俟完成就立刻寄给伏尔泰阅正。如此，直至1777—1778年间最后一次书信往还，上帝或神学政治问题，一直是两者探讨的重要主题。

尤为值得一提的是，1739年王储腓特烈写成《反马基雅维利》（*Der Antimachiavell*），伏尔泰超常规全面修订，让这本书的作者成为"公开的秘密"，其核心主题之一也是"神学政治论"。譬如，"第六章：君主建国靠的是他的勇气和武器"中，腓特烈或伏尔泰认为，马基雅维利将摩西（Moses）擢升到罗慕路斯（Romulus）、居鲁士（Cyrus）和忒修斯（Theseus）等君主之列，极不明智；因为，如果摩西没有上帝的默示，他就和悲剧诗人的"机械降神"没有两样；如果摩西真有上帝的默示，他无非只是神圣的绝对权力的盲目的奴仆。如果所有神学政治问题都可以还原到"什么是神"，既然从古代城邦僭主到近代开明专制君主都关注这个问题，"什么是神"的问题必定攸关其僭政或专制主权。

中华儒学正宗扬雄《法言·问神》开篇"或问'神'。曰：'心'"。用今人的话说，就是"有人问'什么是神？'答曰：神就是'心'"。中国先哲就"什么是神"设问作答毫不含糊隐晦，与古希腊诗人西摩尼德斯"绝望"差别大矣哉！扬雄有见于"诸子各以其知舛驰，大氐诋訾圣人，即为怪迂"，"故人时有问雄者，常用法应之，撰以为十三卷，象《论语》，号曰《法言》。"(《汉书·扬雄传》)正因孔子"无隐尔乎"(《论语·述而》)，扬雄效法圣人自然直言不讳："潜天而天，潜地而地。天地，神明而不测者也。心之潜也，犹将测之，况于人乎？况于事伦乎？"就"问神"卷大旨，班固著目最为切要："神心智恍，经纬万方，事系诸道德仁谊礼。"(《汉书·扬雄传》)可见，中国先哲认为，"神"就是可以潜测天地人伦的"心"，这既不同于古希腊诸神，更不同于犹太基督教的上帝。

以现代学术眼光观之，无论《荷马史诗》还是《旧约全书》，西方文明的源始文献就是史诗或叙事，其要害就是"神话（mythos）"。虽然在《牛津古典词典》这样的西方古典学术巨著中竟然找不到"神话"词条（刘小枫《古希腊"神话"词条》），作为叙事的"神话"终究是西方文明正宗。西北大学出版社鼎力支持编译"古代世界的诸神与英雄"丛书，正是着眼全球文明互鉴，开拓古代神话研究的重要举措。

黄瑞成
癸卯春末于渝州九译馆
谷雨改定

著作权合同登记号：陕版出图字 25-2024-189

图书在版编目（CIP）数据

佩耳修斯 /（英）丹尼尔·奥格登著；甘霞译 . --
西安：西北大学出版社，2024.12. --（古代世界的诸
神与英雄 / 黄瑞成主编）. -- ISBN 978-7-5604-5543-3

Ⅰ . B933

中国国家版本馆 CIP 数据核字第 2024D70B25 号

Perseus，1 edition By Daniel Ogden/9780415427258

Copyright © 2008 Daniel Ogden

Authorized translation from English language edition published by Routledge, an imprint of Taylor & Francis Group LLC All Rights Reserved.

本书原版由 Taylor & Francis 出版集团旗下 Routledge 出版公司出版，并经其授权翻译出版。版权所有，侵权必究。

NORTHWEST UNIVERSITY PRESS Co.,Ltd. is authorized to publish and distribute exclusively the Chinese (Simplified Characters) language edition. This edition is authorized for sale throughout Mainland of China. No part of the publication may be reproduced or distributed by any means, or stored in a database or retrieval system, without the prior written permission of the publisher.

本书中文简体翻译版授权由西北大学出版社有限责任公司独家出版并仅限在中国大陆地区销售。未经出版者书面许可，不得以任何方式复制或发行本书的任何部分。

Copies of this book sold without a Taylor & Francis sticker on the cover are unauthorized and illegal.

本书封面贴有 Taylor & Francis 公司防伪标签，无标签者不得销售。

佩耳修斯

[英] 丹尼尔·奥格登（Daniel Ogden） 著　甘霞　译

出版发行：西北大学出版社

（西北大学校内　邮编：710069　电话：029-88302621　88303593）

经　　销：	全国新华书店
印　　装：	陕西博文印务有限责任公司
开　　本：	787mm×1092mm　1/32
印　　张：	12.125
字　　数：	216 千字
版　　次：	2024 年 12 月第 1 版
印　　次：	2024 年 12 月第 1 次印刷
书　　号：	ISBN 978-7-5604-5543-3
定　　价：	88.00 元

本版图书如有印装质量问题，请拨打电话 029-88302966 予以调换。